政治経済学

グローバル化時代の国家と市場

POLITICAL ECONOMY

著・田中拓道
　　近藤正基
　　矢内勇生
　　上川龍之進

有斐閣 ストゥディア

はしがき

　この本は，学部2〜3年生以上の学生を念頭に，政治経済学の全体像をわかりやすく示した教科書である。

　一昔前と比べると，日本の大学でも政治経済学の講義科目はずいぶんと増えた。しかし，まだ多くの学生にとってはなじみが薄く，「難しそうだ」と考えられているようである。この本は，そうした学生を意識してつくられた。近年の研究動向を踏まえながらも，できるだけわかりやすく叙述するよう心がけた。政治学，経済学，社会科学一般に関心を持つ学生だけでなく，政治と経済の動きを体系的に把握したい社会人の方も含め，より多くの方々の手に取っていただけるよう願っている。

　有斐閣からは，すでに新川敏光・井戸正伸・宮本太郎・眞柄秀子『比較政治経済学』（2004年，有斐閣アルマ）という教科書が出版されている。この本は評価が高く，これまで長く読み継がれてきた。ただし，同書の発刊以降も国内外で政治経済学は発展し，新しい学説が日々蓄積されている。北米やヨーロッパの大学では，政治経済学や比較政治経済学が確立した分野として広く教えられており，読むべき基本書も刷新されてきた。

　本書では，新しい研究動向を踏まえつつ，古典や基本書にも目配りし，政治経済学の全体像をつかめるような教科書をめざした。発展的な内容も扱っているため，本書のタイトルからは「はじめての〜」や「〜の第一歩」といった修辞を外している。とはいえ，易しく読み進められるよう以下のような工夫を行った。

　それぞれの章の冒頭では，内容のポイントを問い形式でまとめ，いくつかのキーワードを示している。本文を読み進めるうちに議論の道筋を見失ってしまったときには，この問いとキーワードに立ち返っていただきたい。本文では，基礎的な概念について説明を加え，参照すべき基本書も挙げた。各章では1つずつコラムを設け，本文では論じられなかった重要なトピックを取り上げている。より発展的な内容を学びたい方は，まずは読書案内にある本を手に取っていただきたい。1章ごとに3冊，その章のテーマを学ぶうえで欠かせない文献

を紹介している。さらに学びを深めたい方は，巻末の「引用・参照文献リスト」を活用していただきたい。

　政治経済学の基本的な考え方は，序章で説明を行っている。その後は順番に読み進めてもかまわないが，各章は独立した内容であるため，関心のある章から読んでいただいてもかまわない。

　本書の成り立ちについて触れておこう。本書は，専門の異なる 4 名による共同執筆の成果である。日本の財政・金融政策を専門とする上川，アメリカの大学院で政治経済学のトレーニングを受けた矢内，ヨーロッパの福祉国家を専門とする近藤，田中とバックグラウンドの異なる 4 名が集まった。全体の構成を話し合った後，序章を除いて 3 章ごとに一応の分担を決めた。ただし，各章の執筆を終えるたびに全員で内容を検討し，各章の構成，専門用語の訳語，引用文献に至るまで，細かく修正を重ねた。約 3 年間の執筆期間中，東京，大阪，高知で 10 回の検討会を開いた。専門分化の進む政治経済学の全体像を一冊の本にまとめることは予想していた以上に難しい作業だったが，何とか完成にたどり着けて，一同安堵している。

　本書の完成にあたっては，多くの方々のお世話になった。とりわけ飯田健さん（同志社大学），辻由希さん（東海大学），稗田健志さん（大阪市立大学）は，ご多忙のなか，草稿の検討を快く引き受けてくださり，有益なコメントを多数寄せてくださった。いくつかの章は，コメントをもとに大幅な改稿を行った。有斐閣編集部の岡山義信さんと岩田拓也さんは，専門的な議論に傾きがちな執筆者たちに対し，読者の立場から的確なアドバイスをくださった。お二人のサポートがなければ，本書の刊行はずっと先になっていたことだろう。

　政治と経済の関係はどうあるべきか。この問いは今後も重要であり続けるはずである。グローバル化が進むにつれて，国家の役割をできるだけ小さくし，市場に多くを任せるべきだとする考え方が一時期広がったが，今後もそうあり続けるとはかぎらない。折しも，本書の発刊直前には新型感染症が世界的な広がりをみせ，国家の役割が見直されている。本書が読者の方々にとって，来る時代を見通すための一助となれば幸いである。

2020 年 7 月

著　者　一　同

著者紹介

田 中　拓 道（たなか　たくじ）　　　　　　　　　　序章, 第1, 2, 3章

　現職：一橋大学大学院社会学研究科教授

　略歴：1971年生まれ。国際基督教大学教養学部卒業。フランス社会科学高等研究院
　　　　政治学科 DEA 課程修了。北海道大学大学院法学研究科博士後期課程単位取得退学。
　　　　博士（法学）。

　研究分野：比較政治, 政治理論

　主な著作：『貧困と共和国——社会的連帯の誕生』（人文書院, 2006年）。『よい社会
　　　　の探求——労働・自己・相互性』（風行社, 2014年）。『福祉政治史——格差に抗す
　　　　るデモクラシー』（勁草書房, 2017年）。

近 藤　正 基（こんどう　まさき）　　　　　　　　　序章, 第4, 5, 6章

　現職：京都大学法学部教授

　略歴：1975年生まれ。慶應義塾大学法学部政治学科卒業。京都大学大学院法学研究
　　　　科博士課程単位取得退学。京都大学博士（法学）。

　研究分野：比較福祉国家論, 現代ドイツ政治

　主な著作：『現代ドイツ福祉国家の政治経済学』（ミネルヴァ書房, 2009年）。『ドイ
　　　　ツ・キリスト教民主同盟の軌跡——国民政党と戦後政治 1945～2009』（ミネルヴァ
　　　　書房, 2013年）。『比較福祉国家——理論・計量・各国事例』（鎮目真人との共編著,
　　　　ミネルヴァ書房, 2013年）。

矢 内　勇 生（やない　ゆうき）　　　　　　　　　　序章, 第7, 8, 9章

　現職：高知工科大学経済・マネジメント学群准教授

　略歴：1982年生まれ。早稲田大学政治経済学部政治学科卒業。早稲田大学大学院政
　　　　治学研究科修士課程退学。カリフォルニア大学ロサンゼルス校大学院政治学部博士
　　　　課程修了。Ph.D. in Political Science.

　研究分野：政治経済学, 比較政治学, 計量政治学

　主な著作：『R による計量政治学』（浅野正彦との共著, オーム社, 2018年）。"Bicam-
　　　　eralism vs. Parliamentarism: Lessons from Japan's Twisted Diet"（Michael F. Thies
　　　　との共著）『選挙研究』30（2）：60-74頁, 2014年。『Stata による計量政治学』（浅
　　　　野正彦との共著, オーム社, 2013年）。

上川　龍之進（かみかわ　りゅうのしん）　　　　　　　　序章, 第 **10, 11, 12** 章

現職：大阪大学大学院法学研究科教授

略歴：1976 年生まれ。京都大学法学部卒業。京都大学大学院法学研究科博士後期課
　　　程修了。京都大学博士（法学）。

研究分野：政治過程論，現代日本政治，行政学

主な著作：『小泉改革の政治学——小泉純一郎は本当に「強い首相」だったのか』（東
　　　洋経済新報社，2010 年）。『日本銀行と政治——金融政策決定の軌跡』（中央公論新
　　　社，2014 年）。『電力と政治——日本の原子力政策　全史（上）・（下）』（勁草書房，
　　　2018 年）。

目　次

選挙と分配　　　　　　　　　　　　　　　123

不平等と再分配　　　　　　　　　　　　　143

CHAPTER 9 経済成長と政治 165

CHAPTER 10 財政政策の政治経済学 181

CHAPTER 11 金融政策の政治経済学 203

CHAPTER 12　コーポレート・ガバナンスの政治経済学　221

序章

政治経済学とは何か

1 政治と経済は何が異なり，どのように関係しているのだろうか。
2 政治経済学とはどのような学問だろうか。
3 政治経済学ではどのような方法が用いられるのだろうか。

政治経済学　　私的財　　公共財　　集合行為問題　　効率性と公平性　　市場の失敗　　合理的選択アプローチ　　制度中心アプローチ　　アイディア中心アプローチ

1　本書の課題

テレビや新聞で政治のニュースをみてみると，その多くが税制，経済成長，失業など経済の問題と深く関わっていることに気がつく。政治家たちは経済の指標に一喜一憂し，人々の生活を豊かにすると約束することもある。1990年代以降，国境を越えたモノ・サービス・カネのやりとりが活発になり，いわゆる「グローバル化」が進展すると（⇒グローバル化の定義は第2章），各国の政治はますます市場の動きと密接に関わるようになった。中国，インドなどの新興

国が経済発展を遂げる一方で，先進国の一部では格差の拡大を背景として，保護主義や移民の排斥を唱えるポピュリズムが勢いを増している。国家はグローバル化にどう対応できるのか。どこまでが国家の役割で，どこまでを市場に委ねるべきなのか。これらの問いは今日ますます真剣に問われるようになっている。

　本書は，政治と経済，国家と市場の関係を扱う**政治経済学**を対象として，その基本的な考え方と新しい研究動向をわかりやすく紹介した教科書である。かつて政治と経済は別々に論じられることが多かった。たとえば日本の多くの大学では，政治学が法学部に，経済学が経済学部に置かれている。しかし現実の世界では，政治と経済の相互関係がますます重要になっている。政治経済学はこうした時代の要請を受けて，およそ1980年代から発展してきた新しい学問で，**新政治経済学**，**比較政治経済学**と呼ばれることもある（Gamble, 1995；Besley, 2004；新川ほか，2004）。

　政治経済学ではどのような問題が扱われるのだろうか。いくつか例を挙げてみよう。グローバル化とともに国家の役割は小さくなっていくのだろうか。先進国の資本主義，福祉国家のあり方は1つのモデルに収斂しているのだろうか。経済成長をもたらすのはどのような政策だろうか。なぜ不平等の大きな国と小さな国があるのだろうか。各国の財政政策や金融政策はどのように異なるのだろうか。各国の税制や分配のあり方を決める要因とは何か。企業統治（コーポレート・ガバナンス）のあり方は国によってどう異なるか。

　本書の各章では，これらの問いを1つずつ取り上げていく。序章では，全体の導入として，政治経済学の基本的な考え方や概念について紹介しておこう。はじめに政治と経済の違い，その相互関係についてみる（第2節）。次に，政治経済学がどのような歴史をたどって成立したのかを簡単に振り返り，代表的な方法について説明する（第3節）。最後に本書の流れを概観しておこう（第4節）。

② 政治と経済

政治と経済の違い

　政治と経済はどう異なり，どう関係しているのだろうか。両者の違いを説明するためによく持ち出されるのが，D. イーストンによる「政治」の定義である（イーストン，1976）。政治では，価値が**権威的に分配**される。たとえば国家が強制的に税を徴収して，貧しい人に福祉を提供するように，権力を持つ者の決定によって価値が分配される。一方経済では，価値が**水平的に分配**される。たとえばコンビニでパンを買う場面を考えてみよう。コンビニも顧客も，誰かに命令されたわけではなく，自分の意思でパンを売ったり，お金を払ってパンを買ったりしている。このように市場では，財やサービスが自由に生産され，貨幣を介した自発的な交換によって分配される。

　ただし，以上の説明では政治と経済がどういう価値を対象とするのか，なぜ2つの分配形式があるのかよくわからない。もう少し説明を加えておこう。たとえばあなたがお金を払ってアイスクリームを買ったとしよう。お金を払っていない人はアイスクリームを手にできないし，あなたがアイスクリームを食べれば他の人はそれを消費できない。世の中の大半の財は，こうした性質（専門的には排除性と競合性と呼ぶ）を持つ**私的財**である。私的財の場合，市場で需要と供給が調整されるとき，最も効率的に生産と分配が行われる。アイスクリームの作り手は，利益が最大になるように生産量と価格を調整するだろう。買い手は値段（とお腹の減り具合）をみて買うかどうかを決めるだろう。市場に任せておけば，どちらも損をしない均衡点が自ずとみつかると考えられるのである（市場での需要・供給の調整については，マンキュー，2019などを参照）。

　ところが，世の中には私的財と異なる性質を持つ財もある。たとえば，ある街の治安をどう守るかを考えてみよう。治安を守っているのは警察だから，警察がサービスの供給者だと考えられる。アイスクリームと違うところは，街の治安は住民の誰もが享受できるという点だ。もし警察が民間会社だったら，自

分はお金を払わずに，よい治安だけを享受しようとする住民も出てくるだろう。こうした人を**フリーライダー**と呼ぶ。フリーライダーを許してしまうと，ついには誰もお金を払わなくなり，警察が街からいなくなって治安が悪化してしまうかもしれない。

　財の影響を受ける人を特定できなかったり，消費しても簡単には減らないような性質を持つ財を，（準）**公共財**と呼ぶ。公共財には治安だけでなく，自然環境，道路，水道，知識などさまざまなものがある。これらの財は，市場に委ねるだけでは効率的な生産や分配ができず，「**市場の失敗**」が起こってしまう。たとえば環境が汚染されたり，道路に穴が開いたりしても，自分だけの物ではないから，誰も修復しないかもしれない。その結果，長期的にはすべての人が不利益をこうむることになる。

　M. オルソンは，集団の規模が大きくなるとフリーライダーが増え，公共財がうまく供給されなくなってしまうと指摘した（オルソン，1996）。お互いの監視が弱くなると，公共財を提供する負担を負うよりも，フリーライダーになったほうが，個人にとっては得だからである。個々人が自己の利益を追求した結果，公共財が提供されなくなり，すべての人に不利益がもたらされることを，**集合行為問題**と呼ぶ。規模の大きな社会では，集合行為問題が起こることは避けられない。そこで市場とは別に，何らかの強制力に支えられた制度が必要となる。たとえばすべての人から税を徴収したり，環境基準を設定して企業に守らせたりすることである。これらの制度を運用する主体が国家である。つまり集合行為問題を解決する1つの方法は，国家が強制力を用いて一律にルールを課し，公共的な財やサービスの分配を行うことである。

┃ 政治と経済の相互関係 ┃

　このように経済と政治の違いは，提供する財の性質と分配形式の違いによってひとまず説明できる。実際，第2次世界大戦後になると，市場だけではうまく供給できない財やサービスが広く存在すると考えられるようになった。通信，航空，鉄道，電気，ガスなどが国有化されたり，国家が公共事業を行って人々の雇用を保障したりするようになった。先進国の経済は，公共部門が大きな比重を占める**混合経済**となっていった（⇒第1章）。

さらに国家が「市場の失敗」に対応するだけでなく，「**公平性** (fairness)」を積極的に保障すべきだという考え方も広がった（スティグリッツ，2003-2004）。たとえ財が**効率的**に生産・分配されたとしても，人々の間に著しい不平等が存在するなら，その社会は公平とはいえない。国家は人々の生存権や社会権を保障し，不平等を減らす役割も担うべきだと考えられるようになったのである。戦後の国家は社会保障にも大きな役割を果たす**福祉国家**となっていった（⇒第**4**章）。

　およそ1970年代に至るまで，国家の役割は拡大を続け，経済と政治の相互関係は深まった。ところが先進国の経済が停滞する1970年代に入ると，国家の拡大を批判する議論が現れる。私的財と公共財の線引き自体が論争の対象となり，「市場の失敗」よりも，肥大化した官僚機構や政府の恣意的な分配による非効率（⇒第**7**章），つまり「**政府の失敗**」のほうが重大ではないか，という指摘もなされるようになった（ヤーギン＝スタニスロー，2001；Tanzi, 2014）。

　さらにグローバル化が進展する1990年代以降，国家と市場の関係，それぞれの役割の線引きをめぐって，激しい論争が繰り広げられるようになる。政府はグローバル化に対応するため，福祉改革，規制緩和，財政赤字の削減などさまざまな改革を迫られていく。こうした動きを背景として，政治と経済の相互関係を考察する政治経済学が発展を遂げることになったのである。

3　政治経済学の成り立ちと方法

▎**現代の政治経済学はどのようにして生まれた？** ▎

　政治経済学は他の学問とどういう関係にあるのだろうか。この点を理解するため，ごく簡単に歴史を振り返っておこう（Clift, 2014；Menz, 2017）。そもそも「政治経済学（political economy）」とは，17世紀から18世紀にかけて，民衆の福利向上を目的とした国家のさまざまな施策を対象とする学問だった。この時代には，政治と経済の境界線ははっきりしていなかった。ところがA. スミスの『国富論』（1776年）以降，市場は需要と供給を調整するメカニズムを内在

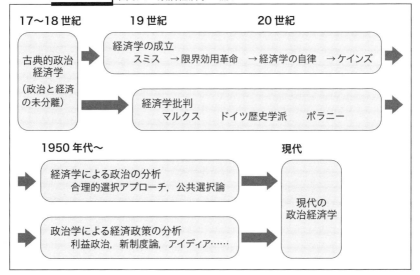

CHART 図 0.1 政治経済学の流れ

17〜18 世紀	19 世紀	20 世紀

古典的政治経済学
（政治と経済の未分離）

経済学の成立
　スミス　→限界効用革命　→経済学の自律　→ケインズ

経済学批判
　マルクス　　ドイツ歴史学派　　ポラニー

1950 年代〜　　　　　　　　　　　　　　　　現代

経済学による政治の分析
　合理的選択アプローチ, 公共選択論

政治学による経済政策の分析
　利益政治, 新制度論, アイディア……

現代の政治経済学

させた自律的な秩序だと考えられるようになり，政府の市場への介入が批判されていく。19 世紀後半から 20 世紀にかけて，「経済学（economics）」が政治学から分離し，独立した学問として発展を遂げた（図 0.1）。

　同じ時代には，K. マルクスやドイツ歴史学派のように，経済学の自律化を批判する論者もいた。さらに 1929 年の世界恐慌を経て，経済学の内部でも，J. M. ケインズのように市場の自己調整メカニズムに懐疑的な論者が現れる。第 2 次世界大戦後になると，国家は雇用政策，景気対策，社会保障などを積極的に担うようになり，政治と経済の結びつきは強まった。

　こうした状況を背景として，1950 年代以降，現代の政治経済学につながる 2 つの潮流が現れる。1 つは，経済学の手法を用いて政治現象を分析しようとする流れである（アロー，2013；ダウンズ，1980；ブキャナン＝タロック，1979）。経済学の手法とは，個人や集団を自己利益の最大化を求める合理的なアクター（行為者）と想定し，アクター間の相互関係として社会や政治を分析するもので，合理的選択アプローチとも呼ばれる。この流れは公共選択論，社会的選択論として今日まで発展を遂げている（Weingast and Wittman eds., 2008）。

　もう 1 つの流れが，経済に関わる政策の決定過程を政治学の手法で分析する研究である。政治学の手法では，アクター間の権力関係や協調関係による市場

メカニズム以外の利益調整が主題となる。1970年代以降に先進国の多くが経済不況に陥り，それへの対応が国によって異なっていたため，こうした研究が活性化した（ゴールドソープ，1987；Katzenstein, 1985；Hall, 1986；Gourevitch, 1986）。この2つの流れが合流したところに現代の政治経済学が成立した。

　以上のような歴史を反映して，政治経済学には1つの体系的な方法があるというよりも，複数の方法が並存している。具体的な活用例は各章でみていくとして，ここでは基本的な考え方だけを紹介しておこう。以下ではP.ホールの整理に従って，利益，制度，アイディアに着目する3つのアプローチに分けて説明する（Hall, 1997）。

▎利益中心アプローチ▕

　第1は**利益中心アプローチ**である。このアプローチでは，個人や集団などのアクターが，物理的な利益や権力の最大化を追求すると仮定し，アクター間の相互作用によって結果（政策）を説明しようとする。たとえば同じ業界の人々が利益団体を形成して政治に働きかけ，政策に影響を与えた過程（規制や補助金の導入など）を明らかにすることである。

　そのなかでもよく用いられるのが，先に述べた**合理的選択アプローチ**である。合理的選択アプローチでは，アクターの利益と戦略的相互作用がゲーム理論などを用いてモデル化され，モデルから導かれる予測が現実に当てはまるかどうかが検証される。一例を挙げると，政治的景気循環論と呼ばれる理論では，政治家の最大の関心が選挙での再選とされる（⇒第**10**章）。政治家は選挙が近づくと，景気を良くするために財政政策や金融政策を動員すると仮定され，それが現実に当てはまるかどうかが検討される（Nordhaus, 1975）。合理的選択アプローチでは，アクターを中心に置いて政治的決定を単純なモデル（場合によっては数式を用いたフォーマルモデル）へと還元し，より普遍的に現実に当てはまる理論をつくり上げることに関心を持つ（合理的選択アプローチを用いた政治学の教科書として，砂原ほか，2015や浅古，2018がある）。

▎制度中心アプローチ▕

　ただし合理的選択アプローチに対しては，アクターの利益や選好をどのよう

に仮定するのか，アクターの戦略の「合理性」を規定する要因とは何か，という疑問も提起される。第2のアプローチは，**制度中心アプローチ**である（新制度論とも呼ばれる）。合理的選択アプローチのなかでも，アクターを取り巻く制度を考察の中心に据える立場は**合理的選択制度論**と呼ばれる。制度とは「ゲームがプレーされる仕方」を決める「公式のルール，非公式な規範」である（ノース，2016）。制度は，アクター同士の相互関係を規定する何らかの取り決めであり，アクターはこれらの制度のもとで利益を追求し，戦略を組み立てている。たとえば政治家が再選をめざすとしても，議会でどういう行動をとるのかは委員会制度や政策決定手続きによって異なる（Shepsle, 1979）。選挙区でどういう活動を行うのかも，選挙制度によって異なる。政策の違いをもたらすのは，アクターの戦略を規定する制度だとみなされるのである（河野，2002）。

　これに対して，制度が形成された歴史的文脈をより重視する立場は，**歴史的制度論**と呼ばれる（Thelen, 1999）。この立場では，ある制度のもとでアクターがどう行動するかよりも，制度がどのようにして成立したのか，それがアクターの選好にどういう影響を与え，どう政策決定を規定しているのかが重視される。したがって，一般的な理論モデルを構築するよりも，歴史的な経緯や決定プロセスを詳しく解明することがめざされる。

　歴史的制度論の鍵となる概念が**経路依存性**（path dependence）である。経路依存とは，いったんある制度が（偶然的な要因によって）つくられると，その制度を前提にして他の制度がつくられたり，その制度の受益層が生まれたりして，制度変更に大きなコストがかかるようになることを指す（ピアソン，2010）。たとえば1980年代の英米では，新自由主義を掲げる政権が誕生し，福祉支出の大幅な削減が試みられた。ところがいったん福祉政策がつくられるとその受益層が生まれる。受益層は福祉給付の削減に強く抵抗するため，福祉削減は進まなかった（Pierson, 1994）。このように政治的な決定は，白紙の状態で行われるのではなく，すでにある制度の経路依存の影響を受け，その延長上に行われる。したがってグローバル化など共通の環境変化に対しても，各国で異なる政策が選択されると説明されるのである（新制度論を重視した政治学の教科書として建林ほか，2008がある）。

　制度中心アプローチのなかには，制度と制度の組み合わせ，つまり**制度的補**

完性（institutional complementarity）に着目する研究もある。制度的補完性とは，ある制度が存在することで別の制度の効率性が高まったり，その機能が強化されたりすることを指す（⇒第**3, 5**章）。制度的補完性を重視すると，雇用，福祉，金融，教育などの制度の組み合わせは国ごとに異なり，その違いはグローバル化などの環境の変化に対しても，一定の持続性を持つと考えられる。こうした制度の組み合わせは**体制**（レジーム）と呼ばれる。政治経済学では，政治制度だけでなく労使関係，企業間関係，金融制度，教育制度，家族など，さまざまな公的・私的制度が考察の対象となる。レジームとは，これらの制度が相互補完的に組み合わさり，安定した秩序となっている状態を指している。

　レジームを重視する研究潮流では，**類型化**という手法がよく用いられる。類型化では，「いかなる要因によってある政策が選ばれるのか」という一般的な因果関係はあまり重視されない。むしろ「なぜ（グローバル化などの）共通の環境変化に対して，異なる政策対応がなされるのか」という問いが探究される。さまざまな制度の組み合わせのなかに一定のパターンや規則性を探ることで，より限定された条件のもとでの，多様な因果関係を見出そうとするのである（因果的推論については，キングほか，2004，類型化についてはジョージ＝ベネット，2013 を参照）。

アイディア中心アプローチ

　制度中心アプローチは，制度のもたらす経路依存性を重視する。ただしこのアプローチは，制度の変化を説明する際に困難を抱えることになりやすい（ピータース，2007）。制度変化を説明するために近年発展してきたのが，第3の**アイディア中心アプローチ**である。

　アイディアとは，個人や集団がもつ信念の体系を指す。アイディア中心アプローチは，文化論を用いるものからアクターの唱えた言説に着目するものまで幅広い。このアプローチが力を発揮するのは，既存の制度が機能不全に陥り，変革が要請されたときである。制度の正当性が失われ，状況が流動化すると，人々にとっても何が自分の利益になるのか自明でなくなる。こうした状況で，アイディアは現状の問題点を洗い出し，政治が取り組むべき課題を発見しやすくする（Béland, 2009）。さらに人々に新たな政策理念を示し，人々が自己利益

を確定する手助けをするという役割も果たす（Blyth, 2002；Hay, 2006）。

　アイディアが政治過程に与える影響には2つの方向性が考えられる。1つは，政治家などが新たなアイディアを提示し，人々の支持を動員したり，政治的な連合を作り出したりすることである（Schmidt, 2002a；2002b）。もう1つは，専門家集団や市民グループで議論されたアイディアが，メディアなどを通じて政治家や官僚に影響を与えることである。既存の制度や政策が正当性を失ったとき，市民社会内で形成されたアイディアが政治アクターに影響を与え，新たな政策の枠組み（**政策パラダイム**）をつくり出すことがある（Hall, 1993）。

　アイディア中心アプローチは「なぜある政策が選ばれたのか」という因果関係を明らかにするというよりも，合理的選択アプローチとは異なる形でアクター間の影響関係を考察し，制度変化の過程を解明することに強みを持つ。この意味で制度中心アプローチと対立するものではなく，それを補完するものといえるだろう。

4. 本書の流れ

　本書は以上の3つのアプローチを用いて，大きなテーマから個別の政策へという流れで政治経済学の全体像を説明していく。

　まず第1章から第3章では，レジーム論を用いて戦後先進国の政治経済体制の形成と変容をみる。第1章で20世紀の大きな流れをたどったのち，第2章ではグローバル化の国内政治への影響を，第3章では各国の資本主義の多様性を検討する。

　第4章から第6章では，政治経済学の重要な対象である福祉国家の発展と変容を検討する。第4章ではレジーム論を用いて福祉国家の多様性について検討する。第5章では利益中心，制度中心，アイディア中心という3つのアプローチに基づいて，福祉国家に関する政治経済学の理論を概観する。第6章では制度中心およびアイディア中心アプローチを用いて，福祉国家の変容と今後のゆくえについて考察する。

　第7章から第9章では，経済政策と分配政策について，合理的選択アプロ

ーチによる学説を中心に紹介する。第7章では政府による財の分配をアカウンタビリティという概念を使って説明する。第8章では各国の経済格差と再分配がなぜ異なるのかを検討する。第9章では，経済成長が政治によってどのように左右されるかを考える。

第10章から第12章は，重要な政策領域である財政政策，金融政策，コーポレート・ガバナンスという3つについて，利益中心および制度中心アプローチを用いつつ検討する。それぞれの政策について，先進国の比較研究に基づく近年までの学説を紹介したのち，それらが日本の事例にどの程度当てはまるのかを検討する。

なお本書では，国家を独立したアクターと考え，国際貿易や国際金融などを対象とする国際政治経済学は扱っていない。国際政治経済学についてはすでに優れた教科書が多くあるため，そちらを参照していただきたい（野林ほか，2007）。本書が主に対象とするのは，グローバル化などの共通の環境変化に対する各国の対応の違い，その国内要因を探る比較政治経済学である。

第 1 章

戦後の政治経済体制

① 19 世紀と 20 世紀の政治経済の仕組みはどう異なるのだろうか。
② なぜ第 2 次世界大戦後に長期の経済成長が実現したのだろうか。
③ 戦後の経済成長期とグローバル化が進む現代はどう異なるのだろうか。

ブレトンウッズ体制　　生産性の政治　　埋め込まれた自由主義　　ケインズ主義的
福祉国家　　フォーディズム　　スタグフレーション　　マネタリズム

1 本章の課題

　現在は「グローバル化」の時代といわれる。今日私たちが目にしている政治
や経済の仕組みは，歴史的にみるとどのような特徴があるのだろうか。表 1.1
は，19 世紀以降の経済成長の推移を示している。人類の歴史を眺めると，お
よそ 18 世紀まで経済成長はごくわずかだった。19 世紀に入ると欧米で工業化
が進むが，経済成長は年 1% 程度の緩やかなものだった。ところが第 2 次世界
大戦後，ヨーロッパ，アジアなどで急激な経済成長が起こる。このトレンドは，

表 1.1　経済成長の推移（1 人当たりの実質 GDP 成長率, 年平均 %）

	ヨーロッパ	アメリカ大陸	アジア	アフリカ
1820-1913	1.0	1.5	0.2	0.4
1913-1950	0.9	1.4	0.2	0.9
1950-1970	3.8	1.9	3.5	2.1
1970-1990	1.9	1.6	2.1	0.3
1990-2012	1.9	1.5	3.8	1.4

出典：ピケティ, 2014：100 より作成。

1990 年代以降のいわゆる「グローバル化」の時代にも，アジアを中心として続いている。

　第 2 次世界大戦後の 30 年あまりの時期に，なぜ急激な経済成長がもたらされたのだろうか。その時代と今日の「グローバル化」の時代はどう異なるのだろうか。本章ではこれらの問いについて考えていこう。

 ## 2　自由放任主義はなぜ崩壊したか

19 世紀の自由主義体制

　本書では，体制（レジーム）という言葉をよく用いる。序章でみたとおり，体制とは，複数の制度が相互補完的に組み合わさって，1 つの安定した秩序が生まれている状態を指す。まず以下では，19 世紀と 20 世紀の政治経済体制の大きな違いについて確認しておこう。

　19 世紀はしばしば「自由主義の黄金時代」といわれる。実際のところ，19 世紀後半でも多くの工業国は関税を設けていたが，国家間の貿易は拡大を続けた（Ravenhill, 2017）。この時代の大きな特徴は，世界の工業生産の半分近くを占め，「世界の工場」となっていたイギリスが，自由貿易と金本位制という 2 つの仕組みを採用し，これらが国際的な共通規範となったことである（パックス・ブリタニカ）。

　イギリスは，1846 年に穀物法（小麦の輸入を禁ずる法）を廃止し，保護貿易か

ら自由貿易へと舵を切る。さらに 1860 年の英仏通商条約をはじめとした二国間条約を通じて，ヨーロッパのみならず，アジア，アフリカでも**自由貿易体制**を確立していった。経済的な優位を背景として自由貿易を他国に強制する手法は，「自由貿易帝国主義」とも呼ばれる（ギャラハー＝ロビンソン，1983）。

イギリスが 19 世紀初めに採用した**金本位制**は，その後他国へと広がり，19世紀末には国際的な通貨体制となった。金本位制とは，各国通貨の価値を一定量の金と結びつけ，通貨と金を兌換，つまり求めに応じて交換可能にする仕組みである。金本位制のもとでは，各国政府が発行できる通貨の量は，その政府が保有する金の量によって制約される。その結果，通貨価値が安定する。

さらに，金本位制のもとでは国際収支を均衡させるメカニズムが働くと考えられた。たとえば輸出より輸入のほうが増えて貿易赤字になると，赤字分を金で支払うために金が国外へと流出する。そうすると国内で流通する通貨の量も減るため，物価全体が下がる。物価が下がると輸出する商品の価格も下がるため，国際競争力が強くなり，輸出の増加につながる。こうして金本位制のもとでは，輸出と輸入を調整するメカニズムが働き，国際収支が均衡に向かうと考えられた。

自由貿易と金本位制は互いに結びつき，自由な市場を支えた。金本位制のもとでは，各国が景気に合わせて財政支出を増減したり，金利を調整して国内に流通する貨幣の量を増減したりすることができない。国家による財政・金融政策が制約されるため，国家の政策はいわゆる**自由放任**（レッセ・フェール）になりやすい。税は低く抑えられ，貧しい人への福祉もほとんど行われなかった。こうして 19 世紀の政治経済体制は，①イギリスの国際的な覇権，②国際的な金本位制，③自由放任国家と自由貿易，という 3 つの組み合わせによって成り立っていた（図1.1）。以上をまとめて「**自由主義体制**」と呼ぶことができる。

自由主義体制の崩壊

これらの組み合わせは，20 世紀初頭までうまく機能しているようにみえた。たとえば 1870〜1913 年には自由貿易が発展し，西ヨーロッパ諸国の 1 人当たり GDP 成長率は年平均で 1.33％ の上昇を続けた（マディソン，2015）。ところがこの体制は，20 世紀前半に「破局」へと至る（ポラニー，2009）。なぜ 19 世

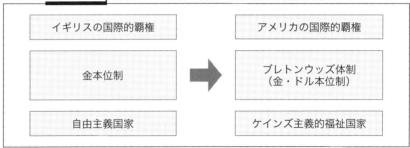

CHART 図1.1　19世紀の自由主義体制から戦後体制へ

イギリスの国際的覇権	→	アメリカの国際的覇権
金本位制	→	ブレトンウッズ体制 （金・ドル本位制）
自由主義国家		ケインズ主義的福祉国家

紀の自由主義体制が崩壊してしまったのだろうか。この要因を知っておくことは，第2次世界大戦後の政治経済体制の特徴を理解するうえで重要である。

　まず19世紀の末になると，工業化の進展とともに国内で貧富の格差が拡大した。失業者や労働者は国家にさまざまな保護や福祉を求め，参政権の拡大とともに，これらの運動は政治的な影響力を持つようになった。ところが金本位制のもとでは，国家が景気対策を行ったり，再分配を行ったりすることは難しかった。

　国内の社会不安を抱えた欧米列強は，海外市場を求めて植民地獲得競争を繰り広げるようになり，**帝国主義**国同士の争いが激しくなる。19世紀末になると，イギリスは工業生産でドイツやアメリカに追い抜かれ，国際的な覇権を維持できなくなっていた。列強の争いは，20世紀初めに史上初めての総力戦，つまり第1次世界大戦（1914～18年）へと至る。

　世界大戦が勃発すると，各国は戦時支出のために一時的に金本位制を停止する。戦争終結後，多くの国は金本位制へと復帰し，自由貿易体制をつくりなおそうと試みた。そこに追い打ちをかけたのが，1929年にアメリカで始まった世界大恐慌だった。各国は自国の産業を守るため，金本位制から再び離脱して「**ブロック経済**」をつくっていく（キンドルバーガー，2009）。ブロック経済とは，自国と植民地などの勢力圏内で低い関税を設定したり，為替の切り下げ（為替レートを変更して自国通貨の価値を低くすること）を行ったりする一方，それ以外の国には高い関税を設定することを指す。世界経済は，イギリスのスターリング・ブロック，アメリカのドル・ブロック，フランスの金ブロックなどの通貨圏に分断された。保護主義の高まりにともなって，ブロックを越えた貿易は急

激に縮小した。ドイツ，日本などの後発工業国では経済不安が高まり，国内で
ファシズム勢力が台頭した。やがて世界は連合国と枢軸国に分かれ，2度目の
総力戦となる第2次世界大戦へと至ったのである。

③ 戦後政治経済体制の成立

┃ブレトンウッズ体制┃

　第2次世界大戦後の政治経済体制は，19世紀の自由主義体制の「破局」の
うえに築かれた。つまり，国家が市場に介入しないのではなく，一定の国家介
入を許容し，国際的な自由貿易体制と，国内の秩序の安定を両立させようとし
たのである。およそ1970年代まで続いたこの体制は，国際的には「**ブレトン
ウッズ体制**」，国内的には**ケインズ主義的福祉国家**，より広くは「**フォーディ
ズム**」と呼ばれる。以下では①アメリカの国際的覇権，②新しい通貨体制とし
てのブレトンウッズ体制，③ケインズ主義的福祉国家の順に説明していこう
（図1.1）。

　第1に，戦後秩序の再建において，イギリスに代わってリーダーシップをふ
るったのはアメリカだった。第2次世界大戦後，アメリカは世界の工業生産の
3分の1を占めるようになった。1940年代末から冷戦が始まると，ソ連ブロッ
クに対抗するため，西欧と日本の経済復興を積極的に支援し，国際的なルール
づくりを主導した。

　第2に，1944年にはアメリカの主導のもと，ブレトンウッズで戦後の通貨
体制が話し合われた。44カ国の代表が集まったブレトンウッズ会議では，ド
ルを基軸通貨とし，国際的な自由貿易体制を築こうとするアメリカと，自国通
貨（ポンド）の自律性にこだわるイギリスの間で綱引きがあったが，最終的に
はアメリカの案を軸とした妥協が成立し，以下のようなルールが合意された
（ガードナー，1973；ステイル，2014）。

　まず，ドルを基軸通貨とする**固定相場制**の導入である。固定相場制とは，各
国の通貨とドルの交換比率を固定した制度を指す。たとえば1952年にこの通

貨体制に加入した日本の場合，1ドル＝360円という為替レートに固定された。ドルが各国通貨の為替レートの基準となり（これを基軸通貨と呼ぶ），ドルだけが金と交換可能とされたことから，この体制は**金・ドル本位制**とも呼ばれる。

　固定相場制を戦前のブロック経済と比較してみよう。ブロック経済のもとでは，各国が一方的に為替の切り下げを行い，貿易で有利な立場に立とうとした。その結果，自国の利益を守るためにますますブロック化が進み，全体として貿易が縮小してしまった。戦後の固定相場制では，こうした切り下げ競争を防ぎ，為替レートを安定化させることで，自由貿易体制を維持しようとしたのである。

　これと並んで重要なのは，アメリカを含めたすべての国で，国内の自由放任主義が支持されなくなったことである。世界恐慌の後，国家が景気対策のために公共事業を行ったり，金融政策を行ったりすることは広く受け入れられるようになった。したがって戦前のような厳格な金本位制をとることは望ましくなかった。ブレトンウッズの取り決めでは，より柔軟な国内政策を可能にするため，主に2つの工夫がなされた。1つは，各国政府が為替レートを±1%の範囲で調整することを許容し，時々の景気動向に合わせた国内政策を行えるようにした点である。

　さらに重要なのはもう1つの点，つまり国際的な協調体制の樹立である。新たに設立された**国際通貨基金**（IMF）は，ある国の国際収支が長期的な貿易赤字などの不均衡に陥ったとき，加盟国から集めた基金によって一時的に融資を行う機関である。国際通貨基金の監視のもとでのみ，為替レートを調節することも認められた。この仕組みによって，国内政策の自律性を認めつつ，為替レートの安定を維持できるようにしたのである。なお国外からの資本流入や国外への資本流出で，為替レートが乱高下しないよう，国境を越えた資本移動には厳しい規制がかけられた。

　以上のポイントをもう一度おさらいしておこう。ブレトンウッズ会議では，国際的な自由貿易を推進するために固定相場制がとられ，ドルを基軸通貨とする金・ドル本位制が採用された。ただし，国内政策の自律性を保障するために，一定の幅で為替レートの調整が認められた。さらに国内政策の自律性が為替レートの混乱を引き起こさないよう，国際通貨基金が設けられた。これらの組み合わせは，いわば自由な市場と国家介入の間で妥協を図るための仕組みだった。

ブレトンウッズ会議の目的は，包括的な自由貿易を推進することにあった。この目的は，1947年に結ばれた「**関税及び貿易に関する一般協定（GATT）**」によってひとまず実現される。この協定では，多角的・無差別な自由貿易が定められ，原則としてすべての品目の関税が撤廃された。ここでいう「多角的」とは，二国間だけでなく，より多くの加盟国間で共通の取り決めを行うことを指す。また「無差別」とは，特定の国や製品に優遇措置を設けず，すべての貿易を共通のルールのもとに置くことを意味する。ただし GATT では，農産物やサービス（保険，銀行，電力など）は自由化から除外された。ブレトンウッズ会議で決まった国際通貨体制と，GATT に代表される自由貿易体制は，合わせて**ブレトンウッズ体制**または **IMF＝GATT 体制**と呼ばれる。

▌埋め込まれた自由主義

K. ポラニーは，1944年に公刊した『大転換』のなかで，19世紀体制の「破局」の最大の要因を**自己調整的市場**という考え方に見出している（ポラニー，2009）。自己調整的市場とは，あらゆる財の生産と分配が自由な市場において行われるとき，最大限の効率性が達成される，という考えを指す。この考えの最も大きな特徴は，「社会関係が経済システムの中に埋め込まれる」ととらえることである。つまり，自由な市場こそが効率的で優れた仕組みであり，すべてを市場での交換の対象としていくことが望ましい。家族・共同体による助け合いや，国家による再分配などは，あくまで市場を維持するための補完物に過ぎず，最小限であるべきだと考えるのである。

自己調整的市場という考えは19世紀に広く普及した。ところがポラニーによれば，人類の歴史上，経済活動は常に社会関係のなかに埋め込まれ，一定の統制を受けることで安定した秩序を形づくっていた。人間の社会には，市場で売り買いされる「商品」になじまない要素（土地，貨幣，人間の労働力など，市場を成り立たせる基礎となる要素）がある。自己調整的市場という考えは，市場を社会の統制から解き放ち，土地，貨幣，労働力を「商品化」しようとした点で誤っていた。その結果，19世紀の自由主義体制は社会の内側からさまざまな反動を生み出した。階級対立，対外的な植民地化と国家間の争い，保護貿易などである。ポラニーにとって19世紀秩序の「破局」とその再構築とは，社会

関係から離脱した市場を，もう一度社会のなかに「埋め込みなおす」ことを意味した。

　ポラニーの考えを引き継ぎ，戦後の政治経済体制を「**埋め込まれた自由主義**」と呼んだのが J. ラギーである（Ruggie, 1982）。ラギーによれば，戦後の政治経済体制とは自由主義に一定の修正を加えたものだった。自由主義を貫徹すると，失業，格差の拡大などによって国内の社会不安が抑えられなくなる。逆に国内秩序の安定を優先すると，対外的には保護貿易や通貨ブロックが採用され，自由貿易が犠牲となってしまう。どちらかの極端な立場を避け，国家による経済介入（財政政策や金融政策）を許容しつつ，それが国際的な自由貿易を脅かさないよう妥協を行った結果がブレトンウッズ体制だった（Hays, 2009）。

▎生産性の政治▎

　戦後体制の第 3 の柱は，国内政策の変化，つまり自由主義国家に代わるケインズ主義的福祉国家の導入である。以下ではまず，ケインズ主義的福祉国家が登場する背景として，「生産性の政治」というアイディアを説明しておこう。

　C. マイアーは，ブレトンウッズ体制のもとで欧米と日本に根づいた国内政治を「**生産性の政治**」と呼んだ（Maier, 1977）。それは一言でいえば，生産性の向上と経済成長を最優先し，成長の果実を分配（福祉や賃金上昇など）へと回すことで，国内の対立を回避するという政治のあり方を指す。

　それまで工業国では，資本家や使用者（労働者を雇う経営者のこと）に支持された右派が市場の自由を唱え，労働者に支持された左派が国家による分配と平等を唱えるという形で，右派と左派の対立がつくられていた。この対立は，使用者・労働者の階級対立を反映すると考えられていた。ところが「生産性の政治」によると，労使の利害が常に対立するわけではない。労使が協力して生産性を向上させ，全体のパイを拡大させる一方，国家が産業の高度化や雇用政策に取り組む。そうすれば成長か分配かという二者択一を避けることができる。

　アメリカでは 1930 年代のニューディール政策と第 2 次世界大戦の経験を経て，生産性向上のために国家が市場に介入することへの合意が生まれた。第 2 次世界大戦後，ブレトンウッズ体制を支える役割を担ったアメリカは，西欧と日本の経済復興を積極的に支援する。その過程で「生産性の政治」というアイ

ディアはこれらの国にも流れ込んでいった。

　ここで「生産性の政治」が戦後に可能となった条件を，もう少し広い視野からとらえなおしておこう。まず戦前に猛威を振るったファシズム勢力が退潮し，戦後は**代議制民主主義**への合意が生まれた。労働者もストライキや街頭での直接行動を行うのではなく，自分たちの利益を代表する政党をつくり，選挙を通じて議会に代表者を送り込むようになった。

　さらに東西冷戦が固定化するにつれて，西側諸国では資本主義か共産主義かという体制をめぐる選択が下火となった。左派政党の多くは資本主義を受け入れ，その枠内で再分配や雇用政策を求めるようになった。もちろんイタリアやフランスの共産党，日本の社会党や共産党のように，あくまで体制転換をめざす政党も存在したが，それらは少数となった。多くの国では左派政党が社会民主主義，つまり資本主義を受け入れ，代議制民主主義の枠内でその修正を図る立場へと移行する。1960年代に入ると，D. ベルのように，豊かな社会の到来によって資本主義か共産主義かという体制選択が意味を失い，「**イデオロギーの終焉**」が訪れたと論じる者も現れた（ベル，1969）。

ケインズ主義的福祉国家

　「生産性の政治」のもとでは，経済成長のために国家が積極的な役割を果たすと想定される。このアイディアの起源となったのはアメリカのニューディール政策だったが，それに理論的な裏づけを与えたのは**J. M. ケインズ**だった。ケインズは，古典派経済学（20世紀初頭までの経済学）が想定したように，市場において需要と供給の自己調整メカニズムが常に働くとは考えなかった（ケインズ，2008）。たとえば不況のときには誰もがお金を使わず手元に置いたり貯蓄したりして，将来の不安に備えようとする。その結果，誰もお金を使わなくなり，不況がますます深刻化してしまう。特に労働市場では，不況の際に労働者が賃金の引き下げに抵抗する。賃金が下がらなければ企業は労働者を雇うのに慎重となる。その結果，社会全体で失業が増大してしまう。このように，市場に委ねるだけでは不況や失業の負のスパイラルが起こってしまう。そこで国家が介入し，金利を低くしてお金を市場で流通しやすくしたり（金融政策），公共事業などを行って失業を減らしたりする（財政政策）。いわば景気に合わせた政

策を打つことで，本来の市場の機能を取り戻すことができると論じたのである。これらの金融・財政政策は**マクロ経済政策**と呼ばれる。

　ケインズの理論は「生産性の政治」への合意とともに先進国に広がり，政府によるマクロ経済政策，とりわけ完全雇用政策を導くことになった（**ケインズ主義**）。これと表裏の関係にあったのが，福祉国家の導入である。ケインズ自身が福祉国家に言及していたわけではなかったが，雇用政策によって失業者が減れば，国家は失業者や低所得者への福祉にお金をまわすことができる。イギリスの官僚 W. ベヴァリッジが中心となって起草したいわゆる『ベヴァリッジ報告』（1942 年）では，公的扶助と社会保険の組み合わせによって，すべての市民に一定水準の所得を「権利」として保障することが提唱された（⇒福祉国家の成り立ちについては第 4 章）。

　完全雇用政策と福祉国家は，互いに補い合いながら「生産性の政治」を具体化することになった。福祉国家が整備されると労働者の社会統合が進み，秩序が安定するだけでなく，人々の所得が上昇し，需要が生まれる。また完全雇用に近づくほど福祉の対象となる貧困層が限定されるため，福祉国家を維持しやすくなる。これら 2 つの組み合わせは「**ケインズ主義的福祉国家**」と呼ばれ，戦後の長期経済成長を支えることになった（田口編，1989）。

┃ フォーディズム ┃

　後に述べるとおり（⇒本章第 4 節および第 6 章），ケインズ主義も福祉国家も，現在ではあまり評判がよくない。しかし戦後の約 30 年間にわたって，これらの政策は経済成長に不可欠だと考えられていた。その理由を明らかにするため，以下ではフランスのレギュラシオン学派が唱えた「フォーディズム」という考え方を紹介しておこう。

　レギュラシオン学派は政治経済学の一潮流である。主流派の経済学では，自由な市場において需要と供給が価格を通じて自動調整され，「**均衡**」が実現すると想定される。しかしレギュラシオン学派によれば，こうしたモデルは現実と乖離している。資本主義は労使の対立，企業間の対立，不況，金融危機など，さまざまな対立や紛争を生み出す。秩序の安定を説明するためには，市場での「均衡」に代えて社会的な「**調整（レギュラシオン）**」様式に着目しなければな

らない。具体的には，労使関係，雇用制度，社会保障，企業間関係，金融制度などの制度の組み合わせによって，利害対立や紛争がどのように調整され，秩序がどう再生産されているのかを考察すべきである（アグリエッタ，2000；ボワイエ，1989；山田，1994；若森，1996）。

　レギュラシオン学派が戦後の政治経済体制を把握するために用いたのが「フォーディズム」という言葉である。具体的なイメージをつかむため，以下では語源にさかのぼって，20 世紀初頭のフォード社の労働管理について触れておこう。

　一代で世界最大の自動車会社をつくり上げたアメリカの企業家 H. フォードは，1908 年にモデル T と呼ばれる新しい自動車を発売した。このモデルの特徴は，各部品を規格化し，それまで熟練工が手作業で組み立てていた自動車を，工場での単純な流れ作業によって組み立てられるようにしたことだった。さらに他のモデルを廃止し，生産を 1 つのモデルだけに絞り込むことで，安く大量生産できるようにした。それまでぜいたく品と思われていた自動車が安くなり，庶民にも手が届くようになったため，モデル T は大きな成功を収めた。

　ところがフォードの悩みは，工場での過酷な労働のため，労働者の離職率が高いことだった。フォード社の工場ではテイラー主義と呼ばれる労働者の科学的管理法が取り入れられ，時間ごとの作業ノルマから休憩時間に至るまでこと細かなルールが定められていた（⇒Column **❶**）。労働者の不満を和らげるため，フォード社は 2 倍近い賃金の引き上げを行う。高賃金は労働者の離職を防ぐだけでなく，彼らの購買力を高め，自分たちが生産した自動車を自ら購入できるようにするうえでも効果的だった。

　レギュラシオン理論は，フォード社にみられた生産と消費の循環に着目し，これを戦後社会に共通する特徴ととらえた。戦前の資本主義のもとでは，生産（供給）が増えたとしても，しばしば消費（需要）が過少となり，物が売れなくなることで，定期的に不況や恐慌が起こった。どのようにして需要をつくり出すのかは資本主義の大きな課題だった。戦後は次のような 3 つの制度の組み合わせによって，**大量生産**と**大量消費**が循環するようになった（図1.2）。①工場での労働が細分化・規格化される。単純労働の組み合わせによって画一的なモデルの製品が安く大量に生産される。②生産性の向上に合わせて労働者に高い

賃金が支払われる。さらに国家が雇用政策と福祉政策を行い，すべての人に一定の生活所得を保障する。③人々の所得が上昇すると，彼らは大量生産された製品を自ら購入する消費者へと転化する。

　先進工業国（OECD 加盟国）では，1960 年から 75 年の実質経済成長率が年平均 5% に達した（OECD, 1985）。1945 年からの 30 年間は，フランスで「栄光の 30 年」，ドイツで「経済の奇跡」，日本では「高度経済成長」などと呼ばれる。この時期には人々の所得が上昇を続け，自動車だけでなくテレビ，洗濯機，冷蔵庫などの耐久消費財が一般家庭にも広く行き渡った。男性が工場で働き，女性が家事や育児に専念するという性別役割分業も一般化した（**男性稼ぎ手モデル**）。家庭が消費の中心地となり，アメリカのホームドラマなどで描かれるような家電製品に囲まれた中産階級の豊かなライフスタイルが人々の憧れとなった。人々は，工場での単調な労働の代わりに，画一的ではあっても豊かな生活を享受するようになったのである。

4 戦後政治経済体制の変容

　しかし，経済成長の「黄金時代」は長く続かなかった。1973 年，79 年のオイルショックを契機として，先進国の成長率は半減し，80 年代には多くの国が 10% 近い失業率を抱えるようになる。なぜこの時期に経済成長が失速したのだろうか。戦後の政治経済体制はどう変化したのだろうか。以下では，①国際的な変化として，アメリカの覇権の衰退とブレトンウッズ体制の崩壊，②国内の変化として，ケインズ主義的福祉国家の変容をみていこう（図1.3）。

ブレトンウッズ体制の崩壊

　戦後のブレトンウッズ体制を支えたのは，アメリカの経済的な覇権だった。ドルが基軸通貨となり，国際通貨基金などを通じてドル資金が各国に供給され，国際収支の不均衡が是正された。ところが1960年代以降，西欧と日本で経済復興が進むと，アメリカの優位は揺らいでいく。さらにアメリカは1950～53年の朝鮮戦争，1964～73年のベトナム戦争へと参戦し，膨大な軍事費をつぎ込んだ。その結果国際収支は1960年代から恒常的に赤字となり，ドルの国際的な信用も揺らいでいった（Oatley, 2018）。

　ドルの信用不安が広がると，各国政府や投資家はドルと金の兌換を要求し始める。ドルの価値が下がったり，金に交換できなくなったりすることを恐れたためである。金の大量流出に直面したアメリカは，1971年にニクソン大統領が金・ドルの兌換停止を一方的に宣言する（**ニクソン・ショック**）。さらに為替レートを変更し，10％におよぶドルの切り下げ（外国通貨に対するドルの通貨価値を下げること）を強行した。

　しかし，これらの対策にもかかわらずドルの信用不安は収まらなかった。アメリカの措置をみた他の国々は固定相場制から離脱することを決断する。こうして1973年以降，ほぼすべての国が**変動相場制**へと移行していった。変動相場制とは，通貨の為替レートを外国為替市場での取り引きによって調整する仕組みのことである。たとえば投資家がドルを売って円を買ったり，円を売ってドルを買ったりすることで，昨日は1ドル＝110円，今日は1ドル＝108円というように為替レートが日々変動する。ただしすべてが市場に委ねられたわけではない。為替レートの安定は，各国の中央銀行と財政担当者の協調に委ねられることになった（ギルピン，2001）。とはいえ各国の協調の基盤は脆弱であり，1980年代に入ると通貨政策をめぐる対立が繰り返されるようになる（ボルカー，1992；船橋，2018）。

　こうして金・ドル本位制と固定相場制を柱とするブレトンウッズ体制は，1970年代に崩壊した。

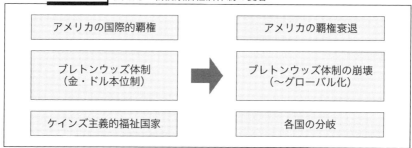

CHART 図1.3 戦後政治経済体制の変容

アメリカの国際的覇権	アメリカの覇権衰退
ブレトンウッズ体制 （金・ドル本位制）	ブレトンウッズ体制の崩壊 （〜グローバル化）
ケインズ主義的福祉国家	各国の分岐

グローバル化の幕開け

　固定相場制から変動相場制への移行は，国際経済のより大きな変動を招くことになった。今日まで続く「**グローバル化**」の幕開けである。グローバル化については次章で詳しく取り上げるため，ここでは主な経緯のみ触れておくことにしよう。

　ブレトンウッズ体制のもとでは，国境を越える資本移動に対して各国政府による管理・規制がなされていた。しかし固定相場制が放棄されると，為替レートの安定化のために資本移動を規制する必要がなくなる。折しも，アラブ諸国では資源ナショナリズムの高まりによって，1973年と79年に原油産出量の大幅な削減が行われた（**オイルショック**）。原油価格の急上昇は，先進国・途上国の経済を直撃するとともに，肥大化したオイルマネーの受け入れをめぐって，イギリス，アメリカなどで国際金融市場の開放競争をもたらした。通信技術の発達も国境を越えた資本移動を後押しした。

　こうして1970年代から80年代にかけて，主要国では資本移動の規制が撤廃され，金融市場の自由化が進んでいった。短期的な為替取引，海外直接投資などが急増し，金融を中心とした「グローバル化」の時代が幕を開けたのである（⇒**第2章**）。

ケインズ主義的福祉国家の変容

　次に国際的な変化と並行して，国内の経済社会がどう変化したのかをみておこう。まず戦後の経済成長とともに，先進国の産業構造は大きく変貌した。国

際労働機関（ILO）の統計によると，1970年代前半のアメリカでは，第2次産業（製造業）の従事者が3割を切り，商業・通信・運輸・金融・サービスなどの第3次産業従事者が6割を超えるようになった。製造業が強かった西欧と日本でも，第2次産業の従事者は3〜4割に減り，第3次産業従事者が5割近くにまで増えた（ILO, 1975）。

　第3次産業のなかでも多くの雇用を吸収した商業・サービス業は，製造業に比べて生産性が上昇しにくい。それだけでなく，新しい産業に従事する人が多数になり，所得や教育水準が上昇するにつれて，「生産性の政治」に対する疑念が広がっていった。社会学者のR. イングルハートによると，欧米では1970年前後に成人となった世代を境として，「物質主義的価値観」よりも「**脱物質主義的価値観**」を持つ人の割合が多くなったという（イングルハート，1993）。物質主義的価値観とは，治安の維持，経済的安定，経済成長など，物の豊かさや生活の安定を重視する態度を指す。一方，脱物質主義的価値観とは，言論の自由，よりよい環境，政治や職場の決定への参加，人格の尊重など，より抽象的な価値を重視する態度を指す。この時代には，経済成長を最優先するのではなく，より多様な価値を重視する人の割合が増えたのである（ただしイングルハートによると，日本では例外的に物質主義的価値観を持つ人の割合が多いままだった）。実際1960年代末から70年代にかけては，人権・平和運動，環境運動，学生運動，女性運動，政治への参加を求める運動など，従来の労働運動と区別された「**新しい社会運動**」が噴出した（Kriesi et al., 1995）。

　産業構造の変化と価値観の変化を背景として，「生産性の政治」への合意は掘り崩されていく。単調で画一的な労働への反発が広がり，労働条件の改善や経営への参画を求めるストライキなどが頻発した（アグリエッタ＝ブレンデール，1990）。消費の面でも，冷蔵庫や車などの耐久消費財が各家庭に行き渡ると，人々は画一的な製品に代わって，より個性的なデザインや高品質の製品を求めるようになった。大量生産に代わって**多品種少量生産**が広がり，より柔軟な生産ラインが求められるようになった（ピオリ＝セーブル，1993）。

　こうして大量生産，大量消費はそれぞれ限界に直面し，生産と消費の循環が回らなくなっていく（Jessop, 2001）。経済成長が終わりを告げる一方，それまで上昇を続けてきた労働者への賃金や社会保障を引き下げることは困難だった

ため，これらのコストが物価へと反映し，物価上昇を引き起こした。この時期の先進国は，経済停滞（スタグネーション）とインフレーションが同時に起こる新しい現象，すなわち「**スタグフレーション**」に直面した。

　経済が停滞すると，ケインズ主義的福祉国家に対する疑念も広がった。M. フリードマンは，ケインズの唱えたような景気に応じた金融政策や財政政策は，実際の効果が出るまでに長い時間を要するため，好景気と不景気の振れ幅を大きくするだけだと批判した（フリードマン，1978）。政府がなすべきことは，市場に流通する貨幣量を一定に保ち，物価を安定させることだけである。インフレーションは貨幣量の増加によって起こるから，インフレを終息させる有力な手段は政府支出を減らすことである。政府による財政・金融政策や福祉政策を否定し，貨幣量を一定に保つことだけをその役割とみなす立場は**マネタリズム**と呼ばれる。マネタリズムは 1980 年代のイギリスやアメリカを中心に広く受け入れられた。

　以上，本章では第 2 次世界大戦後から 1970 年代までの先進国の政治経済体制を，ブレトンウッズ体制とフォーディズムの 2 つを軸として説明した。次に 1970 年代において，ブレトンウッズ体制が崩壊してグローバル化が開始されたこと，国内ではフォーディズムが機能しなくなり，ケインズ主義的福祉国家への批判が登場したことを指摘した。次章以降では，これらの変化に先進諸国がどう対応したのかをみていくことにしよう。

Column❶　チャップリンとフォーディズム

　喜劇王 C. チャップリンの映画『モダン・タイムス』（1936 年）は，人が家畜のように追い立てられて工場に入っていく場面で始まる。チャップリン扮する主人公は，ベルトコンベアでネジを締める作業を一日中こなし，機械の一部のように働いている。やがて主人公は精神に変調をきたし，工場を追い出されてしまう……。

　チャップリンは後に，デトロイトにあるフォードの自動車工場で働いていた若者の話を聞いて，この映画の着想を得たと回顧している。チャップリンは 1921 年にデトロイトを訪ね，フォードの工場を視察したこともあった。この映画は，大量生産を可能にした労働がいかに過酷で非人間的なものであったか

を描いた文明批評の傑作として知られる。

　ただし，この映画には続きがある。工場を追い出された主人公は，孤児の少女と出会い，2人で「家庭（ホーム）」を築くことを決意する。数々の仕事に失敗し，失意のどん底にありながら，映画のラストで2人は手を取り合い，いつの日か豊かな家庭を築くことを夢みて再び歩き出す……。

　チャップリンが告発した大量生産型の労働は，やがて社会全体に広がり，大量消費を支えることになった。映画のなかで主人公が憧れた，大量のモノや便利な製品に囲まれた「ホーム」は，まさにフォーディズムによって戦後の人々の手に届くようになった。彼の映画は，フォーディズムの光と影の両面を予言するものだった。

写真：時事通信フォト。

読書案内 ▌　　　　　　　　　　　　　　　　　　　Bookguide ●

　新川敏光・井戸正伸・宮本太郎・眞柄秀子『比較政治経済学』有斐閣，
　　2004年。
⇒政治経済学の考え方を初めて示した高度な教科書。特に第1章と第2章は本
　章の叙述と重なる。あわせて読んでいただきたい。
M. アグリエッタ＝A. ブレンデール／斉藤日出治・若森章孝・山田鋭夫・井上
　　泰夫訳『勤労者社会の転換──フォーディズムから勤労者民主制へ』日本
　　評論社，1990年。
⇒フォーディズムからポスト・フォーディズムへの変化を総合的に解説してい

る。

猪木武徳『戦後世界経済史――自由と平等の視点から』中央公論新社,
　2009 年。
⇒20 世紀の世界経済史を，経済学の視点だけでなく，政治や社会の視点も含
　めて包括的に叙述している。

第**2**章

グローバル化の政治経済学

QUESTIONS

1. グローバル化とはどのような現象だろうか。
2. グローバル化への各国の対応は、1つの方向に収斂しているのだろうか、分岐しているのだろうか。
3. グローバル化と民主主義の間にはどのような関係があるのだろうか。

KEYWORDS

国際化とグローバル化　底辺への競争　ワシントン・コンセンサス　収斂説と分岐説　人的資本への投資　党派性　トリレンマ　グローバル・ガバナンス

1 本章の課題

　世界はまったく新しい意味で1つになりつつある。……各地域の政治、経済、思想の動きがこれまでよりも緊密に影響し合うようになってきた。……世界史は1つの歴史となる傾向を示している。

これはある歴史学の国際会議で議長が行った演説の一節である。「世界が1つになりつつある」というのは、まさに1990年代以降のグローバル化を表現しているようにみえる。ところが、実はこの演説が行われたのは1913年のことである。前章でみたとおり、19世紀末から20世紀初めは自由貿易の全盛時代だった。列強が貿易によって結びつき、繁栄の時代が永遠に続くようにみえた。そのわずか1年後、1914年に第1次世界大戦が勃発し、自由貿易体制は「破局」を迎えた。

今日の私たちも、グローバル化を「まったく新しい」現象と考えがちである。グローバル化によって世界は1つとなりつつあると論じる者もいる。はたしてグローバル化は新しい現象なのだろうか。グローバル化によって各国の違いは消失しつつあるのだろうか。本章ではこれらの問いについて考えていこう。

ところで、本書が重視しているのは政治と経済の関係、言い換えれば**国家と資本主義**の関係である。この関係については大きく2つのとらえ方がある。第1は、資本主義によって国家が**構造的に規定**される、という見方である。「構造的に規定」というのはイメージしにくい表現だが、資本主義市場の主な担い手、つまり企業や投資家の利益を優先するような政策しか、国家は行うことができないと考えることである。古典的な例として、19世紀の**K. マルクス**の議論を取り上げてみよう。マルクスによれば、資本主義が発達すると、生産手段（土地、工場、資本など）を所有する資本家と、生産手段を持たず自らの労働力を売って生活する労働者という二大階級への分化が起こる。資本主義のもとでは資本家階級が優位に立ち、労働者階級を支配している。この階級関係が土台となり、国家という「上部構造」のあり方が規定される。つまり国家とは、もっぱら資本家階級の利益を代弁し、労働者階級を従属した状態にとどめるための支配の道具とされる（マルクス＝エンゲルス，2002）。

現代では、マルクスほど単純に国家を理解する者は少ない。20世紀に入ると国家が資本主義に介入し、雇用政策や再分配を積極的に行うようになったからである（⇒第1章第3節「ケインズ主義的福祉国家」）。ただし、資本主義によって国家のあり方が「規定」されるという見方は、形を変えて保持されている。資本主義市場のもとでは、企業の経営者や投資家によって雇用、賃金、投資のあり方が決定される。政治家たちは有権者の支持を得るため、これらの経済的

CHART 図2.1　資本主義と国家の関係に関する2つのとらえ方

国家	国家
↑ 構造的規定	↑↓ 相互関係
資本主義	資本主義

な実績を強く意識せざるを得ない。そのため企業や投資家の利益を損なうような政策，たとえば大幅な増税や再分配を行うことは難しい。

　以上の見方に対して，「構造的規定」論では現実の多様な国家のあり方を説明できないと批判する論者もいる（Przeworski and Wallerstein, 1988）。第2の見方は，資本主義と国家が別々のメカニズムで動いており，両者の**相互関係**をみるべきだ，というものである。古典的な例として，**M. ヴェーバー**の国家論を挙げておこう。ヴェーバーによれば，資本主義が発展し，社会が複雑になればなるほど，専門的な知識を持った官僚層が増大する（ウェーバー，1980）。官僚は行政的なルールに従い，公共の利益を目的として政策を実施するため，企業や投資家たちの利益だけに縛られるわけではない。

　資本主義と国家のメカニズムを区別する論者によれば，国家のあり方を最終的に決めるのは，資本主義ではなく**民主主義**である。官僚たちもまた民主主義によって選ばれた政治家の決定に服するからである。代議制民主主義のもとでは，労働者も自分たちの利益を代表する政党をつくり，政治に働きかけている。その結果，資本主義を修正するような政策，たとえば富裕層から低所得層への大幅な再分配が行われることもある（Esping-Andersen, 1985）。国家のあり方を決めるのは，労働者・使用者階級の権力関係，政治的な意思決定プロセス，行政官僚の規模と能力などであり，これらは国ごとに異なっている（Skocpol., 1985）。

　以上のように，資本主義と国家の関係については，資本主義によって国家が「構造的に規定」されるという立場と，それらが別々のメカニズムによって動いているという立場の2つがある。もちろん後者の場合でも，国家が資本主義を完全に無視して政策を決められるわけではなく，両者の双方向的な関係が重視されるのである（図2.1）。

本章では，グローバル化を経済的な側面からとらえたうえで，2つの立場の
うち，主に相互関係を重視する立場から政治と経済の関係を考えていくことに
しよう。

 # グローバル化とは何か

┃ グローバル化の諸側面 ┃

　グローバル化とは何だろうか。J. ショルトによると，グローバル化という言
葉は①経済的な国際的相互依存，②経済の自由化，③文化の一体化，④西欧化
あるいはアメリカ化，⑤空間的な一体化，というさまざまな意味で用いられて
いる（Scholte, 2005）。最初の2つが経済的な相互依存を指すのに対して，残り
の3つは社会的，文化的な一体化を指している。特に近年では，インターネッ
トなど情報通信の発達によって，空間を越えた文化的な結びつきや一体化が強
まっているとされることが多い（Castells, 1996-1998）。

　一例として，世界の「フラット化」を指摘する T. フリードマンの議論を取
り上げてみよう。フリードマンによれば，1980年代からパソコン，インター
ネット，携帯電話といった情報通信技術が発展し，人々の生活は大きく変容し
た。途上国に住む人々でも，先進国の人々と同じような情報を手にすることが
できるようになった。また，先進国の仕事が途上国にアウトソーシング（外部
委託）されたり，途上国で工業製品が生産され，組み立てられたりするように
なった。いまや世界中の人々は「平坦な競技場」のうえで競争するようになっ
ているという（フリードマン, 2008）。

　先進国と途上国の垣根が低くなり，情報やお金やモノが国境を越えて行き来
するようになったことは事実である。しかし，世界中の人々の生活環境や経済
環境が「フラット化」したというのは，かなりの誇張を含んでいるだろう。先
進国でも途上国でも，グローバルな文化に適応し，国境を越えて活躍できる人
はごく一握りに限られている。むしろグローバル化とともにそれまでの生活が
脅かされ，アイデンティティの揺らぎに直面して，伝統へと回帰する人が増え

ている。今日ではグローバル化に背を向け，ナショナリズム，保護主義，排外主義などを唱える運動が世界中で広がっている（Held and McGrew, 2007；Bornschier, 2011）。

経済のグローバル化

　「グローバル化」を狭い意味でとらえると，それは1970年代のブレトンウッズ体制の崩壊，80年代以降の資本移動の自由化によって生まれた経済的な相互依存を指す。では1980年代以降の世界は，それ以前の世界と比べて何が新しくなったのだろうか。

　R. コヘインとJ. ナイは，グローバリズムとグローバル化を区別している（Keohane and Nye, 2000）。**グローバリズム**とは，世界の諸地域が結びついてお互いに影響を与え合うようになった状態を指す。グローバリズムは，ヨーロッパ諸国が世界に進出した近代，自由貿易が発達した19世紀など，以前から何度も起こっている。一方**グローバル化**とは，グローバリズムがさまざまな領域で起こり，それらが互いに強化し合うことで，より広く深い相互依存関係が形成された状態を指す。1980年代以降，情報通信の発展を背景として，①資本移動の自由化，②海外直接投資，③生産の国際的な分業という3つが同時に進み，それらが結びつくことでグローバルな市場統合が進んだ。その結果，「国家優位の世界から市場優位の世界への根本的な転換」が起こったとされる（ギルピン，2001）。以下，それぞれを簡単にみておこう。

　①まず**資本移動の自由化**とは，固定相場制から変動相場制への移行にともなって，国境を越えた資本移動の規制が撤廃されたことを指す（⇒第1章）。1970年代からの20年間で自由化が進み，外国為替，株式，債券などを扱う国際金融市場が急速に発展した。今日では年間の外国為替取引の総額が，世界貿易量の約100倍に達している。②**海外直接投資**とは，多国籍化した企業が外国企業の株式を取得したり，海外に工場を建設したりすることを指す（図2.2）。特に先進国から途上国への投資が急増し，新興国もグローバルな市場に統合されるようになった。③**生産の国際的分業**とは，先進国で研究・開発などを行う一方，人件費や材料コストの安い途上国で部品を生産し，組み立てを行うなど，ある製品を生み出すにあたって国境を越えた分業体制が形成されることを指す。多

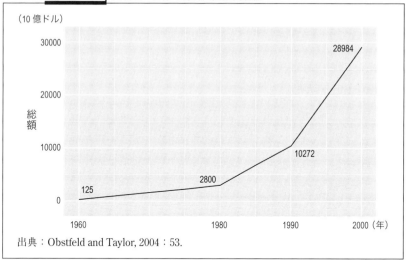

（10 億ドル）

総額

30000 ── 28984

20000

10000 ── 10272

0 ── 125　2800

1960　　1980　　1990　　2000（年）

出典：Obstfeld and Taylor, 2004：53.

国籍企業を中心に国際的なサプライチェーン（部品供給のネットワーク）がつく
られ，国境を越えた結びつきはいっそう強まった。

　以上のように，貿易，金融，サービス，情報の国境を越えた相互依存ネット
ワークが形成され，それらが互いに強化し合うことで，グローバルな市場統合
が進んだことを狭義の「グローバル化」と呼ぶ。

国際化とグローバル化

　それではグローバル化にともなって，市場と国家の関係はどう変化したのだ
ろうか。国家の役割は今や消失しつつあるのだろうか。この点について考える
手がかりとして，P. ハーストらが行っている国際化とグローバル化の区別を取
り上げてみよう（Hirst et al., 2009）。

　まず**国際化**とは，国と国との相互依存が強まった状態を指す。この段階では，
市場はあくまで国ごとに異なるルールや規則に服している。たとえば物価の水
準は国ごとに異なり，企業も特定の国に属している。貿易や金融で国と国の結
びつきが強まったとしても，それは各国が自国の利益のために「戦略的」に選
んだ結果に過ぎない。たとえば，ヨーロッパ諸国の競争力を高めるために欧州
連合（EU）の域内で市場統合が進んだことなどである。グローバルな市場と

国内（域内）市場はあくまで分離されている。

　一方**グローバル化**とは，国内市場とグローバルな市場の境界線が取り払われた状態を指す。経済の主体は，もはやグローバルな市場のなかで活動する多国籍企業であり，国境を越えて自由に移動する資本である。各国政府はグローバルな市場をコントロールする力を失い，逆に市場の動きによって制約され，それに従うしかなくなる。

　今日の世界経済は，国際化とグローバル化のどちらなのだろうか。ハーストらによれば，現段階は国際化にとどまっており，グローバル化には至っていない。その理由として以下の5点が指摘される。①貿易や金融の開放度は，1870〜1914年と1990年代以降で大きな差がみられない。②多国籍企業は一握りに過ぎず，ほとんどの企業は特定の国に属して事業を行っている。③海外直接投資の多くは先進国の間で起こっており，先進国から途上国への投資は限られている。④グローバル化よりも，EU，東南アジア諸国連合（ASEAN），北米自由貿易協定（NAFTA）など地域統合のほうが進んでいる。⑤主要な先進国（G8），中国，インドなどの経済大国では，政府が市場をコントロールする力を保持している。

　彼らのいうように，現段階はグローバル化に至っていないといい切れるかどうかは，議論の分かれるところだろう。グローバル化の進展によって国家の働きが制約されていることは事実だからである。ただし，国家の役割がなくなったわけではない。グローバル化とともに国家の役割は変容しつつあり，市場と国家の新しい関係づけが模索されているのである。そこで次に，グローバル化と国内政治の関係についてより詳しく検討することにしよう。

グローバル化と国内政治

2つの立場

　国家はグローバル化にどう対応しようとしているのだろうか。本章の冒頭で述べたように，政治と経済の関係をどうとらえるかに応じて，この問いにも大

きく2つの答え方がある。1つは，グローバル化によって国内政治が規定され，市場の働きに国家が従属していくというとらえ方である。もう1つは，国家と資本主義が別々のメカニズムで動いており，グローバル化への各国の対応は分岐しているというとらえ方である。

国家の収斂説

　まず第1の立場からみていこう。この立場の基本的な考え方は，多国籍企業や金融資本の影響力がますます強くなり，国家の影響力を超えるようになっている，というものである（Omae, 1990；ストレンジ，1998）。国境を越えてモノ，カネ，サービスが自由に移動できるようになると，多国籍化した企業は，より生産コストの安いところに工場を移したり，本拠を移したりできるようになる。労働賃金の高い国，税金の高い国，労働規制や環境規制の強い国では生産コストが高くつくため，企業はこれらの国から逃避し，産業の空洞化が起こってしまう。たとえば今日では，多国籍企業の多くが**タックス・ヘイブン**（税が免除される国や地域）に本拠を移し，課税を回避していることが知られている。経済競争に直面する各国は，企業を国内に引き止めるため，税や社会保障を引き下げたり，規制を緩めたりすることを強いられる。先進国，途上国を問わずすべての国が巻きこまれるこの競争を「**底辺への競争**」と呼ぶ（Mishra, 1999；Castles, 2006；Rudra, 2008）。

　政府と企業の関係だけでなく，労働者と企業の関係も変化する。企業は工場などを容易に海外へと移転できるが，労働者が国境を越えて自由に移動することは難しい。言語や文化の障壁があるうえ，人の移動は現在でも国境で管理されているからである。工場が海外へ移ると国内の労働者は失業してしまう。したがって，企業は労働者に対して有利な立場で交渉できるようになり，賃金や労働条件の引き下げを行いやすくなる。

　以上のような力関係を背景として，多国籍企業や金融業界の利益が，政府や国際機関により直接的に反映されるようになった，と論じる者もいる。J. ウィリアムソンは，アメリカのワシントンに集まる国際機関や政府機関に共有された政策理念を「**ワシントン・コンセンサス**」と呼んだ（Williamson, 1990）。ワシントン・コンセンサスとは，民営化や規制緩和によって市場の自由を最大化し，

①財政赤字の削減	②政府支出の削減	③累進税の緩和
④利子率の市場での決定	⑤為替レートの市場での決定	⑥貿易の自由化
⑦海外直接投資の自由化	⑧公共セクターの民営化	⑨規制緩和
⑩所有権の保護		

出典：Williamson, 1990.

政府の介入をできるだけ小さくすることこそ，最も効率的で優れた政治のあり方だ，という考えが共有された状態を指す（表2.1）。国際通貨基金，世界銀行，アメリカの金融財政当局などはこうした考えを共有し，アジア，南米諸国などの途上国に新自由主義的改革を行うよう強制してきたという。

　ただし，グローバル資本主義によって国家のあり方が規定されるという見方から，ただちに国家の縮小論が導かれるとは限らない。企業の利益を最大化し，国民を経済競争へと駆り立てるような新しいタイプの国家が生まれつつあると論ずる者もいる。マルクス主義に近い立場の B. ジェソップや J. ヒルシュは，新しい形の国家を**ワークフェア型競争国家**と呼んでいる（ヒルシュ，1998；ジェソップ，2005）。第**6**章でみるとおり，ワークフェアとは，従来の福祉を削減したうえで，自ら働こうとする人に対してだけ現金給付や就労支援を行う政策を指す。グローバルな資本主義のもとでは，どの国も経済競争に打ち勝つため，民営化，規制緩和，労働市場の柔軟化などのサプライサイド（供給側，つまり生産を行う企業の立場）に立った政策を行う。同時に，福祉政策（ウェルフェア）からワークフェアへの転換を進める。つまりすべての国は，ケインズ主義的福祉国家から転換し，ワークフェア型競争国家へと**収斂**していくとされるのである。

国家の分岐説

　はたしてワークフェア型競争国家への収斂が起こっているのだろうか。この点については現在でも論争が続いている。ただし，「底辺への競争」という単純な見方に対しては，懐疑的な立場をとる論者が少なくない。一例として図2.3をみてみよう。この図は主要国の国内総生産（GDP）に占める政府支出の割合を示したものである。「底辺への競争」論によれば，グローバル化とともに政府支出は減っていくはずである。ところが 1990 年代以降でも，スウェー

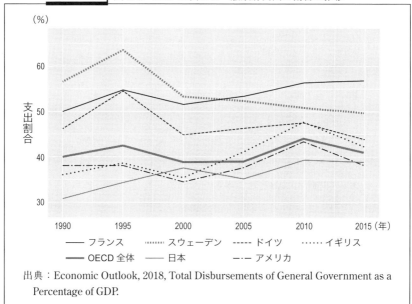

CHART 図2.3　GDP に占める一般政府支出の割合の推移

（%）

支出割合

60

50

40

30

1990　　1995　　2000　　2005　　2010　　2015 （年）

―― フランス　　……… スウェーデン　　- - - ドイツ　　…… イギリス
―― OECD 全体　　―― 日本　　-・- アメリカ

出典：Economic Outlook, 2018, Total Disbursements of General Government as a Percentage of GDP.

デンを除く多くの国で政府支出は微増もしくは横ばいとなっている。同じ傾向は，政府の社会支出についても見出せる。

　なぜグローバル化の進展にもかかわらず，国家が縮小へと向かわないのだろうか。代表的な政治経済学者たちは以下のような理由を挙げている。

　第1に，「底辺への競争」論は外からの圧力を重視するあまり，国内の政治過程を軽視しすぎている。各国の政策を決定づけるのは，資本主義というよりも**民主主義**である。貿易や金融の開放化が進むと，国内で不安定な立場に置かれる人が増える。たとえば，自由化によって農産物の価格が下がったり，工場が海外に移転することで失業が増えたりすることを思い浮かべてみよう。不安定に直面した人々は，政府により大きな**再分配**を求めるはずである。したがってグローバル化は，再分配を強化しようとする左派政党への支持を増やすことにつながる（Rodrik, 1997；ギャレット，2003）。

　こうした現象は，第2次世界大戦後に貿易の自由化が進んだ国ですでにみられた。D. キャメロンによれば，1960 年から 75 年にかけて，早くから貿易の開放化を進めたスウェーデン，デンマーク，ノルウェーなどの北欧諸国では，

社会民主主義政党が政権を担い，自由貿易への支持を調達するために不安定な立場に追いやられた人への保護や再分配を手厚く行った（Cameron, 1978）。同じ傾向はグローバル化の進む1980年代以降でも観察される。D. ロドリックは，1980年代後半から90年の115カ国を比較し，貿易開放度が高い国ほど政府の支出が大きくなるという相関関係を発見した（Rodrik, 1997）。G. ギャレットも，1980年代後半の先進諸国で，貿易の開放度が高い国ほど左派政党が強くなり，政府支出が拡大するという傾向を見出している（Garrett, 1998）。

　第2に，政府支出の拡大は，不安定に直面する人々だけでなく，企業や投資家にとっても利益となる可能性がある。多国籍企業がどこに生産の拠点を置くか，どの国に投資を行うかを決定する場面を考えてみよう。単純に労働コストが高いか安いかだけでそうした判断を行うだろうか。治安や政情が安定しているかどうか，物流，電力，通信などの公共インフラが整っているかどうかも重視するはずである。特に重要なのは，一定の技能を持つ労働者が広く存在しているかどうかである。つまり，グローバル化によって国家間の企業誘致競争が激しくなると，各国政府は国内の格差を緩和して**治安を安定**させたり，**公共インフラ**（道路，通信など）**への投資**を増やしたり，公教育など**人的資本への投資**を増やしたりするインセンティブを強めることになる（Weiss, 2003；ギャレット, 2003）。実際，1960年代から2000年までのOECD諸国を対象としたJ. ホブソンの研究では，どの国でも資本の流動性が高まるほど，政府の税収は一貫して拡大してきた（Weiss, 2003：Ch. 2）。

　第3に，そもそもグローバル化の影響を過大評価すべきではないという議論もある（Hirst et al., 2009；Hay, 2017）。T. アイヴァーセンらによれば，先進諸国の労働市場に最も大きな影響を与えたのは，グローバル化というよりも技術革新にともなう**産業構造の変化**だった。OECD諸国では，1960年代の雇用の6割が農業と工業によって占められていた。約30年後，その割合は3割へと半減した。代わってサービス業，金融業，情報産業などの第3次産業の雇用が最大となった。つまり先進国では，**ポスト工業化**と呼ばれる産業構造の変化によって，労働者が雇用の大きな変動に直面したのである（Iversen and Cusack, 2000）。

　雇用の不安定をもたらした直接の要因が，グローバル化というよりも産業構

縮小の圧力	拡大の圧力
税の引き下げ 政府支出の削減 労働の規制緩和	公共インフラへの投資 格差を緩和する再分配 人的資本への投資

造の変化だったとすれば，なぜグローバル化とともに政府支出や社会支出が減らなかったのかも説明がつく。多くの国は，製造業から情報・サービス業への労働力の移動を支援し，労働者が新しい技能を身に付けられるよう，教育・職業訓練への支出を増やしたのである。

　以上のように，グローバル化の進展とともに国家の役割が縮小していくとは限らない。たしかにグローバル化によって，税や社会保険を引き下げ，政府支出を抑制しようとする圧力は働く。他方，国内の社会不安の緩和，公共インフラの整備，人的資本への投資という点で，国家の役割を拡大しようとする圧力も働く。つまりグローバル化は，**国家の縮小と拡大**という2つの圧力を同時にもたらすのである（図2.4）。

国内政治と党派性

　グローバル化は，国家の縮小と拡大という2つの圧力をもたらす。どちらの方向が選択されるかは国内の政治過程に依存する。それでは各国の選択は，どのような要因によって決まるのだろうか。この問いは，次章以降でより詳しく検討される（⇒労使関係は第**3**章，福祉国家は第**4**〜**6**章，分配政策は第**7**〜**8**章，財政金融政策は第**10**〜**11**章）。ここでは大まかな考え方だけを紹介しておこう。

　第1に考えられるのが，政権の**党派性**である。党派性とは，左派政党と右派政党の立場の違いを指す。右派と左派のどちらが政権をとるかによって，選ばれる政策が異なる。一般に，左派政党は労働者層や低所得層によって支持され，国家による再分配を行おうとする。右派政党は使用者層や高所得層に支持され，市場の自由を守ろうとする。

　グローバル化によって国家のとりうる政策の幅が狭くなり，右派と左派の違いは消失していくと論ずる者もいる（⇒国家の収斂説）。しかし政治経済学者の

多くは，グローバル化のもとでも右派と左派の違いが持続すると指摘している。C. ボイッシュによれば，グローバル化に対応して，右派は減税，公共投資や公的福祉の削減，規制緩和を行い，市場の自由を拡大しようとする（**新自由主義戦略**）。一方左派は，累進課税の強化，公共投資や人的投資の拡大，公共セクターでの雇用など，国家の役割を拡大することで不平等を緩和しようとする（**社会的投資戦略**）（Boix, 1998）。

　注意すべきは，右派と左派の違いが，自由と平等の対立というよりも，経済成長をもたらす戦略の違いだということである。失業者に雇用を保障し，労働者により高い技能を身に付けられる機会を保障することは，経済を成長させることにつながる。実際，1960 年代から 90 年代までの OECD 諸国を比較すると，左派政権のほうが右派政権よりも高い経済成長を達成していた（Boix, 1998）。80 年代後半の OECD 諸国を比較した G. ギャレットも，左派政権のほうが右派政権よりもインフレを引き起こしやすかったものの，経済成長率は高かったと指摘している（Garrett, 1998）。

　第 2 の要因は，左派と右派の**権力資源**の違いである。権力資源とは，労働者と使用者が政治的に動員できる組織力の大きさを指す（エスピン-アンデルセン，2001）。たとえば労働組合が労働者を広く組織し，選挙で動員できる力が強いほど，左派の権力資源は大きく，国家による再分配や公共投資が行われやすくなる。逆に使用者団体が組織され，労働組合の組織力が弱ければ，市場の自由を重視した政策が行われやすくなる（Garrett, 1998；Swank, 2002）。

　第 3 は，雇用・福祉政策の**経路依存性**である。経路依存とは，すでに存在する制度が現在の選択を規定することを指す（⇒**序章**，**第 5 章**）。特に雇用・福祉政策では，その受益者の広さによって政策変化の方向性が変わる。たとえば，手厚い福祉が根づいた国では，福祉の受益者が広く存在する。福祉削減は受益者の大きな抵抗に直面するため，政治的に困難となる。一方，福祉が小さな国では，受益者が一握りの低所得層に限定される。福祉削減への抵抗が小さいため，さらなる削減が行われやすい（Swank, 2003；Weiss ed., 2003）。

　第 4 は，**国家の統治能力**である。一般に意思決定が集権的であればあるほど，行政官僚の能力が高いほど，国家による介入が行われやすい。わかりやすい例は途上国と先進国の違いである。中央集権や官僚制が整備されていない途上国

では，国家による市場への介入が制限されるため，人々が「底辺への競争」に巻き込まれやすい（Rudra, 2008）。

　以上，本節ではグローバル化の国内政治への影響を検討した。資本主義によって国家が規定されるという立場からすれば，グローバル化とともに国家の役割は縮小し，「底辺への競争」に収斂していくと考えられる。一方，資本主義と国家が別々のメカニズムで動いているという立場からすれば，グローバル化への国家の対応は，国内の民主主義に応じて分岐すると考えられる。現在までの代表的な比較政治経済学の研究では，おおむね後者の立場が支持されている（Kitschelt et al., 1999；Scharpf and Schmidt, 2000）。

4 グローバル・ガバナンスと民主主義

グローバル化とトリレンマ

　ここまで本章では，グローバル化の国内政治への影響を検討してきた。しかし，グローバル化への対応が国家という単位で行われるとは限らない。D. ロドリックは，グローバル化が進むと，国家単位の民主主義はますます難しくなると指摘している（ロドリック，2013）。現代の世界経済では，**グローバル化**，**国家主権**，**民主主義**の間に深刻な**トリレンマ**が生じている。トリレンマとは，「3つを同時に満たすことはできない」という意味である（図2.5）。歴史を振り返ると，1870年から1914年の時代に最初のグローバル化が起こった。自由貿易，海外直接投資などが盛んになったが，各国は金本位制を採用していたため，国内の社会不安に対して，民衆の要求に沿った政策を行うことができなかった。つまり民主主義が制約されていた。第2次世界大戦後のブレトンウッズ体制のもとでは，資本移動が規制されることで，国際的な自由貿易と国内での国家介入（ケインズ主義的福祉国家）の間で調停が図られた。つまりグローバル化が制約されていた。1980年代以降，ブレトンウッズ体制が崩壊し，グローバル化が本格的に進展すると，もはや一国単位で資本の流れをコントロールすることが難しくなった。グローバル化と民主主義的なコントロールを両立させ

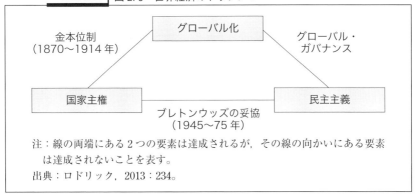

CHART 図2.5　世界経済のトリレンマ

グローバル化

金本位制
(1870〜1914 年)

グローバル・
ガバナンス

国家主権

民主主義

ブレトンウッズの妥協
(1945〜75 年)

注：線の両端にある2つの要素は達成されるが，その線の向かいにある要素
　　は達成されないことを表す。
出典：ロドリック，2013：234。

るためには，国家を超えたグローバルな単位で民主主義を再構築することが必要となる。これが「**グローバル・ガバナンス**」である。

「グローバル・ガバナンス」は2000年代に入ってよく使われるようになった言葉だが，明確な定義が定まっているわけではない。一言でいえば，国家の政府（ガバメント）によって担われてきた権力が，国際機関，多国籍企業，国家，NGO，地方政府などの多元的なアクターの間で重層的に担われるようになり，**ネットワーク型**の権力へと変容してきたことを指す（Scholte, 2005：Serra and Stiglitz eds., 2008）。

ただしロドリックも指摘しているとおり，現在のグローバル・ガバナンスは権力が多元化・重層化しつつあるという事実を指すだけにとどまっており，それを民主主義的にコントロールする仕組みは整っていない。D. ヘルドは，国家の弱体化とともに，国民国家を前提としてきた民主主義が機能不全に陥っており，現在のガバナンスは正統性の危機に直面していると指摘している。それに代わって彼が提起するのは，国連のような国際機関，EUのような地域統合体，国家がそれぞれに議会を有し，市民に対して重層的に説明責任を果たすような「**コスモポリタン・デモクラシー**」の実現である（Held, 1997）。

しかし，現在までのところ国際機関の多くは一握りの有力国の意向を強く受け，民衆の関与できないところで多くのルールを決めている。たとえば世界銀行やIMFの総裁は有力国の意向で選ばれており，その選出過程はブラックボックスの中にある。こうした状態は「**民主主義の赤字**」と呼ばれる（Serra and

Stiglitz eds., 2008)。国際機関だけでなく，人々の生活にきわめて大きな影響を及ぼすようになった多国籍企業も，民主主義的なコントロールの外に置かれている（松尾，2019）。

グローバル化とともに国家の影響力が限定されるにつれて，先進国でも途上国でも，低所得層，技能の乏しい労働者層を中心として，民主主義への不満が鬱積している（⇒Column ❷）。その一部は，排外主義や反グローバル化を掲げるポピュリズム勢力の支持へと向かいつつある。グローバル化をどう民主主義的にコントロールできるのか。国家を超えるグローバル・デモクラシーをどう実現できるのか。これらの問いへの答えはまだみえていない。

Column ❷　グローバル化は格差を拡大させるか？

　世界で最も豊かな 1％ の人々が，世界中の富の半分近くを所有している。1年間に生み出された富の 80％ が彼らの手で独占されている……（オックスファムによる 2018 年の試算）。グローバル化が世界中で格差を拡大させているという批判を耳にしない日はない。しかし，社会科学的にこの命題を確認しようとすると，一筋縄ではいかない。

　そもそも「格差」とは何だろうか。私たちは所得の違いに目を向けがちだが，資産や貯蓄の違いも重要である。海外に資産を持つ人も多く，これらを正確に把握することは難しい。衛生，医療，教育水準も人々の生活に大きな影響を与える。ある時点の格差だけでなく，世代を通じて格差が受け継がれているかどうかもみなければならない。世帯構造が変化し，単身世帯が増えると統計上は格差が拡大したようにみえる。

　OECD は『格差は拡大しているか』（2008 年），『格差拡大の真実』（2011年）という報告書で，上記の要素を勘案すると，格差の拡大は見かけより緩やかだと指摘した。たしかに先進国内で格差の拡大はみられるが，その主な要因はグローバル化というよりも技術革新である。新しい技術がグローバル化によって拡散すると，教育水準や技能の高い労働者と低い労働者の間で格差が拡大する。格差を防ぐ最もよい手段は，グローバル化の規制ではなく，教育への投資だという。

　近年の格差論議に大きな影響を与えた研究が，T. ピケティの『21 世紀の資本』である（ピケティ，2014）。ピケティは国家の財政記録などを歴史的に検討し，格差の長期的な趨勢を明らかにした。彼の発見は「$r>g$」という単純

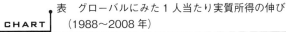

表　グローバルにみた 1 人当たり実質所得の伸び
（1988〜2008 年）

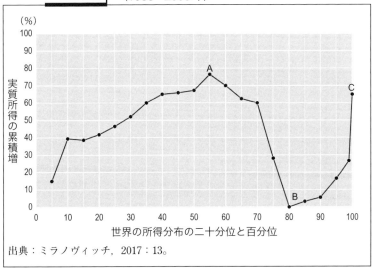

世界の所得分布の二十分位と百分位

出典：ミラノヴィッチ，2017：13。

な公式によって要約される。r は資本の年間収益率，つまりお金を元手にして
どの程度お金を増やせたかを示し，g は経済成長率を示す。彼によれば，人類
の歴史のほとんどの期間で「r＞g」だった。つまり富裕層がお金をさらに増や
す割合のほうが経済成長率より高く，格差は拡大し続けてきたのである。とこ
ろが 1910 年から 70 年にかけて，例外的に「r＜g」となった。戦争などで国
家の力が強くなり，富裕層に重い税を課して貧困層に再分配を行うようになっ
たためである。ところが 20 世紀末にこの傾向は再び逆転する。グローバル化
とともに国家の力が弱まり，資本収益率が経済成長率を上回ろうとしている。
21 世紀は再び格差が拡大を続ける時代になるだろう。

　グローバル化が先進国と途上国に異なるインパクトを与えることを指摘した
のが，B.ミラノヴィッチの『大不平等』である（ミラノヴィッチ，2017）。
グローバル化が本格的に進展した 1980 年代末からの 20 年間をみると，世界
のなかで所得が中間の人々（途上国の中間層に対応する）の所得の伸びが一番
大きかった（A 点）。つまりグローバル化は途上国の中間層を中心とする人々
に大きな恩恵を与えた。一方 B 点に示されるのは，先進国の中間層以下の
人々である。これらの人々の所得はほとんど増えていない。最後に C 点は世
界の最上位 1％ の富裕層（先進国の富裕層）であり，彼らもまたグローバル
化の勝者である。

A 点の人々はもともとの所得が少ないため，世界的な格差の拡大という点でピケティの結論とミラノヴィッチの議論に違いはない。ミラノヴィッチの研究で重要なのは，グローバル化で最も苦境に立たされているのが，実は先進国の中低所得層だということである。今日先進国で保護主義や移民排斥を掲げるポピュリズム勢力が力を増している 1 つの背景は，ここにある。

読書案内　　　　　　　　　　　　　　　　　　　　　　　Bookguide ●

ロバート・ギルピン／古城佳子訳『グローバル資本主義——危機か繁栄か』東洋経済新報社，2001 年。
⇒戦後の政治経済体制からグローバル化への流れについてわかりやすく概説する。国際協調によるグローバル化の制御が必要と説く。
デヴィッド・ハーヴェイ／渡辺治監訳『新自由主義——その歴史的展開と現在』昭和堂，2007 年。
⇒グローバル化による収斂説を代表する本。世界が新自由主義に向かっていると主張する。
ダニ・ロドリック／柴山桂太・大川良文訳『グローバリゼーション・パラドクス——世界経済の未来を決める三つの道』白水社，2013 年。
⇒本文でも触れたとおり，グローバリゼーションが国家にどのような影響を与えるのかを，歴史的な視点も含めてバランスよく示した本。

第 **3** 章

資本主義の多様性

QUESTIONS

1. グローバル化のもとで，各国の資本主義が 1 つのモデルに収斂しないのはなぜだろうか。
2. 資本主義の違いはどれほど持続性を持つのだろうか。
3. 日本の資本主義の特徴とは何だろうか。

KEYWORDS

労使関係　多元主義　コーポラティズム　ハンプ仮説　資本主義の多様性　制度的補完性　自由な市場経済　調整された市場経済　日本型資本主義

1 本章の課題

　春になるとリクルートスーツを着込んだ大学生が「就活」に励む姿をよく目にする。大学生にとって，どの企業に就職できるかは人生の一大事である。いったん就職すると，同じ企業に長く勤め続けることが多いと知っているからだ。新卒一括採用，年功序列といった日本の雇用慣行は，他の国にはみられない独自の仕組みである。グローバル化が進むなかで時代遅れになったといわれなが

らもなかなか変わらない。

　前章では，グローバル化（経済）と国家の相互関係について考察した。グローバル化という共通の環境変化に対して，各国の対応が異なる可能性があることを指摘した。この章では，制度とアクターの関係に焦点を合わせて，なぜ各国の資本主義が共通のモデルに収斂しないのか，資本主義の違いはどの程度持続性を持つのかを考えていこう。

　資本主義のもとで制度を形成する重要なアクターは，使用者と労働者である。**使用者**とは，企業の経営を担い，労働者を雇う立場の人々を指す。一方**労働者**とは，労働を提供して賃金を受け取る人々を指し，被用者ともいう。工場で働く人，事務員，アルバイトなどである。両者は所得水準が異なるだけでなく，キャリア，技能形成，失業リスクなど多くの点で違いがあり，異なる社会集団を構成していると考えられる。使用者と労働者の関係は「**労使関係**」と呼ばれる。労使関係のあり方は各国の資本主義に関わる制度，国家の政策に大きな影響を及ぼすため，これまで多くの研究が積み重ねられてきた。

　本章では，各国の資本主義の違いを説明する 2 つのアプローチについてみていこう。まず労使関係を労働者の側からとらえるアプローチとして，コーポラティズム論を取り上げる（⇒第 2 節）。ただし 2000 年代以降になると，使用者の側から労使関係をとらえるアプローチのほうが主流となっていく。本章ではこのアプローチを代表する資本主義の多様性論について紹介する（⇒第 3 節）。最後にコラムを設けて，本章の理論を用いると日本の資本主義がどうとらえられるのかを考えてみよう。

 労働中心アプローチ

産 業 主 義

　第 2 次世界大戦後の先進国では労働者・使用者の間で妥協が成立し，ケインズ主義的福祉国家が導入された（⇒第 1 章）。およそ 1970 年代まで，先進国の政治経済を説明するうえで影響力を持っていたのは，C. カーや H. ウィレンス

キーに代表される**産業主義**と呼ばれる理論だった。カーによれば，工業の発展にともなって労働者と使用者の階級対立は小さくなっていく。豊かになり，教育を受けた人々はよりよい生活をめざして政治に参加し，権力の分散した多元主義社会を形成する（カーほか，1963）。つまり経済発展によって社会の紛争が収束し，各国の政治経済は共通のモデルに**収斂**していく，と考えたのである。

　ところが，1970 年代に入ると先進国の経済成長は終焉を迎える。インフレや失業が増大し，分配をめぐる対立が顕在化していく。この時期に発見されたのは，先進国が同じモデルへと収斂しているわけではなく，むしろ複数のモデルへと**分岐**しているということだった（ゴールドソープ，1987）。

コーポラティズムと多元主義

　先進国の政治経済体制を体系的に分類する初期の試みが，P. シュミッターらのコーポラティズム論である。彼らは主にアメリカで発展した多元主義と，ヨーロッパ諸国でみられるコーポラティズムを対比した（シュミッター＝レームブルッフ編，1997；石田，1992）。

　多元主義とは，共通の利益を持つ人々がそれぞれに集団をつくり，自由に政治へと働きかける政治経済モデルを指す。たとえば農業，医療，電力など業界ごとにつくられた利益団体，市民団体などである。集団の加入や脱退は自由であり，複数の集団に所属することもできる。これらの集団が自由に競争することで社会の諸利益が調整される。

　一方，ヨーロッパでみられる**コーポラティズム**とは，労働者と使用者の利益を代表する集団が独占的な代表権を持ち，国家による特別な認可のもとで利益調整を行う仕組みである。労働組合，使用者団体への加入は義務であり，産業別の団体は頂上団体と呼ばれる全国組織のもとに統合される。図 3.1 の右がコーポラティズムの概念図である。たとえば自動車，電力，鉄鋼などの産業ごとに労働組合，使用者団体がつくられる。これらを束ねる全国組織（ナショナル・センター）の代表者が，社会経済審議会，労働委員会といった政府の委員会のなかに入り，利益調整を行うことで，労働政策，経済政策，社会政策などが決定されるのである。こうした利益調整の仕組みは，自由競争ではなく一種のエリートによる協調といえる。ただし戦前・戦中にみられた国家による集団

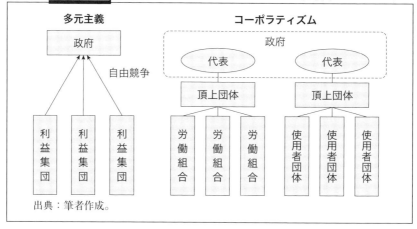

多元主義

政府

自由競争

利益集団　利益集団　利益集団

コーポラティズム

政府

代表　　代表

頂上団体　　頂上団体

労働組合　労働組合　労働組合　使用者団体　使用者団体　使用者団体

出典：筆者作成。

の統制や指導（国家コーポラティズム）と異なり，集団間の自治的な交渉が重視されるため，**ネオ・コーポラティズム**とも呼ばれる。

コーポラティズムと経済実績

なぜ1970年代に入ってコーポラティズムに注目が集まるようになったのだろうか。その理由は，多元主義の国と比べて，コーポラティズムが制度化されている国のほうが優れた経済実績を示していると考えられたからである。J. ゴールドソープは1970年代の経済不況への対応を比較した（ゴールドソープ，1987）。アメリカなど多元主義の国では，経済不況に対して**新自由主義**が採用された。正規労働者の外部に権利や保護の欠如した労働者（移民労働者，下請け労働者，パートタイマー，非正規労働者など）が大量につくり出され，これらの人々が景気の調整弁として活用された。その結果，労働者間の格差が広がり，社会は**二分化**（デュアリズム）へと向かった。一方コーポラティズムが根づいている国では，労働者の間で**賃金の平等**が維持された。全体として賃金が抑えられる代わりに，政府が景気対策や公的雇用を行うことで失業が防がれた。こうして社会と経済の安定が保たれたという。

1980年代から90年代初めにかけて，コーポラティズムは政治経済学の最も重要な研究対象となり，その経済実績を検証しようとする多くの研究が現れた。たとえばP. カッツェンシュタインは，北欧，オランダ，ベルギー，オースト

リア，スイスといった小国を典型的なコーポラティズムの国とした（Katzen-stein, 1984, 1985）。これらの国は対外的な経済の開放性を維持しつつ，政府・労働者・使用者の協調のもとで，労働者の賃金上昇を抑えてインフレを防いだ。さらに税を引き上げて公共セクターでの雇用を増やしたり，職業訓練を行ったりした。1970年代を通じて，これらの国はアメリカやヨーロッパの大国よりもインフレや失業の抑制に成功したという。D. キャメロンや F. シャルプフも，欧米の主要国を比較し，コーポラティズムを持つ国々のほうが経済実績がよいと指摘した（キャメロン，1987；Scharpf, 1991）。

　これらの研究はどこまで一般化できるのだろうか。はたしてコーポラティズムが強ければ強いほど，優れた経済実績がもたらされるのだろうか。実は，この問いに答えることは容易ではない。そもそもコーポラティズムの強さをどう測るのかについて，さまざまな見方がある（桐谷，2002）。代表的な見方によると，コーポラティズムの強さは①労働組合の集権性，②労使関係の集権性の2つによって測られる。①労働組合の集権性とは，労働者のうちどのくらいの割合が労働組合に加入しているか，ナショナル・センターがどの程度の労働組合を組織できているかを指す。②労使関係の集権性とは，労使交渉が国レベルで行われるか，産業別に行われるか，企業別に行われるかを指す。交渉の範囲が狭くなるほど集権性は低くなり，労働者間の賃金の格差が広がる。多くの研究者がコーポラティズムの強さを比較してきたが，その結果は論者によってかなりばらつきがある（シュミッター＝レームブルッフ編，1997；キャメロン，1987；Crepaz, 1992）。ここでは2つの指標を組み合わせて先進諸国をコーポラティズムの集権性の強い国，中位の国，弱い国という3つに分類した L. カルムフォシュと J. ドリフィルの分類を紹介しておこう（図3.2）。

　それでは，コーポラティズムの集権性と経済実績の間にどのくらいの相関があるのだろうか。彼らはこの点について重要な指摘を行った。1970年代半ばから80年代半ばの実績をみると，集権性の強い国と弱い国の双方で，失業，インフレ，財政赤字がともに低く抑えられる傾向があり，中位の国で高くなる傾向があった。この関係を表すために，横軸に集権性の強さを取り，縦軸に経済実績を取ってみる。縦軸は，賃金が上昇するほど企業が労働者を雇わなくなり，失業率が高くなることを示す。すると図3.3のように真ん中が盛り上が

集権性の強い国	集権性の中位の国	集権性の弱い国
オーストリア	オランダ	スイス
ノルウェー	ベルギー	アメリカ
スウェーデン	ニュージーランド	カナダ
デンマーク	オーストラリア	
フィンランド	フランス	
西ドイツ	イギリス	
	イタリア	
	日本	

出典：Calmfors and Driffill, 1988.

った形になる。彼らはこれを「**ハンプ**（こぶ）**仮説**」と呼んだ。

　ハンプ仮説が示しているのは，コーポラティズムが制度化されるほどよい経済実績がもたらされるとは限らない，ということである。たしかにコーポラティズムが高度に集権化された国では，労働者の賃金が平等に保たれ，インフレや失業が抑えられた（図の右）。こうした傾向は1960〜80年代の18カ国のコーポラティズムを比較したM.クレパスの研究でも確認される（ただしクレパスは，コーポラティズムと経済成長の間には相関関係がないことも指摘している；Crepaz, 1992）。一方コーポラティズムの集権性が弱い国では，市場メカニズムが働くため，労働者の賃金が抑えられ，企業が人を雇いやすくなって失業も減る（図の左）。これらに対して，労働組合が中程度に組織されたり，労使関係が中程度に制度化された国では，組織された労働者が自分たちの雇用を守ったり賃上げを行ったりする一方，組織されていない労働者が失業のリスクにさらされやすくなる。その結果，インフレ抑制や雇用維持に失敗し，経済実績に負の影響がもたらされるのである（図の中央）。

　以上のように，中途半端なコーポラティズムは経済実績を損ねる可能性がある。こうした知見は近年でも再確認されている。2000年代に入ると，中位のコーポラティズムを持つヨーロッパ諸国で，組織された労働者と組織されていない労働者の格差が広がっていると認識され，それは「**二分化**」と称されて注目を集めるようになっている（Emmenegger et al. eds., 2012；Thelen, 2014）。

CHART 図3.3　ハンプ仮説

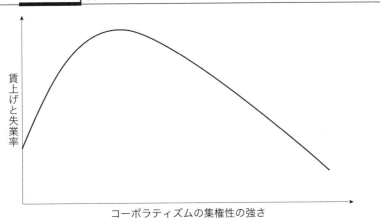

縦軸：賃上げと失業率

横軸：コーポラティズムの集権性の強さ

注：縦軸は値が小さいほど経済実績が良く，値が大きいほど経済実績が悪いことを示す。
出典：Calmfors and Driffill, 1988：15 より作成。

コーポラティズムの終焉？

　かつて哲学者のヘーゲルは，「ミネルヴァの 梟 は迫り来る黄昏とともに飛び立つ」と述べた（『法の哲学』）。学術研究はしばしばその対象が変化しつつあるときに隆盛を迎える。コーポラティズムもその例に漏れない。コーポラティズム研究が盛んになった 1980 年代から 90 年代は，実はコーポラティズムが大きく変容する時期でもあった。

　一例としてスウェーデンのコーポラティズムを取り上げてみよう。スウェーデンでは 20 世紀初めまでに労働組合の全国組織 LO と使用者団体の全国組織 SAF がつくられ，労働者と使用者の 8 割以上を組織するようになった。1950 年代には中央集権的な労使交渉が確立した。労使の代表が行政委員会などに入り，労働政策，経済政策全般に影響力を及ぼすとともに普遍的な福祉国家をつくり上げていった。特に**連帯的賃金政策**は「スウェーデン・モデル」の中核とされる。同じ産業内での同一労働の賃金を等しくしつつ，産業間の賃金格差も抑え，労働者の平等を保つうえで大きな役割を果たした。

　ところが，1980 年代に入ると集権的コーポラティズムは崩壊へと向かう。

その大きな要因はグローバル化だった。国際競争に直面した金属業界は，1983年に中央労使交渉から離脱した。1990年には使用者団体が中央労使交渉からの撤退を表明し，91年には行政委員会から代表を引き揚げた。こうして集権的なコーポラティズムは解体し，産業別・企業別の交渉に引き継がれることになった（宮本，1999；ポントゥソン，2001）。

　なぜグローバル化が進むと，集権的なコーポラティズムを維持できなくなるのだろうか。1つの理由は，労働者の利益が多様化するためである。国際競争が激しくなると，輸出産業と国内の保護産業・サービス業，民間セクターと公共セクター，技術者と工場労働者などの間で利害の違いが表面化していく（Pontusson and Swenson, 1996）。生産性の高い部門で働く労働者は，賃金を調整するメリットを感じられなくなり，個別交渉を好むようになる。もう1つは労使の権力バランスの変化である。グローバル化とともに使用者の力が強くなり，労働組合の力が弱くなる（⇒第2章）。M. ウォーラーステインとB. ウェスタンは，1950年から92年までのOECD諸国の労使関係を検討し，80年代に入ってからほとんどの国で労働組合の組織率，中央労使交渉が弱くなったこと，労働者の賃金格差が広がったことを明らかにした（Wallerstein and Western, 2000）。

　以上のように，コーポラティズムは今日「黄昏」を迎えている。ただし，その役割が完全に終わってしまったとはいい切れない。従来の中央集権的な賃金交渉が衰退する一方，グローバル化に対応して労使の間で社会協約を結び，より包括的な雇用・福祉政策を進める動きが浮上しているからである。EUの加盟国では，1997年の欧州雇用戦略をはじめとして，労使の対話を促進し，労働市場の柔軟化，賃金規制の緩和，教育や職業訓練への公共投資を組み合わせて，女性・若者・失業者を含めた人々の就業率を引き上げようとする動きが広がっている。とりわけオランダ，アイルランド，南欧諸国でみられる労働市場の柔軟化に重点を置いた労使対話のあり方は，一部の研究者によって「**競争的コーポラティズム**」と呼ばれている（Rhodes, 2001；Traxler et al., 2001）。

使用者中心アプローチ

使用者への着目

　1990年代までの政治経済学では，労働組合が賃金調整，雇用維持，再分配などを要求する一方，使用者の側は自由な市場を重視し，政府の介入をできるだけ小さくしようとすると想定されていた。集合行為の主たるアクターは労働組合だと考えられていた。それでは，使用者は何のために集団を組織するのだろうか。グローバル化とともに労働組合の影響力が弱まるにつれて，使用者団体の役割に注目が集まるようになった。

　スウェーデンの福祉国家を検討したP.スウェンソンは，使用者たちが常に自由な市場を支持してきたわけではないと主張した。賃金競争に一定の規制をかけたり，公的な失業保険や年金を導入したりすることは，賃上げの抑制，労働者の安定的な確保という点で，使用者の利益にもなる。先進国の福祉国家の違いは，使用者団体の戦略の違いによって説明することができるという（Swenson, 2002, 2004）（⇒第**5**章）。

資本主義の多様性論

　2000年代以降，企業や使用者の役割に着目して各国の資本主義のあり方を分類し，政治経済学の主流のアプローチとなったのが，「**資本主義の多様性**」論である。その代表者であるP.ホールとD.ソスキスは，グローバル化が進展しているにもかかわらず，なぜ各国の資本主義が1つのモデルに収斂しないのかと問うた（ホール＝ソスキス編，2007）。グローバル化のもとで労働組合の力が衰える一方，ますます重要となっているのは企業や使用者の戦略である。

　企業はさまざまなアクターと利益を調整する必要がある。労働者，投資家や金融機関，他の企業，政府などである。これらの利益調整が，常に市場を通じてなされるとは限らない。コーポラティズムのような非市場的な制度によって利益が調整される場合もある。彼らが特に重視したのは，企業の競争力にとっ

て不可欠な**労働者の技能**がどう形成されるかという点だった。労働者の技能は労使関係，雇用制度，教育制度，福祉制度など広い諸制度とかかわりを持っている。この点に着目すると，大きく2つの政治経済モデルを導くことができる（表3.1）。

　第1のモデルは**自由な市場経済**である。アメリカ，イギリス，カナダ，オーストラリア，ニュージーランドなどのアングロ・サクソン諸国にみられるこのモデルでは，市場メカニズムにもとづく調整が一般的である。雇用保護は弱く，労働市場は流動的で，企業は自由に労働者を雇ったり解雇したりすることができる。株式市場が発達し，企業は投資家から資金を調達する（直接金融）代わりに，株主の利益に縛られ，短期的な株価の上昇を経営目的とすることになりやすい。企業統治（コーポレート・ガバナンス）はトップダウン型となり，大胆な戦略の刷新や新規事業への取り組みが行われやすい。労働者はさまざまな企業を渡り歩くことで職業経験を積み，技能を習得していく。こうしたモデルは，短期的なイノベーションが重要となる産業，たとえばIT，コンピューター，ソフトウェア，バイオテクノロジー，金融，広告などにおいて強みを持つ。

　第2のモデルは**調整された市場経済**である。ドイツ，オランダ，ベルギー，スイス，北欧などの西欧諸国と日本にみられるこのモデルでは，非市場的な制度が調整に大きな役割を果たしている。労使関係が制度化されており，長期雇用が一般的である。ドイツの場合は産業別の労使協調，日本の場合は企業別労使協調というように，労使関係は国ごとに異なっているものの，賃金，労働条件の交渉において労働者の意見が反映されやすく，使用者の一方的な都合による解雇は難しい。企業は金融機関と長期的な取引関係を結んで資金を調達する（間接金融）。したがって，株主の短期的な利益を気にすることなく，いわば「忍耐強い資本」を活用できる。企業統治では，労働組合の意見が経営にも反映されるなど，ステークホルダー（利害関係者）の間の合意が重視される。以上のような特徴から，企業は長期的な視野に立った経営戦略をとりやすい。労働者の側は，特定の企業または産業に特化された技能を長期間かけて蓄積する。こうしたモデルは，熟練技能を持った労働者による機械，輸送機械，耐久消費財，素材加工，化学といった付加価値の高い製品の生産に強みを持つ。

　資本主義の多様性論のポイントは，こうした類型の違いが，国際競争のなか

類型	自由な市場経済	調整された市場経済
労使関係	弱い雇用保護 自由な労働関係	長期雇用 労使協調の制度化
金融	直接金融	間接金融
企業統治	株主中心	ステイクホルダー間の合意
教育	一般的資格取得 （私的支出）	高度な職業教育 企業内訓練システム（OJT）
福祉	自由主義レジーム	保守主義／社会民主主義レジーム
政治制度	多数決型	コンセンサス型
産業	ラディカル・イノベーション	漸進的イノベーション

出典：ホール＝ソスキス編，2007：第1章より筆者作成。

で異なる産業の比較優位をもたらしているととらえた点だった。この比較優位は，さまざまな制度の組み合わせによって支えられる。こうした制度の組み合わせは「**制度的補完性**」と呼ばれる。制度的補完性とは，ある制度が存在することで，別の制度の効率性が高まったり，それによる収益が増えたりすることを指す。たとえば，株式市場から資金を調達することが一般的な場合，企業は新規の事業を起こしやすい。労働市場が流動的であればあるほど，専門的技能を持つ労働者を雇い入れやすいため，企業はより収益を上げやすくなる。この場合，金融制度と労働市場の間に制度的補完性があることになる。

　資本主義の多様性論は，制度的補完性という考え方を広い範囲へと応用した。労働者の技能形成にとって重要なのが**教育制度**である。自由な市場経済では労働者が多様な職を経験するため，教育ではどこでも通用する一般的な技能にかかわる資格を取得することが重視される。たとえばアメリカでは，修士や博士など高い学位ほど価値があるとみなされる。学位を取った人は職を転々としながら，金融やコンピューターなどの専門的技能を蓄積していく。一方調整された市場経済では，労働者が長期的に特殊技能を身に付けることを支援するため，公教育のなかに職業教育が組み込まれたり，企業のなかに高度な教育訓練システム（OJT）が整備されたりする。たとえばドイツでは，初等教育が終わると職業学校に進む子どもも多い。企業と協力しながら学校で実務的な技能を学び，

卒業とともに自動車工場などで長期間雇用され，熟練技能を磨いていく。

　福祉制度との補完性も考えられる。自由な市場経済では，労働者が短期間で職を移動するため，失業保険などの手厚い福祉を政府が提供する必要性は乏しい。一方調整された市場経済では，失業した労働者が蓄積した技能を無駄にせず，自らにふさわしい職をみつけることができるように，手厚い失業保険が整備される。第**5**章でみる福祉レジーム論の用語を使えば，自由な市場経済は自由主義レジームと補完性があり，調整された市場経済は保守主義・社会民主主義レジームと補完性があることになる（エステベス–アベほか，2007）。

　さらに**政治制度**との制度的補完性も指摘される。自由な市場経済では，利益集団が政治による保護や規制を求めず，自由に競争し合って利益を調整する。こうした市場経済は，小選挙区制，単独政権などを特徴とする**多数決型の政治制度**と補完性がある。一方調整された市場経済では，さまざまな利益集団が政策形成に参与し，合意にもとづいて利益を調整する。こうした市場経済は，比例代表制，連立政権などを特徴とする**コンセンサス型の政治制度**と補完性がある。

　制度的補完性は**経路依存**（⇒**序**章）のメカニズムを強化すると考えられる。ある制度と別の制度が互いに結びつき，依存し合っているために，どれか1つだけを変えることが難しくなるからである。たとえば間接金融，長期雇用という制度を維持したまま，教育システムをアメリカ型に変革しただけでは，高い学位を持つ人が望む職に就けなかったり，企業が望むような専門的技能を持つ人材を雇えなかったりするだろう。自由な市場経済の国で，手厚い失業保険を導入すると，労働者の職の移動が阻害されるかもしれない。

　こうした制度的補完性が働くため，グローバル化に対して，異なる類型の国は異なる仕方で対応すると考えられる。自由な市場経済の国は，市場の規制緩和や政府の役割の縮小をさらに進めることで，短期的イノベーションを活性化させ，比較優位を維持しようとするだろう。一方調整された市場経済の国では，使用者と労働者が連携し，労働者の長期的な技能形成を政策的に支援することで，比較優位を確保しようとするだろう。つまりグローバル化のもとで，2つの類型の違いはむしろ拡大すると考えられるのである。実際，2000年までのOECD諸国の労働市場の規制緩和と企業統治改革を比較したP. ホールとD. ギ

ングリッチによれば，自由な市場経済の国では改革が進んだが，調整された市場経済の国では改革はわずかだった（Hall and Gingerich, 2009）。

さまざまな類型化

　資本主義の多様性論が提起されて以降，はたして資本主義が2類型に収まるのかどうかについて，さまざまな議論が行われた。そもそも類型論の出発点にあった関心が，グローバル化による市場中心のレジームへの収斂を否定することにあったとすれば（Crouch and Streeck eds., 1997；アルベール，2011），類型の数を増やすこと自体にさして理論的意味があるとはいえない。ただし扱うデータを増やしたり，新しい視点を組み込んだりすることで，研究の発展に貢献している場合もある。以下では2つの研究を紹介しておこう。

　レギュラシオン学派の系譜を引くB.アマーブルは，製品市場，労働市場，金融と企業統治，教育制度，福祉国家という5つの制度の組み合わせを考察した。これらはすでに資本主義の多様性論でも考慮されていたが，アマーブルは比較対象を21カ国に拡大し，新たに5つの類型を導いた。市場ベース型（アメリカ，イギリス，カナダなど），アジア型（日本，韓国），大陸ヨーロッパ型（ドイツ，フランス，オーストリア，ノルウェーなど），社会民主主義型（スウェーデン，フィンランド，デンマーク），地中海型（イタリア，スペイン，ギリシャなど）である（アマーブル，2005）。

　労働者の技能形成と政治制度の結びつきに着目したのがT.アイヴァーセンとJ.スティーヴンスである（Iversen and Stephens, 2008）。労働者の技能形成にとって重要となる教育制度は，公的支出に重きを置くのか私的支出に重きを置くのかによって区別される。資本主義類型と政治制度の組み合わせに着目すると，3つの類型が導かれる。①自由な市場経済と多数決型の政治制度（小選挙区制など）を持つアングロ・サクソン諸国では，中道右派政権が成立しやすい。中高所得層は教育を自己投資だととらえるため，教育への公的支出は抑えられる。特に高等教育になるほど私的負担の割合が大きくなる。②調整された市場経済と比例代表制を持つ国のうち，キリスト教民主主義政党が弱い北欧諸国では，社会民主主義政党を中心とした中道左派政権が成立しやすい。中間層と低所得層の間に連携がつくられるため，就学前教育，高等教育を含めたすべての教育

で公的支出が大きくなる。③調整された市場経済と比例代表制を持つ国のうち，キリスト教民主主義政党が強い西欧諸国では，労使の階級交差連合（⇒第5章）により中道政権が成立しやすい。教育への公的支出は中程度で，特に職業教育に重点が置かれる。ただし就学前教育への公的支出は小さく，女性にとって子育てと仕事の両立が難しくなるため，男女のジェンダー格差が維持されやすい。

資本主義の多様性論への批判

　資本主義の多様性論に対しては多くの批判も寄せられた。そもそもこの理論は，1990年代から2000年前後の先進国のデータに依拠した一種のスナップショットだった。この時期は，グローバル化や産業構造の変化によって先進国の政治経済が大きく変化する時期と重なっていた。たとえば調整された市場経済の代表国とされたドイツや日本でも，金融システムが銀行中心から変化したり，企業統治において株主の意向が強く反映されたりするようになっている（Yamamura and Streeck, 2003）。そうだとすれば，この理論で主張された経路依存や制度的補完性は，どこまで強い規定力を持つのだろうか。類型の違いは一時的なもので，長期的には収斂へと向かっているのではないか。そもそもこの理論は，アクターの影響力を過小評価し，いったん確立した制度が変化しないという一種の決定論に陥っているのではないか（Crouch, 2005；Hancké ed., 2009）。

　これらの批判を受けて，資本主義の多様性論を支持する論者の間でも，**制度の変化**や発展をどう説明するかが論点となった。制度変化のメカニズムに取り組む代表的な理論家がK.セーレンである。セーレンによれば，環境の変化やアクターの権力バランスの変化によって，制度も変化しうる。ただし，すぐに新しい制度に取って代わられるわけではなく，既存の制度は長い時間をかけて変化する。主な制度変化のパターンとして，①置換，②重層化，③漂流，④転用が挙げられる（Mahoney and Thelen eds., 2009）（⇒第5章も参照）。これらのパターンは体系的なものとはいえないが，重要なことは，経路依存のメカニズムの枠内でも，アクターとの相互関係によって既存の制度が修正される可能性があることを示した点である。

　さらにセーレンは，自由化の圧力に対する各資本主義類型の対応を比較した（Thelen, 2014）。1980年代からの30年間で，どの国でも労使交渉の分権化，労

働市場の柔軟化が進んだ。ただし自由な市場経済に収斂しているわけではなく，労使団体の組織のあり方，政府の対応によって，制度変化は異なる方向に分岐している。①自由な市場経済のアメリカでは，労働市場の流動化とリスクの個人化がさらに進み，**規制緩和**へと向かった。②調整された市場経済のドイツでは，労使交渉の範囲が高技能労働者に限定され，低技能労働者（サービス業や非正規の労働者など）との格差が拡大することで，**二分化**へと向かった。③調整された市場経済のデンマークでは，労使交渉が分権化し，労働市場の流動化が進む一方，政府が教育や職業訓練などの積極的労働市場政策を拡大することで，労働者間の二分化が抑えられ，**埋め込まれた柔軟化**へと向かった。

　以上，本章では労働中心アプローチと使用者中心アプローチに分けて，資本主義類型の違いがなぜ生まれ，持続するのかをみてきた。最後に，こうした区別があくまで便宜的なものに過ぎないことを指摘しておこう。労働組合の影響力が衰退していることは事実だが，企業の戦略だけに着目して資本主義のあり方を語れるわけではない。資本主義の多様性論に対しては，企業の競争力を重視する一方，社会全体の分配，リスク保障などが軽視されているという批判もなされている（Korpi, 2006）。労働組合によって組織されづらいサービス労働者，パートタイマー労働者，フリーランス労働者などもますます増えている。使用者と労働者の権力関係，それらの組織のあり方を全体として考察することは，今後も重要な課題であり続けるだろう。

Column❸　日本型資本主義をめぐる論争

　本章の理論を用いると，日本の資本主義はどうとらえられるだろうか。戦後日本の労働組合は，長らく中道派と左派に分裂していたが，1989 年にようやくナショナル・センターの**連合**（日本労働組合総連合会）が結成された。ただし労働組合の組織率は 20％ を切り，非正規労働者の割合は約 4 割にものぼっている。使用者団体のほうは，財界 4 団体（経済団体連合会，日本経営者団体連盟，日本商工会議所，経済同友会）が並存していたが，2002 年に前の 2 つが統合して**経団連**（日本経済団体連合会）がつくられた。

　戦後日本の資本主義については，大きく 2 つの見方が対立してきたといえる。代表的な 1 つの見方が，1979 年に T. J. ペンペルと恒川の唱えた「**労働**

なきコーポラティズム」論である（ペンペル＝恒川，1997）。彼らによれば，日本では官僚と経済団体の間に密接な協調関係が築かれてきた。一方労働組合は，企業別労働組合という組織形態とその集権性の低さのため，一貫して弱いままだった。戦後の経済成長は，労働者の利益や権利を排除することで実現したという。

　1980 年代以降，日本の経済的繁栄を背景として，こうした通説に挑戦する研究が現れた。佐藤，松崎，青木などは日本をアメリカに近い「**多元主義**」の一類型としてとらえた（佐藤・松崎，1986；青木，1992）。日本では，分権的な組織を持つ自民党と官僚が，中小企業を含めたさまざまな利益団体に配慮し，社会の多元的な利益を政治へと集約してきたという。また西欧を含めた国際比較の観点から，日本を「**成功した労使関係**」と呼んだのが久米である（久米，1998）。久米によれば，日本の労働者は熟練技能を材料として使用者と交渉し，企業別労働組合の枠組みの内で自らに有利な雇用・賃金条件を勝ち取ってきたという。1960 年代には産業間の賃金連動を目的とする春闘が確立し，70 年代には政労使による産業労働懇話会が設置された。これらの制度によって，日本の労働者は全体として低い失業率と平等な賃金を享受してきた。

　久米の議論に対しては，労使の協調関係に目を向けすぎており，マクロな権力関係を軽視しているという新川の批判がある（新川，1999）。新川によれば，戦後日本では労働運動の左右分裂と低い組織率，財界（民間大企業使用者）・官僚・自民党の密接な連携によって，**保守支配連合**の権力が一貫して優位にあった。この権力関係のもとで小さな福祉国家がつくられ，1980 年代以降はさらなる福祉縮減と労働市場の**二分化**（正規・非正規労働者の格差拡大）が進んだという（新川，2005）。

　2000 年代の資本主義の多様性論では，日本は企業別労使協調，長期雇用，間接金融，企業間の株式持ち合いを特徴とする**調整された市場経済**の代表国として位置づけられている（ホール＝ソスキス編，2007）。ただし彼らの議論は主に大企業を対象としており，中小企業，自営業，非正規労働者の存在はほとんど視野に入っていない。

　近年では，日本型資本主義の変化へと議論の焦点が移っている。金融システム，雇用，福祉，教育などで自由化が進み，**自由主義モデル**への「大転換」を遂げたという評価もある（ルシュヴァリエ，2015）。ただし，自由化の進度の違いにも目を向ける必要があるだろう。セーレンは，労使協調の枠内にある正規労働者とその枠外にある非正規労働者との間で自由化の程度が異なり，日本は大陸ヨーロッパに近い**二分化**へと向かっていると評価する（Thelen，2014）。

J. H. ゴールドソープ編／稲上毅ほか訳『収斂の終焉──現代西欧社会のコーポラティズムとデュアリズム』有信堂高文社，1987 年。
⇒収斂論を否定し，比較政治経済学という新しい学問を切り開いた古典。

ピーター・A. ホール＝デヴィッド・ソスキス編／遠山弘徳・安孫子誠男・山田鋭夫・宇仁宏幸・藤田菜々子訳『資本主義の多様性──比較優位の制度的基礎』ナカニシヤ出版，2007 年。
⇒資本主義の多様性論を提唱した現代の古典。専門的な論文が並ぶが，精読してみる価値がある。

山田鋭夫『さまざまな資本主義──比較資本主義分析』藤原書店，2008 年。
⇒レギュラシオン理論を精力的に紹介してきた著者による資本主義比較と日本の分析。

福祉国家の多様性

① 福祉国家とは何だろうか。
② 福祉国家はどのように分類されるのだろうか。
③ 日本の福祉国家の特徴は何だろうか。

民主的階級闘争　　社会権　　労働力の脱商品化　　社会的階層化　　福祉レジーム
社会民主主義レジーム　　自由主義レジーム　　保守主義レジーム　　家族主義レジ
ーム　　ジェンダー政策レジーム　　福祉生産レジーム　　雇用レジーム

1 本章の課題

　多くの学生にとって福祉は縁遠いものかもしれない。将来の生活を想像して
みてほしい。たとえば勤めている会社が倒産したり，病気やけがをして働けな
くなることがあるかもしれない。育児で忙しかったり，親の介護が必要になれ
ば，フルタイムで働いて十分な賃金を稼ぐのは難しいだろう。生計を立てるこ
とが困難になるような状況は，誰にでも起こりうる。

図 4.1　社会支出の対 GDP 比

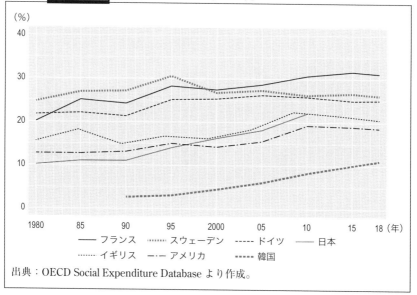

出典：OECD Social Expenditure Database より作成。

　こうしたリスクに対応するのが福祉国家である。一般的に福祉国家とは，主として所得保障や社会サービスを用いて，出生から死亡までの生活上のリスクに対応し，国民の生活を安定させるために資源を再分配する現代国家のあり方を指している。

　生活上のリスクはさまざまである。代表的なものとして，失業，疾病，高齢，介護，育児が挙げられる。こうしたリスクに対して，国家は，失業保険，医療保険，年金，社会扶助などの所得保障を提供し，介護，保育などの社会サービス（施設の整備や人的支援）を行う。

　しかし，医療保険や年金などの福祉制度がそろっていても，それぞれの制度が小規模であれば個々人の生活を保障できない。そのため，福祉国家では一定の量のお金が福祉に使われ，一定の規模の福祉制度が整備されていなければならない。福祉の量をみるときに指標となるのが，社会支出が国内総生産に占める比率（社会支出の対 GDP 比）である。これは，ある国の経済活動のうちどれだけのお金が福祉に使われているのかを示している。

　現在，ほとんどの先進国で，年金，医療，失業などの福祉制度は整備されており，社会支出の規模も大きくなっている（図 4.1）。これらの国々では福祉国

家が成立しているといってよいだろう。

　では，先進国であれば，どの福祉国家も同じような特徴を持っているのだろうか。国際的にみると，各国の福祉国家はいくつかのタイプに分かれると考えられている。福祉を供給しているのは，政府なのか，市場なのか，家族なのか。福祉にどれだけお金を使っているのか。現金給付に力を入れているのか，社会サービスを重視しているのか。さまざまな観点から福祉国家が分類され，それぞれのタイプに特徴があることがわかっている。このように，国際比較の観点から福祉国家を分類するのが，福祉国家の類型論である。

　本章では，類型論にもとづいて，福祉国家の多様性について解説する。各国の福祉国家がどのように分類され，それぞれどのような特徴を持っているかについて学んでいこう。

 福祉国家の類型論

資本主義経済，民主主義，社会権

　まず，福祉国家が登場した文脈について説明しよう。簡潔にいうと，福祉国家は，①資本主義経済の拡大，②民主主義の発展，③社会権の成立にともなって登場した。

　福祉国家は**労働力の商品化**がもたらす矛盾への対策として現れた。資本主義経済では，生産手段（工場，土地，機械設備など）を持たない個人は自らの労働力を売って生計を立てるほかない。これを労働力の商品化という。労働力という商品は特殊であり，工業製品とは違う。商品＝人である。そのため，労働力という商品は使えなくなったとしても廃棄できない。働けなくなった人々は市場外で生活を営む必要があり，こうした人々の生活を保障するために福祉国家が現れる。

　資本主義経済のもと，労働者の生活は不安定だが，資本主義経済は伝統的共同体を破壊していくために，伝統的共同体は労働者の生活を扶助できない（ポラニー，2009）。困窮した労働者が街にあふれ出るようなら，これは治安問題に

　福祉それ自体は，第2次世界大戦後に初めて現れたわけではない。すでに中世にヨーロッパ各地で救貧事業がみられた。16世紀には貧困は日常的な現象であった。貧困者の保護はまずもって家族の任務であったが，教会や領主も救貧事業を行っていた。

　教会や修道院は，救貧院での慈善活動を通じて貧困者の保護にあたった。しかし，貧困に陥るのは怠惰や道徳的欠陥のためであると考えられていたので，積極的に救貧が行われたわけではなかった。領主が行う保護施策は定住住民に限定されており，領邦をまたいで移動する貧困者は除外されていた。都市では，職人や商人のギルドやツンフトが互助的な組織を発展させていった。同業者がけがや病気で働けなくなったときのための生活保障の仕組みが整えられたが，これはあくまで同業者を保護するための制度であった。

　教会，領主，ギルドによる救貧は限定的であったので，貧困問題の深刻化を食い止めることはできなかった。こうした事態に直面して，国家が福祉政策に乗り出すようになる。たとえば，イギリスでは1601年にエリザベス救貧法が制定され，絶対王政下で救貧事業が始められた。

　重商主義の時代には，貧困者は労働力として利用されるようになった。労働矯正施設に入れられたあと，マニュファクチュアに引き渡され，強制労働が課された。啓蒙主義が広がると，人間の進歩にともなって貧困問題は解決されるという考えが生まれた。教会においても博愛的な救貧運動がみられるようになっていた。福祉を求める声が大きくなり，これに対応して啓蒙専制君主（たとえば，プロイセンのフリードリヒ2世）は臣民に対する救貧事業を拡大していった（リッター，1993）。

　このような福祉は工業化に直面して機能不全に陥った。各国で工業化が進み，資本主義経済が拡大するにつれて，貧窮にあえぐ労働者が急増する。ドイツでは，ビスマルクによって本格的な社会保険の導入が始まる。ビスマルクは，1880年代からの社会立法によって年金，労災，疾病の保険制度を整えたが，これに先立って1878年に社会主義者鎮圧法を制定した。

直結する。治安維持，さらには革命を予防するためにも，労働者が市場から退出したときの社会保障が求められる。つまり，社会に緊張と混乱が生じるような危機を回避するために，再分配を通じて国民の生活を安定させなければなら

ビスマルクにとって福祉は，誕生したばかりのドイツ帝国を安定化させるための手段であり，福祉によって労働者の愛国心を育てようとし，反体制的な労働者には弾圧という手段をとった。

　1929年に世界恐慌が到来することで，積極的に福祉を行う国が現れる。アメリカでは，福祉は新移民や貧困層に限定されており，連邦ではなく州が中心になって福祉政策が行われてきた（西山，2008）。しかし，世界恐慌のなかで，一般の勤労世帯が職を失い，生計を維持できなくなっていた。その対策として，F. ローズヴェルト大統領はニューディール政策を実施した。1935年社会保障法によって年金や社会扶助が整備され，社会支出が大きく増加した。

　スウェーデンでは，労働者と農民が連携することによって，1930年代に福祉国家の建設が始まった。社会民主労働党は，スウェーデンを「国民の家」にするというスローガンを掲げて，自党を支持する工業労働者を越えて幅広く支持を集めようとした。そして，農民を含む働く人一般の利益になるような寛大な福祉を求めていく（宮本，1999；渡辺，2013）。

　戦争国家のもとで福祉はいっそう拡大することになる（ティトマス，1967）。戦争，特に第2次世界大戦に際して，各国は医療保険や年金保険といったプログラムを創設あるいは充実化させた。医療保険は国民の健康を管理し，優秀な兵士を養成するために有用であった。年金は莫大な予算を必要とするプログラムであるので，集めた保険料を戦費に転用するにはうってつけだった。たとえば日本においても医療保険や年金が発展したのは，戦時期であった。医療保険は1930年代に被保険者が急速に拡大した。年金制度は1941年に成立して，太平洋戦争下の戦時体制においてより多くの労働者をカバーするようになっていった（カザ，2014）。

　第2次世界大戦後に多くの国で自由民主主義体制が成立し，社会権が認められることになる。たとえば，イギリスでは，戦時中の1942年に，『ベヴァリッジ報告』が示され，戦後にアトリー政権がこれを政策化したことによって，広範な福祉制度が整備され，福祉を受給することが市民の権利として認められた。

ない。

　民主主義体制が労働者を包摂することも，福祉国家の登場を促す。民主主義によって労働者は選挙権を得て，政治へと参加する。労働者が政治から疎外さ

れていれば，労働組織は革命によって社会主義を打ち立てようとする反体制勢力になりうるが，労働勢力が民主主義体制に包摂されることで議会内多数派をめざすようになる。こうして，労働者と資本家の対立は民主主義の枠内で行われる「**民主的階級闘争**」へと変化していく（Lipset, 1981）。民主主義のルールに則って，議会の多数派をめぐって階級闘争が行われるようになり，革命によって資本主義を廃絶するのではなく，再分配によって資本主義を修正することがめざされる。

　一方で，T. H. マーシャルの議論に即していうなら，市民権の発展にともなって福祉国家が現れることになる（Marshall, 1964）。まず，人身の自由，言論・思想・信条の自由，経済活動の自由など，個人の自由のために必要とされる権利が成立する（自由権）。次に，男性の富裕層に限定されていた選挙権が拡大して，一般の市民が政治に参加することが権利として認められる（参政権）。しかし，自由権と参政権は社会における不平等や貧困を減らすのには不十分であった。こうして，**社会権**，つまり，最小限の福祉を請求する権利や市民として十分な生活を送る権利などが認められるようになる（マーシャル＝ボットモア，1993）。たとえば，日本国憲法 25 条の「健康で文化的な最低限度の生活を営む権利」が社会権にあたる。マーシャルは，社会権が成立する段階になって初めて福祉国家が現れるとした。

┃ 福祉国家の収斂と分岐 ┃

　第 2 次世界大戦後，多くの先進国で福祉国家が登場する。しかし，その形は各国一様ではなかった。福祉国家の多様性を探るために，類型化が行われるようになる。

　初期の類型論においては，福祉の制度化が進んでいるかどうかによって福祉国家が分類された。そこでは後進的なモデルと先進的なモデルの 2 つが導き出される。

　H. L. ウィレンスキーらは，福祉国家を残余モデル（後進的モデル）と制度的再分配モデル（先進的モデル）の 2 つに分けている（ウィレンスキー＝ルボー，1971）。残余モデルでは，福祉の制度化が進んでおらず，市場や家族が個人のニード（生活上の必要）を満たすことができない場合にのみ，国家が福祉を行

う。制度的再分配モデルでは，福祉が，年金，医療，失業保険などの形で具体的な制度として構築されている。

ウィレンスキーらは，遅れているモデルと進んでいるモデルのどちらも同じ発展の線上にあると考えた。経済成長にともなって後進的なモデルが発展すれば，先進的なモデルに近づく。このように，福祉国家が1つのモデルに収斂するという見方は，収斂論と呼ばれる。

これに対して，**福祉国家の分岐論**では，それぞれの福祉国家は異なる発展の線上にあるとみなされる。経済ではなく政治的要因によって（⇒第**5**章），各国では異なるタイプの福祉国家が成立し，その発展パターンも異なる。たとえばR. M. ティトマスは，経済発展を遂げた国々でも，福祉供給において政府が果たす役割や福祉制度の構成原理が異なることを指摘し，3つの福祉国家モデル（残余的福祉モデル，産業的業績達成モデル，制度的再分配モデル）を示した（ティトマス，1981；平岡ほか，2011）。

脱商品化と社会的階層化

福祉国家がいくつかのタイプに分かれるという見方は G. エスピン–アンデルセンに引き継がれ，現在の類型論の基礎が築かれた。彼は，それまでの研究とは違って，明確な指標を立てて，統計分析を行っている（エスピン–アンデルセン，2001）。

エスピン–アンデルセンの類型論は，**労働力の脱商品化**という点に着目する。ここでは，働く人々が何らかの理由で仕事を辞めて労働市場（労働力商品が取引される市場）を退出したときに，どの程度生活を維持できるか，が問われる。病気になったり，年をとったり，会社が倒産したりと，人々が労働市場を退出する原因はいくつもある。これに対応して，失業保険の給付期間が長かったり，年金の支給額が高かったり，医療保険がカバーする範囲が広ければ，人々が生計を維持するのは容易になる。このような特徴を備えた福祉国家は脱商品化が高いということになる。脱商品化を指標とすると，これが高い北欧諸国および大陸ヨーロッパ諸国と，これが低いアングロ・サクソン諸国に分かれる。

エスピン–アンデルセンは，脱商品化に加えて**社会的階層化**という指標を示した。ここでは，福祉国家による再分配が階層（たとえば職域）間の所得不平

	社会民主主義レジーム	自由主義レジーム	保守主義レジーム
脱商品化	高い	低い	高い
社会的階層化	低い	高い	高い
家族の役割	周辺的	周辺的	中心的
市場の役割	周辺的	中心的	周辺的
国家の役割	中心的	周辺的	補完的
典型例	スウェーデン	アメリカ	ドイツ

出典：エスピン-アンデルセン，2000：129 の表を修正。

等をどの程度進めるのか，が問われる。一般的に福祉国家は所得平等に寄与すると考えられてきたが，エスピン-アンデルセンは，むしろ社会階層の間の所得不平等を強める福祉国家があることを示した。ここで，北欧と大陸ヨーロッパが分かれる。どちらも福祉に多くのお金を投じるが，北欧諸国の年金や医療は1つの制度が幅広い市民をカバーしているので，福祉国家は所得平等をもたらす。つまり，社会的階層化が低い。大陸ヨーロッパ諸国では，年金や医療が職域ごとに分立しているので，福祉国家は職域間の所得不平等を強化する。つまり，社会的階層化が高い。

福祉国家の3類型

脱商品化を軸に，社会的階層化を加えて福祉国家を分類すると，3つのタイプが導き出される（表4.1）。なお，エスピン-アンデルセンは，福祉国家を「福祉レジーム」としてとらえた。福祉レジームとは，福祉を提供する主要な単位（国家・市場・家族）の組み合わせから生まれるものである。

そのうちの1つは，**社会民主主義レジーム**と呼ばれる。北欧諸国が該当し，代表国はスウェーデンである。脱商品化が最も高いのが，このタイプの福祉国家である。ここでは，国家によって福祉が供給されており，福祉国家の規模は大きい。3類型のうちで社会支出の対GDP比は最も高く，給付は寛大である。たとえば，1970年代に中間層にまで手厚い給付を行うようになったスウェーデンでは，働いていたときの賃金とほとんど変わらない水準の失業手当を長期

にわたって受け取ることができた。

現金給付だけでなく，社会サービスが充実しているのも特徴である。保育士や介護士など，ケアを担う人材は国家が供給している。福祉制度は分立しておらず，国民は1つの福祉制度に加入するため，社会的階層化は低い。

2つ目は，**自由主義レジーム**である。これはアングロ・サクソン諸国にみられる福祉国家のタイプであり，代表国はアメリカである。脱商品化が低く，基本的に市場によって福祉が供給される。たとえば，アメリカの公的医療保険には，高齢者向けのメディケア，貧困層向けのメディケイド，児童向けの医療保険プログラムがあるものの，これ以外の人々を対象とした公的医療保険がない。この層の人々は，市場で提供されている民間企業の医療保険プログラムを購入することになる。

市場によって福祉が提供されるということは，国家が社会支出に消極的であることを意味する。自由主義レジームの社会支出対 GDP 比は先進国のなかで低い部類に入る。したがって経済的に自立できる人々とそうではない人々の間の格差は埋まらず，社会的階層化が進むことになる。

3つ目は，**保守主義レジーム**である。大陸ヨーロッパ諸国にみられるタイプで，代表国はドイツである。社会民主主義レジームほどではないが，このタイプの福祉国家でも脱商品化は高度で，社会支出対 GDP 比は高い。この点では社会民主主義レジームと近いが，保守主義レジームでは，家族や教会などの伝統的共同体が福祉供給を担っており，国家はこれらの集団を補完する役割を受け持っている。そのため，主に国家が福祉を供給する社会民主主義レジームとは異なる。

保守主義レジームでは，職域別の社会保険制度が一般的にみられる。サラリーマンなのか，公務員なのか，自営業なのか，つまり，どのような職に就いているのかによって，加入する制度が異なる。加入する制度が異なれば，もちろん拠出も給付も違う。そのため，国民一般の所得を平準化する効果は弱く，むしろ，職域ごとの違いが強まる。つまり，社会的階層化が高い。再分配の手段も社会民主主義レジームと異なる。保守主義レジームは現金給付を重視し，社会サービスが乏しい。たとえば，ドイツでは，児童手当など家族への現金給付は充実しているが，保育サービスは長らく整備されてこなかった。

エスピン-アンデルセンは，こうした類型が成立した要因として，労働勢力の権力資源を挙げている（⇒第5章）。労働勢力が変化すれば，類型も変化する。この意味で，彼が示した福祉国家類型は動態的である。

3 福祉国家類型論の展開

▌第4類型の模索 ▌

エスピン-アンデルセンの類型論は大きな議論を巻き起こした。彼の3類型論をめぐる議論には2つの方向性がある。1つは，3類型論に新しい類型を加えようとするものである。もう1つは，異なる観点から類型論をとらえ直そうとするものである。

まず，新しい類型をめぐる議論からみていこう。

たとえば，オセアニアを独自のモデルととらえる見方がある。オーストラリアやニュージーランドは3類型論からみれば自由主義レジームに入る。たしかに市場が中心となって福祉が供給されており，社会支出の対GDP比は低い。しかし，そのほかの自由主義レジームにはみられない特徴もある。たとえば，保護主義的な貿易による製造業での雇用確保，労働移民の制限，強制仲裁制度（政府の介入による労働争議の強制的な調停）による高い賃金が挙げられる。たしかに政府は社会支出に積極的ではなかったが，雇用を確保し，底上げされた賃金が得られるように国内労働者の保護に努めてきた。これは**賃金稼得者型福祉国家**と呼ばれる（Castles and Mitchell, 1992；加藤，2012）。

東アジア諸国の位置づけにも注目が集まった。3類型論では，日本，台湾，韓国といった国々がどの類型に属するのかが明示されていなかった。東アジアの国々では，家族が主たる福祉供給主体であり，加えて企業や地域にも福祉を提供することが期待されている。国家は経済成長を優先しており，完全雇用によって福祉を代替するために社会支出は拡大しない（Goodman and Peng, 1996；宮本ほか，2003）。この福祉国家は，**東アジアモデル**と呼ばれる。

イタリア，スペイン，ポルトガル，ギリシャを保守主義レジームから切り離

して，**南欧モデル**として位置づける論者もいる。たしかに職域別社会保険制度が整備されている点では保守主義レジームと変わりはない。しかし，無視できない差異もある。第1に，ドイツやフランスと比べると社会支出の対GDP比が低いことである。第2に，インフォーマル・セクター（闇経済，地下経済）が大きく，社会保障から排除された労働者が多く存在することである。第3に，3世代が同居する家族形態が一般的であるので，他の大陸ヨーロッパ諸国と比べても，家族による福祉が非常に重要な役割を果たしていることである（Ferrera, 2005）。

東アジアモデルと南欧モデルには，主として家族が福祉を提供するという共通点がある。この点をとらえて，両者をまとめて**家族主義レジーム**と呼ぶことがある（Ferrera, 2016 ; Saraceno, 2016）。このタイプの福祉国家では，女性には無償の家事労働を行うことが期待されている。そのため，女性の就業率は低く，労働市場に参入したとしてもパートタイムなど非正規労働者となる。政府は保育サービスなど家族政策に消極的である。GDPに占める家族政策支出の割合をみると，東アジアや南欧諸国はOECD諸国で最低水準にある。社会支出の対GDP比は，南欧の一部の国を除けば，社会民主主義レジームや保守主義レジームに比べて低い（新川，2011）。

新興民主主義国の福祉国家

1980年代以降に新たに民主化した国々，すなわち，ラテンアメリカや東欧の国々についても分析が進められ，新しい類型が提起されている。

ラテンアメリカでは，アルゼンチン，チリ，ウルグアイといった先んじて工業化した国々が1920年代から所得保障に取り組んできた（宇佐美，2011）。これらの国々では，まずは軍人や官僚を保護するために社会保険制度が組み立てられ，次第に対象範囲が広げられていった。しかし，未熟練労働者や農民は制度から排除されたままになった。結果として，二重構造の福祉国家が現れ，保護される者と保護されない者の間に著しい格差が生まれた。その一方で，そのほかのラテンアメリカ諸国は経済発展が不十分のため福祉国家化が遅れた（Segura-Ubiergo, 2007）。

ラテンアメリカ諸国の福祉国家は，福祉・労働市場の二重構造や大家族が福

祉供給の役割を担っている点で，南欧モデルと類似していることが指摘されて
きた。このような福祉国家は，1980〜90年代の経済危機を経て，**自由主義-
インフォーマル福祉レジーム**へと変化したといわれる。インフォーマル・セク
ターが巨大化し，福祉・労働市場の二重構造が強化される一方で，労働市場の
規制緩和が進んで正規労働者の地位も不安定になり，社会保険制度が縮小して
市場による福祉供給が一般的になっていった（Barrientos, 2004）。

　民主化後の東欧諸国では，共産主義時代より前に存在した社会保険制度が復
活し，これに共産主義時代の普遍主義的な福祉（税を財源として，貧困層以外に
も手厚く分配する方式）が組み合わせられた福祉国家が現れた。1990年代以降
は自由主義化が推し進められ，政府は現金給付と社会サービスのどちらもカッ
トし，医療や保育分野では市場化が進んだ（Deacon, 1993）。結果として，保守
主義レジーム（社会保険），社会民主主義レジーム（普遍主義的福祉），自由主義
レジーム（市場による福祉）の混合タイプへと発展してきた。

　東欧諸国の共通点を強調する研究では，社会保険制度が整備されている点で
保守主義レジームと類似していることや，他のヨーロッパ諸国と比較すると社
会支出の対GDP比が低いことが取り上げられてきた（Castles and Obinger,
2008；Deacon, 2000）。こうした点を強調して，**ポスト共産主義型福祉国家**と一
括りにされることもある。

　しかし，各国で国内政治のあり方が異なり，異なる政策が選択されてきた結
果，東欧諸国の間で多様性が顕著になっていることが指摘されている（Cerami
and Vanhuysse eds., 2009；仙石，2012）。たとえば，スロヴェニアのように南欧諸
国に匹敵する規模の福祉国家を持つ国もあれば，チェコのように広く社会保険
制度が整備されている国がある（Kuitto, 2016a）。

福祉国家と脱家族化

　次に，類型論に異なる観点を持ち込んだ議論を紹介しよう。エスピン-アン
デルセンの福祉国家研究の問題点を指摘し，類型論の修正を促したのがジェン
ダー福祉国家論者である。

　男性が働いて賃金を得て，女性は家事労働をするという性別分業にもとづく
家族形態（**男性稼ぎ手モデル**）は，工業化社会において一般的にみられた。多く

の福祉国家はこうした家族モデルを保護することに力を注ぎ，男性労働者が保護されることによって女性の生活が保障されてきた。しかし，ポスト工業化社会では男性稼ぎ手モデルの支配力は弱まり，女性は被扶養者として生活保障を得ることが難しくなる（Lewis, 2001；辻，2012）。こうして，女性自らが労働市場に参入し，自身の生活を守ることができるかどうかが論点として浮上した。

しかし，女性の雇用労働はエスピン–アンデルセンの福祉国家論において十分に議論されてこなかった。彼が示した脱商品化は，労働市場に参加する（商品化されている）男性労働者への社会保障に焦点を当てている。しかし，女性にとっては，そもそも労働市場に参加すること（商品化されること）が難しい。なぜなら，育児や介護など家庭内でのケア労働は，主として女性が担うものとされているからである。ジェンダー福祉国家論者は，女性にとっては労働市場参加＝商品化こそが問題であるにもかかわらず，この観点が脱商品化には織り込まれていないと批判した（Orloff, 1993；Sainsbury, 1994）。

ジェンダー福祉国家論からの批判を踏まえて，エスピン–アンデルセンは**脱家族化**を福祉国家類型化の指標に設定している。脱家族化とは，個人が家族に依存することなく，経済的資源を自由に使えるようになることを意味する。つまり表4.1（74頁）にある家族の役割が周辺的であるほど脱家族化が進んでいるといえる。類型論に新しい指標が加わったわけだが，3類型自体に変化はない（エスピン–アンデルセン，2000）（表4.1）。

北欧の社会民主主義レジームでは，家族への社会サービスは寛大で，給付は普遍主義的であるので性差に関係なく提供される。政府は直接雇用によって女性の労働力参加率を高める。脱家族化が最も高いレジームである。大陸ヨーロッパの保守主義レジームは，脱家族化が最も低い。家族には福祉を供給することが期待されている。男性労働者が十分な賃金を得て家族を扶養することが一般的であり，家族への社会サービスも乏しい。結果として，女性の労働市場参加は低水準にとどまる。アングロ・サクソン諸国の自由主義レジームでは，全般的に社会保障は手薄であり，家族に対する現金給付も社会サービスも乏しい。しかし，福祉の供給は家族の役割とはみなされないので，保守主義レジームよりは家族主義が弱いとされる。

┃ジェンダー福祉国家論┃

これまでの類型論を離れて，ジェンダーを中心に据えた類型論も示されている。ここでは，各モデルは単なる分析のための道具でなく，規範的な意味（ジェンダー平等の観点からみて望ましいかどうか）も持っている。

D. セインズベリは，社会保障受給権とケア労働に着目して，**ジェンダー政策レジーム**を提起した（Sainsbury, 1999）。彼女は，3つのレジームを示している。1つ目は，**男性稼ぎ手レジーム**である。ここでは，男性労働者が社会保障の受給権を得る一方，女性は男性の被扶養者として受給権を得る。ケアは家庭内で女性によって提供され，ケア労働は無償（対価がない）である。2つ目は，**性別役割分業レジーム**である。このレジームでは男性労働者が社会保障の受給権を得る一方で，女性は家庭内でケア労働をすることで受給権を得る。家庭内でのケア労働には手当が支給されるので有償化（対価が支払われる）されてはいるが，家庭内ケア労働を女性が担うという点では男性稼ぎ手レジームと変わりがない。3つ目が，**個人稼ぎ手／ケア提供者レジーム**である。このレジームでは，婚姻関係や性別役割に関係なく個人として社会保障への受給権が付与されるので，男女は平等に受給権を得る。男女はともに賃金を稼ぎ，ともにケア労働を担う。公的社会サービスが提供され，これを利用することでケア労働を家族の外に押し出すこともできる。個人稼ぎ手／ケア提供者レジームは，ジェンダー平等の観点からみて最も望ましいとされた。

N. フレイザーは，ポスト工業化時代のジェンダーと福祉国家の関係を考察している。彼女は，規範的な観点から3つのモデルを示している（フレイザー，2003）。第1に，**普遍的稼ぎ手モデル**は，男女がともに稼ぎ手になるモデルである。女性は周辺的労働力ではなく，男性労働者と同じ水準の給与を得て，男性労働者と同じように社会保障受給権を得る。このモデルは，女性を貧困から遠ざけることにはなるが，家庭内でのケア労働が評価されないことに変わりはなく，これが男女間で公平に配分されるかどうかも未知数である。第2に，**ケア提供者対等モデル**は，家庭内ケア労働を賃金労働と同じように評価し，これに賃金稼ぎ手と同じ水準の手当を支給するものである。家庭内でのケア労働は現金給付によってその価値を認められるが，ケア労働が男女で公平に配分され

るとは限らないし，労働市場における男女格差も解消できない。フレイザーが規範的観点から最も望ましいとしたのが，第3の，**普遍的ケア提供者モデル**である。これは，男性を女性並みのケア提供者にするものである。肝心なのは，ケア労働を男女間で公平に配分することである。こうすることで，性別にかかわらずすべての労働者はケア提供者となり，労働市場や福祉制度はケア提供者向けに組み直される。たとえば，労働時間は現在のフルタイム職より少なくなり，雇用を可能にする育児休暇・介護休暇などの制度が整備されることになる。

　ジェンダーを軸とした福祉国家研究は盛んに行われており，さまざまな指標が考案されている。たとえば，女性の就労を促す制度がどれくらい充実しているか（Siaroff, 1994），国家，市場，家族，コミュニティのどこがケアを担っているのか（Daly and Lewis, 2000；落合編，2013；原，2016），家族がケアを提供することを促す制度（育児休暇や現金給付）と，国家や市場がケアを提供する制度（公的・民間の社会サービス）がどのように組み合わせられているのかに着目して（Leitner, 2003），類型化が行われている。

▌福祉国家と資本主義類型▐

　福祉国家類型を広く資本主義のあり方から説明しようとする議論も現れた。ここでは，福祉国家がどのような形をとるのかは，資本主義の類型によって異なるとされる。

　先進国の資本主義を2つに分ける場合，ドイツに代表される「調整された市場経済」とアメリカに代表される「自由な市場経済」が導き出される（ホール＝ソスキス編，2007；⇒第**3**章）。調整された市場経済と自由な市場経済では異なる福祉国家が現れるとして，エステベス-アベらは**福祉生産レジーム**を提起した（エステベス-アベほか，2007；Iversen, 2005）。

　調整された市場経済では，産業特殊的な高い職業技能にもとづく生産が中心である。経済は，労働者が高い技能を身に付けて，高品質の商品を生産することによって成長する。したがって，高い技能を得るために労働者が教育・職業訓練に投資することが求められるが，投資の見返りがなければ技能を得ようとはしない。そこで，高い特殊的技能を身に付けた労働者には高い賃金を保障し

て，教育・訓練投資へのインセンティブを提供しようとする。もし職を失うようなことがあれば，特殊的技能に見合った職を見つけることができるように，十分な時間と金銭的余裕を与えようとする。そのため，失業時の所得保障は寛大になる。高い賃金や寛大な所得保障が実現されれば，脱商品化の高い福祉国家へと発展しやすい。

　一方で，自由な市場経済においては，企業・産業ごとに特殊な高い職業技能が求められているわけではなく，労働市場は柔軟化されているので職場を変えるのは容易である。ここでは高い賃金や寛大な所得保障への要求は大きくないので，福祉国家は発展しにくい。自由な市場経済は，脱商品化の低い福祉国家と親和的である。

4 日本の福祉国家

▌人生後半の福祉 ▌

　福祉国家類型論において，日本は座りが悪かった。エスピン–アンデルセンは『福祉資本主義の三つの世界』の序文において，日本がどの類型にも合致しないことから，自由主義レジームと保守主義レジームの混合形態であると述べている（エスピン–アンデルセン，2001）。東アジアモデルの議論では，家族が福祉供給体として重要な機能を担っていることや，政府が福祉への支出に消極的であることが指摘されている。しかし，他の東アジア諸国に先んじて経済発展した日本の福祉国家はヨーロッパ諸国のそれに近い面があるので，東アジアモデルとは区別して論じられることもある（カザ，2014）。

　では，日本の福祉国家はどのような特徴を持っているのだろうか。類型論に収まりきらない点も含めて，以下では 3 点から説明しよう。

　第 1 に，人生後半に必要となる福祉プログラムが充実する一方で，人生前半の福祉は貧弱だったことである（広井，2006；宮本，2008）。つまり，年金や医療（高齢者向けの福祉）に多く支出し，その半面で職業訓練や失業保険や家族政策（現役世代向けの福祉）は手薄だった。社会支出のうち医療と年金が占める割

CHART 図4.2 分野別社会支出（対 GDP 比，2015 年）

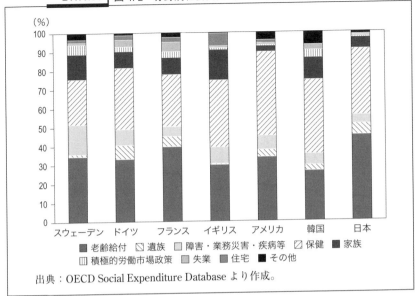

（％）

スウェーデン　ドイツ　フランス　イギリス　アメリカ　韓国　日本

■ 老齢給付　▨ 遺族　□ 障害・業務災害・疾病等　▨ 保健　■ 家族
▨ 積極的労働市場政策　▨ 失業　■ 住宅　■ その他

出典：OECD Social Expenditure Database より作成。

合は 80％ に達しており，先進諸国のなかでも高い水準にある（図 4.2）。

　日本では貧困リスクは高齢期に集中していた。現役で働いているときは，安定した雇用と家族による福祉がある。そのため，政府は高齢期の福祉を拡充するために力を注いできた。岸信介政権の改革によって，1961 年にはまず年金と医療が皆保険化された。田中角栄政権は「**福祉元年**」を掲げて，1973 年に大幅な福祉拡充に踏み切り，老人医療の無料化や厚生年金の給付引き上げを実施した。一方，現役世代向けといえる児童手当は，他国に遅れて 1972 年にようやく導入されたに過ぎなかった。1990 年代からは社会サービスを拡充しようとする動きがみられるようになり，2000 年代後半から家族政策支出は顕著に増えている。しかし，国際比較でみれば，依然として**人生後半の福祉**に重心のある福祉国家であることに変わりはない。

雇用レジーム

　第 2 に，福祉国家が高齢者向けの福祉を拡充してきた一方で，現役世代の生活は**雇用レジーム**によって守られてきた（宮本，2008；埋橋，2011）。

　雇用レジームは，3 つに分けられる。第 1 に，企業福祉，年功序列賃金，終

身雇用を軸とする日本型雇用，第2に，雇用をつくり出す公共事業，第3に，中小企業や農家を保護するための規制や補助金である。

日本型雇用は雇用レジームの中核であった。大企業は正規雇用者向けに充実した福利厚生を提供し，手厚い保障を与えてきた。しかし，中小企業労働者や非正規労働者には日本型雇用は適用されてこなかった。1995年に日経連が「新時代の日本的経営」を発表し，企業福祉や長期雇用が適用されない「雇用柔軟型グループ」が戦略的に増やされることになった。さらに1999年には労働者派遣法の改正によって派遣対象業務が原則自由化された。非正規雇用は顕著に増加しており，日本型雇用は縮小して現在に至っている。

雇用レジームのもう1つの核は，公共事業である。道路や港湾などのインフラ整備のために公共事業を行って雇用を生み出すことで，労働者に職を提供し，失業リスクを減らしてきた。田中角栄が『日本列島改造論』で国土開発構想を打ち出すと，1970年代後半に公共事業費は急増し，1980年代に財政再建がめざされた時期にも維持された。中曽根康弘政権は，歳出削減を進める一方で，政権を下支えした田中派の意向をくんで公共事業を継続した。その後，公共事業費は小泉純一郎政権によって大きく削減された。現在では，対GDP比でみた日本の公共事業費は国際比較でみて際立って高いわけではない。

雇用レジームの最後の核となるのが，中小企業・農家の保護である。景気変動に弱い中小企業を支援し，そこでの雇用を確保するために，雇用調整金の支給や政府系金融機関による融資が行われてきた。農家に対しては，減反政策や米価維持政策を通じて所得を補助してきた（Estevez-Abe, 2008）。しかし，1990年代以降，中小企業・農家保護は次第に削減されていった。

以上のように，日本型雇用，公共事業，中小企業・農家保護はそれぞれ縮小し，結果として雇用レジームは働く人々とその家族の生活を守る機能を弱めている。

男性稼ぎ手型の生活保障

第3に，男性稼ぎ手モデルという特定の家族形態を保護・再生産し，これを通じて男性労働者とその家族に生活保障を提供してきたことである。

現役世代向けの福祉が乏しく，なかでも家族政策が貧弱な日本では，女性が

フルタイムで働くことは一般的ではなかった。労働市場に参入したとしても，日本型雇用は原則的に男性の正規労働者に適用されるものであり，主に非正規労働者として働く女性はそこから除外された。雇用レジームによって男性労働者が保護されることで，女性の生活は守られてきた。女性の役割は，家庭内で育児や介護をすることと，安価で柔軟な労働力を供給することにあった（Miura, 2012）。

　男性稼ぎ手モデルの再生産は政府によって後押しされた（堀江，2005）。家族への所得移転・社会サービスが乏しいことや労働市場の二重構造だけでなく，社会保険制度においては，第3号被保険者制度によって，正規労働者（主に男性）によって扶養されている配偶者（主に女性）からは保険料を徴収しないことになっている。税制においては，1961年の配偶者控除に加えて，87年には配偶者特別控除が設けられることで，主に妻が労働時間を抑えることで所得税が控除される仕組みができた。これらの制度は，女性が家庭にとどまることを促した。

　こうした政策の方向性が強化されたのは，大平正芳政権下で「**日本型福祉社会**」というアイディアが主流化してからである。日本型福祉社会論では，西欧型の福祉国家が批判され，日本の伝統・美徳である自立自助・相互扶助を基礎として，日本独自の福祉をつくり上げることがめざされた。政府の福祉負担を軽減する一方で，個人には自助努力を求め，家族や地域社会には福祉供給の役割を与えるものだった。なかでも家族の機能強化が重視された。先に挙げた税控除や社会保険料免除の制度ばかりでなく，老親の自宅介護を奨励する特別控除も設けられた。家族に対する福祉は貧弱なままで，むしろ1980年代には保育施設・サービスは縮小されていった（大沢，2007）。

　その後，児童手当などの現金給付が拡大し，1989年のゴールドプランと94年のエンゼルプランでは介護・保育の社会サービスを増やす方針が示され，2000年には介護保険が始まった。2000年代からは，男女が共に働く家族を支援（両立支援）する動きもみられ，家族政策支出も増加している。しかし，日本の男性稼ぎ手モデルは強固であり，男女間の賃金や労働市場参加率の差は，先進国のなかでも大きいままである。

読書案内┃   Bookguide ●

G. エスピン-アンデルセン／岡沢憲芙・宮本太郎監訳『福祉資本主義の三つの
　　世界——比較福祉国家の理論と動態』ミネルヴァ書房，2001 年。
⇒現在の比較福祉国家論の出発点となった著作。権力資源動員論にもとづいて，
　福祉国家の 3 類型が導き出されている。

新川敏光編『福祉レジーム』ミネルヴァ書房，2015 年。
⇒主要国だけでなく，ラテンアメリカや中東欧の福祉国家変容についても学ぶ
　ことができる。

宮本太郎『福祉政治——日本の生活保障とデモクラシー』有斐閣，2008 年。
⇒日本の福祉国家がどのように変化してきたのか，政治力学とあわせて論じら
　れている。

福祉国家の政治経済学

QUESTIONS

1 福祉国家はどのような段階を経て発展してきたのだろうか。
2 福祉国家の発展と変容はどのように説明されるのだろうか。
3 日本の福祉政治の特徴は何だろうか。

KEYWORDS

福祉拡充期　　福祉縮減期　　福祉再編期　　産業主義理論　　権力資源動員論
階級交差連合　　経路依存性　　調整的言説　　コミュニケーション的言説　　党派
性理論　　拒否点　　福祉元年　　日本型福祉社会論

1 本章の課題

　福祉国家と聞いて，多くの人が思い浮かべるのはスウェーデンだろう。福祉に多くのお金を使って，政府が手厚い給付を行っている。ドイツでも多くのお金が福祉にあてられているが，政府と並んで家族や教会も福祉を提供している。アメリカの福祉国家は規模が小さく，政府ではなく市場が福祉を供給するところに特徴がある。

第2次世界大戦後，多くの先進国で福祉国家が成立したが，一口に福祉国家といってもその形は多様である。前章では，各国の福祉国家がいくつかのタイプに分けられることを学んだ（⇒第**4**章）。

　では，なぜ各国で異なるタイプの福祉国家が成立したのだろうか。福祉国家が発展したり，変化したり，持続したりするのはなぜだろうか。こうした問いを解こうとするのが，福祉国家の政治経済学である。

　当初は，経済が発展するにつれて，どの国の福祉国家も拡大していくと考えられた。その後，高度に経済発展した国々であっても，それぞれの福祉国家には無視できない差異があることがわかってきた。たとえば，上述したスウェーデン，ドイツ，アメリカはどれも先進国に数えられるが，福祉国家の大きさや福祉を供給する主体が違う。

　研究が積み重ねられた結果，福祉国家のタイプは，政治のあり方によって異なることがわかってきた。たとえば，どのような政党が政権を担ってきたのか，労働組合や使用者団体はどれくらい強いのか，福祉の受益者たちはどの程度の影響力を持っているのか。政治のあり方は各国で多様であり，その結果，異なる福祉国家が現れるというわけである。

　これまで，福祉国家の発展や変容を説明する理論はいくつも提起されている。本章で，主要な理論について学んでいこう。

　福祉国家の政治経済学

▌戦後福祉国家の段階論

　福祉国家の理論は，類型論（⇒第**4**章）であれ政治経済理論であれ，第2次世界大戦後に焦点を当てている。まず戦後福祉国家の段階論を確認しておこう。戦後の段階は，大きく3つに分けられる（表5.1）。

　第1が，**福祉拡充期**である。これは，第2次世界大戦後の資本主義の繁栄期（「黄金の30年」）を指している。この時期，目覚ましい経済成長を遂げた多くの先進国で福祉が拡大していった。福祉受給権は拡充され，社会支出の対

	福祉拡充期	福祉縮減期	福祉再編期
時期	1940 年代〜60 年代	1970 年代〜80 年代	1990 年代〜現在
理論枠組み	権力資源動員論	経路依存性	アイディア・言説理論
主な要因	労働勢力の権力資源	受益者団体による圧力	支配的な アイディアの構築

出典：宮本編，2012：6 の表を修正。

GDP 比は上昇の一途をたどった。福祉国家の拡充は，戦後政治経済体制の成立を抜きにしては考えられない。国際的には，ブレトンウッズ体制にもとづく「埋め込まれた自由主義」が成立し，各国政府には積極的に福祉政策を実施することが求められていた。国内では，生産性の政治，ケインズ主義，フォーディズムといった福祉国家の発展を促す条件がそろっていた（⇒第 **1** 章）。

　第 2 が，**福祉縮減期**である。これは，2 度のオイルショックを経て 80 年代末に至るまでの時期を指している。高度経済成長の時代が終わり，各国では福祉受給権を縮小し，福祉支出の削減をめざす動きが主流化した。福祉縮減期は，福祉国家の発展を可能にした条件が失われ始めた時期と重なる。国際的には，ブレトンウッズ体制の崩壊によって，グローバル化の時代が到来した。国内をみると，生産性の政治への合意は失われ，各国はケインズ主義ではなくマネタリズムを採用するようになり，フォーディズムは多品種少量生産にとって代わられていった（⇒第 **1** 章）。

　第 3 が，**福祉再編期**である（宮本編，2012）。これは，1990 年代から現在までの時期を指す。この時期には，単なる福祉縮減ではなく，部分的な拡充も行われ，福祉国家の中核となる制度の見直しも始まる（Hemerijck and van Kersbergen, 1999；Morel et al., 2012）。重要なのは，「新しい社会的リスク」が現れたことである。これまでの福祉国家は安定した雇用と家族によるケアを前提として「古い社会的リスク」（高齢，疾病，失業）に対応してきた。しかし，グローバル化とポスト工業化が進むことで，雇用は不安定になり，家族形態は多様化してケアを提供することが難しくなった。従来は想定されていなかったリスクが現れることで，福祉国家は「古い社会的リスク」とあわせて新しく現れたリスクへの対応を迫られるようになる（⇒第 **6** 章）。

国によって時期の範囲が若干異なることもあるが，どの戦後福祉国家も以上の3つの段階を経て展開してきた。いくつかの政治経済理論は，福祉国家の段階論に即して提起されている。たとえば，権力資源動員論は福祉拡充期，経路依存性は福祉縮減期，アイディア・言説理論は福祉再編期に焦点を当てて，福祉国家の分岐や発展・変容のプロセスを解き明かすものである。

▌産業主義理論▐

福祉国家の発展と変容は何によって説明されるのだろうか。本節では，第2次世界大戦後の福祉国家の展開にかかわる政治経済理論を紹介する。

初期の政治経済理論では，政治ではなく経済的要因が重要であるとみなされた。**産業主義理論**によれば，ある国で経済が成長するにしたがって，福祉国家が発展するとされた（ウィレンスキー，1984）。H. L. ウィレンスキーは，64カ国を対象とした分析から，1人当たりの国民総生産（GNP）が，社会保障支出の対 GNP 比を上昇させる主要因であることを明らかにした。一方で，政治体制（自由民主主義か全体主義か）や政治エリートのイデオロギーからは社会保障支出は説明できないとした。

ウィレンスキーは人口の高齢化（65歳以上が人口に占める割合）も主たる要因としたが，彼の著作（『福祉国家と平等』）は，経済成長が福祉国家の発展を規定するという産業主義理論の代表格とみなされるようになった。どの国の福祉国家も，経済発展にともなって，未発達の地点から高度で充実した形に変わっていく。この意味で，産業主義理論では福祉国家が**分岐**する（いくつかのタイプに分かれる）ことが想定されていなかった。こうした福祉国家発展の見方は，**収斂論**と呼ばれる。

ウィレンスキーの研究では，分析対象とされた国の多くが低所得国であった。低所得国では福祉財源がそもそも限られているので，社会保障費が少ないのは当然である。これが分析対象の大半を占めているので高所得国の特徴を隠してしまっている。多くの論者，そして，後にウィレンスキー自身も，先進国では政治的要因が重要であることを認めている（Castles, 1982；Wilensky, 2002）。

ただ，経済的要因を無視していいわけではない。一定程度の経済発展がなければ福祉財源を調達できないため，その意味では経済成長が福祉国家の発展を

規定する。しかし，一定以上の経済発展を遂げた国では政治のあり方によって福祉国家の発展パターンが異なる。こうして，経済が発展した民主主義国の福祉国家については，政治的要因が検討されるようになる。

権力資源動員論

　福祉拡充期の支配的な理論となったのが，**権力資源動員論**である。権力資源とは，政治的な権力の源泉になる条件の総体を指している。具体的には，組織はどの程度の規模で，どの程度の凝集性があるのか，政府に対して利益を訴える仕組みがあるかどうかなどが問われる。この権力資源が労働者と使用者の間でどのように配分されているかによって，福祉国家の発展パターンが異なるとされた。権力資源動員論は，政治的要因によって福祉国家が分岐することを示した点で，政治経済学に大きなインパクトを与えた。

　まず注目されたのは，**労働勢力の権力資源**であった。W. コルピは，資本家階級に対抗する形で，労働者階級がいかに権力資源を拡大し，これを利用する戦略を立てるかが重要であるとした（図5.1）。労働者階級の権力資源が大きいスウェーデンでは福祉が制度化され，それが小さいアメリカでは制度化が進まないとされた（Korpi, 1983）。

　G. エスピン–アンデルセンは，権力資源動員論を用いて，その後の比較福祉国家研究の基礎となる『福祉資本主義の三つの世界』を著した。彼によれば，労働運動および社会民主主義政党の強さが福祉国家の発展を規定する。労働運動と社会民主主義政党が最も強い北欧諸国では福祉国家が発展し，これらが弱いアングロ・サクソン諸国では福祉国家は発展しない。大陸ヨーロッパ諸国では労働運動と社会民主主義政党は北欧諸国ほどには強くはないが，アングロ・サクソン諸国ほど弱くもなく，保守（カトリック）勢力との競合関係にある。福祉国家は発展するが，保守勢力が求める**補完性の原理**（ここでは，家族の相互扶助が機能しない場合にのみ，中間団体や国家が福祉を提供するという考え方）を組み込んだ形になる（エスピン–アンデルセン，2001）。

　エスピン–アンデルセンまでの権力資源動員論では，もっぱら労働勢力の権力資源に焦点が当てられていた。その後，使用者団体の役割に関心が集まった。使用者団体が必ずしも福祉国家に反対しているわけではなく，場合によっては

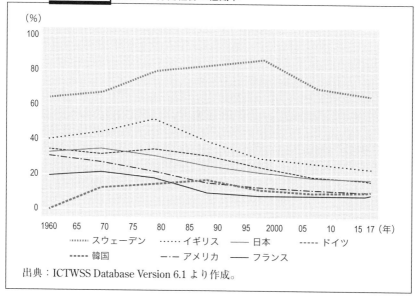

出典：ICTWSS Database Version 6.1 より作成。

福祉国家を支持するというわけである。たとえば，P. スウェンソンは，スウェーデンの事例から，戦闘的な労組を抑え込むために，使用者団体は穏健労組が要望する集権性の強いコーポラティズム（⇒第3章）や福祉拡充を認めたと述べる。使用者団体と穏健労組の間で，労使階級をまたぐ**階級交差連合**が成立したのであり，これが福祉国家の発展を導いた（Swenson, 2002）。P. マノウも，使用者が福祉拡大を支持すると説く。労働者が職業技能を身に付ければ生産性向上につながり，それが使用者の利益になる。使用者は，失業時でも労働者が職業技能向上のために投資するように，失業保険の拡大を支持する。また，労使交渉の安定化は労使紛争を減らすので，使用者は労使交渉の制度化にも賛成する（Manow, 2001）。

経路依存性

　オイルショックの影響が現れる時期になると，新しい政治の動きがみられるようになった。福祉カットを掲げる政治リーダーが誕生し，世界的な注目を集めたのである。代表格はイギリスの M. サッチャー首相とアメリカの D. レーガン大統領であり，彼女らが福祉縮減を唱える反面で，労働勢力は弱体化して

いった。

　権力資源動員論の観点からみれば，労働勢力が弱くなれば福祉国家は縮小するはずである。けれども，英米どちらの国でも社会支出の対 GDP 比は維持されており，福祉縮減は部分的にしか進まなかった。それ以外の国でも同様に福祉縮減は観察されず，福祉国家は分岐したままだった（Pierson, 1994, 1996）。こうした状況は，権力資源動員論では説明できない。

　なぜ福祉国家は変化しないのか。なぜ分岐したままなのか。この問いに対して，P. ピアソンは**経路依存性**を提起した。

　経路依存性とは，ある制度が成立すると制度それ自体が膠着して，現状維持が保たれることを指す（Pierson, 2001）。現状の制度には，受益者がいる。年金を例にとると，年金受給者団体や，その団体から支持を受ける政治家たちである。こうした団体や政治家は，現状の制度の受益者であるので，いまの制度を変えることや新しい制度をつくることに反対する。また，新しい制度をつくるにはコストがかかる。新しく政治的合意を得る必要があるし，アクターは新しい制度を学習しなければならない。以上の理由から，いったん制度ができると制度それ自体が現状維持へと傾く。制度がまったく変化しないまま持続するという，最も強力な経路依存は**ロックイン**と呼ばれる。

　経路依存性は，福祉国家の分岐が持続していることを説明するものとして，福祉縮減期の代表的な理論となっていった。ただ，制度の硬直性を強調する経路依存性においても制度変化がまったく起こらないと考えられたわけではない。ピアソンは，均衡→破壊→再均衡という制度変化を想定した。制度はアクター間の利益の均衡のうえに成り立つ。この均衡が崩壊すると，制度は崩れる。アクターは新しい均衡を模索し，新しい均衡が見出されると，そのうえに新しい制度ができる。そして，この制度がまた膠着する。

　ピアソンのいう経路依存性を批判しつつ，W. ストリークらは複数の制度変化のパターンを見出した（Streeck and Thelen eds., 2005）。ピアソンの議論では，古い制度が廃棄され，新しい制度が設けられるような明らかな制度変化だけが考えられている。しかし，制度変化はそれに限られない。ここではストリークらが挙げた**漸進的な制度変化**のうち漂流・重層化・転用の３つを紹介しておこう。

Column ❺　手柄争いの政治，非難回避の政治

　K. R. ウィーヴァーは，福祉縮減期には福祉拡充期とは異なる新しい政治のあり方がみられると説いた（Weaver, 1986）。ここで紹介する手柄争いの政治と非難回避の政治は，福祉国家の発展や分岐を説明するというよりは，拡充期と縮減期で政治のダイナミクスがどのように違うのかを明らかにする理論である。

　ウィーヴァーによれば，福祉拡充期には**手柄争いの政治**がみられる。福祉を拡充することは，政治家にとっては得票を増やすための戦略でもある。再分配の対象になる人を増やし，給付を増額することは有権者に好まれる。政党あるいは議員は福祉を拡充したという「手柄」を得るために，お互いに福祉拡充を掲げて競争する。拡充競争の結果，個々の政治家・政党の意図を超えて福祉国家が拡大していくことになる。

　福祉縮減期には手柄争いとは異なる政治のあり方，つまり，**非難回避の政治**がみられるようになる。福祉縮減は有権者に好まれない。たとえば，年金受給者はいま受け取っている年金が減らされることを喜ばないし，これから年金を受け取る世代もそうである。給付を維持しようとするなら増税が必要だが，これも有権者から非難される可能性がある。非難を受けた政治家は落選するかもしれないし，政党であれば議席を減らしてしまうか

　第 1 に，漂流（ひょうりゅう）とは，外的環境が変化しても制度自体が変わらないため，制度が当初の目的を果たせなくなることをいう。たとえば，アメリカの連邦最低賃金制度は 1938 年に導入されたが，物価の上昇にあわせて引き上げられてこなかったために，労働者の生活を守れなくなっていった。第 2 に，重層化は，対抗する制度を設けて，これを拡大することで，もともとの制度の変化を促すものである。例としては，サッチャー政権が公的年金を縮減するために，新たに民間年金を導入したことが挙げられる。第 3 に，転用とは，制度に別の目的が付与されて制度の持つ機能が変化することである。日本の医療保険は，もともとは貧農を保護し，健康な兵士を育成するためのものだったが，戦後になると自営業者や高齢者など広範な人々に生活保障を提供するものに変わった（北山，2011）。

もしれない。その際にみられるのが，有権者からの非難を回避しながら不人気政策（福祉縮減や増税）を実施するという政治手法である。

　主な戦略を挙げると，その1つは，決定の委託である。政党あるいは政治家が福祉縮減に直接着手するのではなく，専門家委員会を設けて，ここに福祉縮減改革のプランを策定させる。政治家は，専門家の提案を実施するだけの役割を担うことで，不人気政策の責任から逃れることができる。もう1つは，スケープゴートの発見である。現状の失策の責任をある政党・政治家に負わせて，自らが不人気政策をとるのはやむを得ないのだと訴えることである。たとえば，前政権が過度に福祉支出を増やしたと批判して，自政権の支出カットを正当化することである。最後の1つとして，超党派合意が挙げられる。党派を越えて不人気政策で合意をつくり上げることによって，有権者の非難を回避できる。たとえば，年金の給付削減について，すべての有力な政党が合意したとする。年金を受給している有権者が，年金削減を決めた政党に対して罰を与えるために別の政党に投票しようとしても，どの政党も削減で合意しているので投票先がない（新川・ボノーリ編，2004）。有権者に投票の選択肢がないことは民主主義としては問題があるが，有権者の非難をかわすことができる戦略ではある。

アイディア・言説理論

　福祉縮減期が進むと，各国の福祉国家にはさまざまな変化が現れた。福祉をカットするばかりでなく，それぞれの福祉国家の中心的制度が改革されるようになった。福祉国家は縮減されていないという経路依存性の見方に対しても批判が浴びせられるようになる。経路依存性の議論では量的な側面（社会支出の対GDP比）が強調されすぎているが，個別の政策内容をみると市場化や民間保険導入などの変化があったのではないかといわれた。

　こうして，福祉国家の硬直性を説く経路依存性に代わって，制度変化を説明する新しい理論が模索されるようになる。福祉再編の方向性は何によって説明されるのか。改革はどのようなプロセスをたどるのか。こうした問いに答えるのが，**アイディア・言説理論**である。なお，ここでいうアイディアとは「共有された信念」という意味であり，複数のアイディアの相互作用によって生まれ

るのが言説である（Goldstein and Keohane eds., 1993：Schmidt, 2002a）。どちらも政策の進むべき方向性を示すものである。

　注意が必要なのは、アイディア・言説理論は、再編期の福祉国家変容を対象としている点である。再編期は、労働組合と左派政党は福祉拡充をめざすという、権力資源動員論の前提が当てはまらなくなった時代でもある。たとえば、イギリスのT. ブレア首相もドイツのG. シュレーダー首相も社会民主主義政党所属であり、労働組合の支援を受けていたが、年金や医療のカットに踏み切った（近藤、2008：近藤、2009）。

　M. ブライスは、経済危機のように不確実性が高まる時代には、アイディアが拡大する余地が生まれると説いた（Blyth, 2002）。平時であれば、アクターはアイディアより利益を優先する。しかし、不確実性が高まると、アクターにとって何が利益になるのか、どのように利益が得られるのかが自明ではなくなる。アクターはアイディアに依拠して初めて自らの利益を確定できるのであり、このような状況では利益よりもアイディアに従って動くようになる。

　アイディア・言説の機能は、2つに分けられる。1つは、政治エリートの間で合意を調達する機能である。政治エリートの間でアイディアが共有されると、問題意識が統一されて、解決策が合意されやすい。これは**調整的言説**と呼ばれる。いま1つは、**コミュニケーション的言説**である。市民を説得し、支持を引き出し、政治へと動員する機能である（Schmidt, 2002a）。

　調整的言説とコミュニケーション的言説のどちらが重視されるかは、政策決定の集権度による。たとえば、イギリスでは政府の権限が強く、政策決定が集権的であるので、政治エリート間で調整する必要性は低い。ここでは、政府が市民を説得し、支持を引き出せるかどうかが福祉国家改革の成否を分ける。つまり、コミュニケーション的言説が重要である。ブレア首相は、「社会的排除」（⇒第 **6** 章）の解消と「機会の平等」をめざすことを目標に据えて、多くの市民から支持を集めることに成功した。

　一方で、分権的な政策決定がみられるオランダでは、多様なアクターが政治過程に参加するので、政治エリート間の合意がなければ福祉国家改革は進まない。ここでは調整的言説が重要である。オランダでは 1982 年にワッセナー合意が締結されたことによって、賃金の抑制や労働市場の柔軟化といった福祉国

家改革のアイディアが政治エリートの間で共有されていた。その後，政権交代があったが，政治エリートがアイディアを共有していたので，1990年代に入ってからも継続して改革を推し進めることができた（Schmidt, 2002b）。

党派性理論

党派性理論では，福祉国家の発展・変容は**政権の党派性**によって異なるとされる。党派性は，拡充期，縮減期，再編期を通じて重要な要因とみなされている。

初期の党派性理論においては，右派（保守）と左派の違いが強調された（Hibbs, 1977）。右派は経営者など比較的所得の高い人々から支持され，左派は労働者など比較的所得の低い人々に支持される。党派によって支持者が異なるので，政党は異なる福祉・経済政策の選好を持つ。右派政権は，インフレ率を抑制することを優先し，福祉を含む財政の出動に消極的である。他方で，左派政権は，インフレ率を抑制することよりも，福祉などの財政の出動を優先する。右派政権が長期にわたる国ほど社会支出が抑制され，左派政権が長く続く国ほど社会支出が増加すると考えられた。

福祉縮減期においても，政権の党派性が福祉国家を規定しているとみなされた。コルピらは，1975〜95年のOECD 18カ国を分析対象として，政権の党派性と福祉縮減の関連を分析している。その結果，社会民主主義政権下では福祉縮減は最も小さく，世俗的保守・中道政権下で最も大幅な福祉縮減が行われ，宗教政党（たとえばヨーロッパのキリスト教民主主義政党）の政権下での縮減幅はその中間に位置することが明らかにされている（Korpi and Palme, 2003）。

グローバル化とポスト工業化の時代においても政権の党派性は有力な要因と考えられている。ここで重要なのは，以前のような左右軸だけでは党派ごとの福祉選好の違いがとらえられないということである（Hieda, 2013）。ヨーロッパ諸国を対象としたS. ホイザーマンの研究では，まず福祉が「古い福祉政策」と「新しい福祉政策」に分けられる。古い福祉政策は，所得保障と雇用保障を指す。たとえば，正規労働者向けの年金や失業手当，雇用保護，家族への現金給付などである。これに対して，新しい福祉政策は，社会的投資（⇒第**6**章）と最低限の社会的保護を指している。育児・介護の社会サービス，職業訓練，

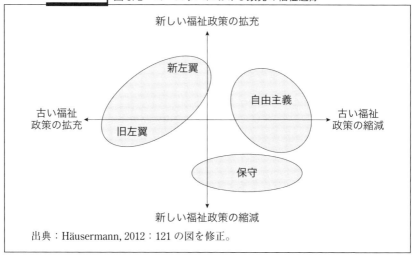

CHART 図5.2 ヨーロッパにおける政党の福祉選好

新しい福祉政策の拡充

新左翼

自由主義

古い福祉
政策の拡充

旧左翼

古い福祉
政策の縮減

保守

新しい福祉政策の縮減

出典：Häusermann, 2012：121 の図を修正。

（長期）失業者とワーキングプア向けの所得補助などが含まれる。これら2つのタイプの福祉政策についてそれぞれ拡充−縮減の軸を設定すると，自由主義，新左翼，旧左翼，保守主義が異なる選好を持っていることが指摘されている（Häusermann, 2012：図5.2）。

政治制度論

　福祉国家の展開を政治制度から説明する理論を紹介しよう。政権の党派性と同じく，政治制度も戦後のどの時期においても重要な要因としてみなされている。

　代表的な理論として，**拒否点**が挙げられる。拒否点とは，新しい政策の導入や政策転換を阻む政治制度を指している。たとえば，二院制，連邦制，憲法裁判所，国民投票などが挙げられる（Immergut et al. eds., 2007）。どこに拒否点があるかは各国で異なるが，こうした制度を利用することで，たとえ小さな集団であっても政策に拒否権を発動することができる。E. M. インマーガットは，スイス，フランス，スウェーデンの医療保険改革の分析から，小規模であるはずの医療専門家集団が，国民投票などの拒否点を用いることによって改革を阻んだことを示した（Immergut, 1990, 1992）。

　拒否点のなかでも連邦制に注目したのが H. オービンガーらである。彼らは，

権力の分散が顕著な連邦制においては政府の改革に対する障害が多く，改革を遅らせる**歯止め効果**がみられるとする（Obinger et al., 2005）。歯止め効果は，拡充期には拡充を遅らせ，縮減期には縮減を遅らせるように働く。ただし，政党のあいだで福祉政策の選好が似通っている場合には，歯止め効果は弱くなることが指摘されている。

　その他の政治制度に注目する研究もみられる。T. パーションらは，**選挙制度**（比例代表制か多数代表制か）と**執政制度**（議院内閣制か大統領制か）によって福祉政策が異なるとした。比例代表制のもとで当選した政治家は広範な有権者から票を得ているために，幅広く再分配しようとする。一方，多数代表制のもとで当選した政治家は，それぞれの選挙区で限られた数の有権者にだけ便益をもたらそうとする。つまり，多数代表制より比例代表制で福祉国家の規模は大きくなる。また，立法権と行政権が分立している大統領制では政策決定責任の所在が明確なので，増税などの不人気政策を行いにくいが，これに対して，立法権と行政権が融合しているために政策決定者が不明確な議院内閣制では，不人気政策を採用しやすい。つまり，大統領制より議院内閣制で福祉に必要な財源を確保しやすい。パーションらは，比例代表制で議院内閣制の国で最も大きな福祉国家が実現されると説いた（Persson and Tabellini, 1999, 2003；選挙制度の再分配については第 **8** 章第 ③ 節参照）。

　以上，福祉国家にかかわる政治経済学の理論を紹介した。産業主義理論が提起した経済的要因に代わって，政治的要因の重要性が認められてから，さまざまな理論が発展してきた。それぞれの理論は異なる問いを解き明かそうとした。権力資源動員論は，拡充期に焦点を当てて，なぜ福祉国家が分岐しているのか，という問いに答えようとした。経路依存性は，縮減期に入っても福祉国家が持続しているのはなぜか，なぜ各国で分岐したままなのかという問いを解こうとした。アイディア・言説理論は，福祉国家再編を方向づける要因は何か，再編はどのようなプロセスをたどるのかを解き明かそうとする理論であった。党派性理論と政治制度論は，拡充，縮減，再編の時期を問わず，福祉国家の分岐や発展・変容を説明しようとする理論である。

③ 日本の福祉政治

保守優位の福祉政治

　それでは，これまで紹介してきた主な政治経済理論を用いて日本の福祉政治を概観しよう。

　党派性の観点からみれば，日本では保守優位の福祉政治が行われてきたといえる。1955 年に保守合同が実現すると，自由民主党は日本社会党に対して優勢になる。自民党に対して社会党がおよそ半数の議席数にとどまる，一と二分の一政党制が成立した。その後，1993 年まで自民党政権が続いた。

　党派性理論では，右派（保守）政権下では福祉支出が抑制されると説かれた。当時の日本の比較的小さい福祉国家はこの観点から説明される。自民党は**生産第一主義**の立場に立ち，経済成長を優先し，再分配は二次的な問題としてきた。生産第一主義は，たとえば池田勇人政権の所得倍増計画のうちに表れている。

　ただ，日本を左右の二分法的な党派性理論のみから説明するのは難しい。というのは，自民党政権期にも福祉は拡充されたからである。岸信介政権の下で国民健康保険法と国民年金法が可決され，1961 年に**国民皆保険・皆年金**が成立する。国民全員を対象とした医療・年金制度は，先進国のなかでも早期に実現された。医療皆保険は世界で 4 番目，皆年金は 12 番目であった。社会党が立てた包括的年金をはじめとする福祉拡充計画を脅威と感じる自民党政治家が少なからずおり，票を奪われることを恐れたために，岸政権は社会党の政策を先取りしたのであった（キャンベル，1995）。

　保守優位という基本的な構図は変わらなかったとはいえ，これは時代とともに変化していった。革新自治体が増え，1970 年代に保革伯仲の時期を迎えると，自民党は福祉拡充に打って出る。田中角栄は 1973 年を**福祉元年**と位置づけ，年金や医療を大幅に拡充した。土建国家，つまり，1970 年代後半から本格的に始まった公共事業も自民党支持者が多い農村部を維持・発展させようとした政策であった。その背景には保守劣勢という状況があり，自民党は福祉を

通じて党勢を回復させようとしたのであった（新川，2005）。このように，たとえ保守政権であっても，左派政党が脅威となるときに福祉拡充が行われてきたといえる。

脆弱な労働勢力

　権力資源動員論では，強い労働勢力が福祉国家を発展に導くとされた。権力資源動員論から日本はどう説明されるのだろうか。

　日本の労働勢力は脆弱であった。労働組合の組織率は，北欧はもちろん，多くの大陸ヨーロッパ諸国と比べても低かった。ナショナルレベルや産業レベルの労働組合が強いヨーロッパとは違って，日本では企業別組合が活動の中心であるので，組織のまとまりは強くない（キャメロン，1987）。また，労働組合と社会党の内部では，福祉国家拡充をめざす集団が多数を占めていたわけではなかった。社会党左派は福祉国家の建設には批判的であり，福祉国家を，資本家が労働者に革命を放棄させるための手段とみていた。この点でも，福祉拡充を目標に掲げるヨーロッパの労働勢力とは異なっていた。

　1940年代後半に労働組合は急速に組織を拡大させたが，その後，東西関係の緊張にともなう逆コースによって左翼的労働運動が弾圧され，ドッジ・ラインと呼ばれる超緊縮財政が敷かれると，労働運動は深刻な打撃を受けて組織は縮小していく。組織内の対立も激しかった。階級闘争主義的な日本労働組合総評議会（総評）は労使対立路線を歩んだが，国際金属労連日本協議会（後の金属労協。自動車，電機，造船産業などの労働組合が結集する組織）は企業別組合を中心に，使用者に対して融和的な態度をとっていた。その一方で，使用者は着実に企業福祉の整備を進めた。1960年代に企業年金や住宅補助などが構築されることで，労働者の企業に対する忠誠心を育む企業福祉ができあがっていった。これは，労働勢力が企業を越えた福祉体制を求めることを困難にした（新川，2005）。

　政党をみると，社会党では福祉国家に批判的な党内左派が優位に立ち，「護憲平和−社会主義」路線が敷かれていた（新川，2007）。この路線は，総評の階級的労働運動によって支えられた。

アイディア・言説と政治制度

　経路依存性は，縮減期の福祉国家の展開を説明する理論である。けれども，日本の福祉縮減期に当てはめるのは難しい。日本では，企業や業界ごとに生活保障の仕組みが異なっているため，広範な受益者ネットワークが育たなかった（新川，2011；宮本，2008；⇒第**4**章）。受益者の組織化が進んでいなければ，経路依存性は弱くなる。こうして日本では1980年代から本格的な福祉縮減が可能になった。

　日本では，他国に先立ってアイディア・言説の政治が展開された。労働組合も受益者ネットワークも弱いということは，組織に束ねられていない人が多くいるということである。こうした社会では，アイディア・言説によって人々が政治的に動員される余地が大きい。

　オイルショックによって福祉拡充の流れが止まり，低成長期に入ると，次第に大きな政府が批判されるようになる。こうした背景から影響力を持ったアイディアが，**日本型福祉社会論**であった。ここでは，福祉国家は，人々を公共サービスに依存させ，自立の精神を蝕むものとして否定的に評価された。そして，個人の自助努力・家族や地域社会の相互扶助を軸とした「新しい福祉社会」をめざすべきであり，政府は福祉から手を引くことが望ましいとされた（新川，2005）。

　1981年，鈴木善幸政権下で第二臨調が示した答申は，日本型福祉社会論とあわせて**増税なき財政再建**を打ち出した。1979年の選挙で消費税導入をうたって（選挙期間中に撤回）敗北した自民党には，財界からも批判が相次いでいた。こうして，増税による財政再建は立ち消え，歳出削減と福祉縮減が前面に押し出されることになった。中曽根康弘政権による医療・年金の縮減は，これらのアイディアが政治エリートに受け入れられたことで可能になった。

　政治制度の変化も福祉国家改革を後押しした。1993年に誕生した細川護熙政権は，中選挙区制を小選挙区比例代表並立制に改革し，政党助成法を可決し，政治資金規正法を改正した。これらは政党執行部の権力を強める結果となった。さらに，橋本龍太郎政権は内閣府の権限を強化するための法律を成立させた（実際の設置は橋本退任後の2001年）。こうして，トップダウン型の福祉政治が可

能になる（田中, 2017）。

　小泉純一郎政権はこうした政治制度の変化を利用して，トップダウンの改革を実施した。官邸に設置された経済財政諮問会議を利用し，党内の利益調整過程を迂回する戦術をとった。小泉政権は，医療保険の自己負担を増やし，年金の給付水準を抑制するなど，福祉縮減改革を実行していく。また，公共事業費を削減し，派遣（非正規）労働を原則自由化することによって，雇用レジーム（⇒第4章）を縮小した。小泉政権の大規模な改革は，「聖域なき構造改革」や「改革なくして成長なし」などの言説によって，人々に改革の果実を期待させることで可能になった（宮本, 2008）。

　しかし，トップダウン型の政治が可能になり，アイディア・言説による政治的動員の余地があるとしても，いつでも改革が進むわけではない。2009年に政権を奪取した民主党は，広範な福祉制度改革をうたっていた。小沢一郎が党首になってからは「国民の生活が第一」というスローガンのもと，市場原理の重視から再分配の重視へと路線を転換していた。しかし，政権を獲得したあと，公共事業・補助金の削減や家族政策の拡充などの改革は実施したが，計画されていた年金，医療，労働市場などの改革はほとんど実現できずに終わった。その理由として，利益表明の場を奪われた与党議員が内閣主導の政策決定に反発したこと，官僚や閣僚の事前調整を抑制したために省庁間・政策間の連携がとれなかったこと，政権の政策を統括し指揮する総合戦略部署が設置されなかったことが指摘されている（伊藤・宮本編, 2014）。

読書案内　　　　　　　　　　　　　　　　　　　　　**Bookguide** ●

G. エスピン-アンデルセン／渡辺雅男・渡辺景子訳『ポスト工業経済の社会的基礎——市場・福祉国家・家族の政治経済学』桜井書店，2000年。
⇒ジェンダー福祉国家論からの批判を踏まえつつ，ポスト工業化社会における福祉国家変容について論じている。

クリストファー・ピアソン／田中浩・神谷直樹訳『曲がり角に来た福祉国家』未來社，1996年。
⇒戦後の先進国の福祉国家発展が，政治経済学の理論から説明される。

新川敏光『日本型福祉レジームの発展と変容』ミネルヴァ書房，2005年。
⇒権力資源動員論を軸にして，戦後日本の福祉国家を論じている。

福祉国家のゆくえ

QUESTIONS

1. 福祉国家改革の構想にはどのようなものがあるだろうか。
2. 国家，市場，家族ではない福祉供給主体とは何だろうか。
3. 移民が増加することによって福祉国家はどのように変化するのだろうか。

KEYWORDS

ポスト工業化　　新しい社会的リスク　　ワークフェア　　社会的投資　　ベーシック・インカム　　福祉多元主義　　サードセクター　　進歩主義のジレンマ　　多文化主義政策　　福祉排外主義　　右翼ポピュリスト政党

1 本章の課題

　これまで，福祉国家の「危機」はたびたび表明されてきた。たとえば，1980年代に R. レーガン米大統領や M. サッチャー英首相は，福祉国家は拡大されすぎて持続可能でなくなったと訴えて，福祉削減によって危機を克服しようとした。

　現在でも福祉国家の危機を叫ぶ声が小さくなったとはいえないだろう。特に

日本では福祉国家が行き詰まっていると感じる人が多くなっていても不思議ではない。少子高齢化，貧困の広がり，財政赤字の増加といった難題に直面して立ち往生する日本の現状をみていると，福祉国家はこのままでは立ち行かないと考えるのも無理はない。

　福祉国家一般についていうなら，グローバル化とポスト工業化が福祉国家の危機をもたらすと考えられてきた。経済のグローバル化の時代には，各国政府は，企業が国外へ逃避しないように優遇する必要に迫られる。企業の税負担を削減し，税収が減少すれば，自ずと福祉国家は縮減されることになる。一方で，ポスト工業化によってサービス産業の比重が増すと，経済成長が鈍り，福祉財政を圧迫する。これも福祉国家の縮小につながる。

　近年では，移民の増加も福祉国家の存立基盤を掘り崩すといわれる。福祉国家は，国民の相互扶助の仕組みであり，国民の連帯のうえに成り立っている。移民が増えて，国民の間で人種・民族・文化的多様性が高まると，国民の連帯は損なわれる。結果として，福祉国家は縮小へと向かうと考えられる。

　こうしてみると，福祉国家の危機は差し迫っているように思われる。では，このような時代に福祉国家はどのように変化しているのだろうか。縮小を余儀なくされているのか。改革の動きはあるのか。本章で学んでいこう。

 ## 福祉国家変容への圧力

▌経済のグローバル化▐

　まず，福祉国家にかかる圧力について検討しよう。福祉国家を脅かすものとしてしばしば取り上げられるのが，経済のグローバル化である。

　経済のグローバル化が福祉縮減の圧力になるという見方がある。ブレトンウッズ体制が崩壊し，資本の自由移動が活発化すると，**底辺への競争**が起こる（Mishra, 1999）。国際競争が激しくなると，各国政府は企業を自国にとどまらせ，直接投資を呼び込むためにも，企業負担を削減する必要に迫られる。企業にかかる税金を減らせば，財政支出は制約され，福祉支出はカットされる。また，

企業を優遇するということは，使用者を強めることを意味する。国内の労使の権力バランスが変化して，福祉国家の発展をもたらした労働勢力が劣勢に陥れば，福祉縮減の流れが加速すると考えられる。

　その一方で，経済のグローバル化は必ずしも福祉縮減を導くものではないともいわれる。経済のグローバル化は，国際競争にさらされて不安定な立場に置かれる人々を生み出し，福祉を求める声が高まる。これは労働勢力の力を増強する結果になり，むしろ福祉国家を拡大させる要因になりうる（ギャレット，2003）。また，企業が国境を越えて自由に移動できるといっても，インフラが未整備で，治安が悪く，熟練度の低い労働力しかない国に生産拠点を構えるわけではない。むしろ国家はインフラ整備，人的資本投資，治安対策に積極的になると考えられる。これは福祉を含む公共支出の拡大を招く（⇒詳しくは第**2**章）。

┃ポスト工業化と「新しい社会的リスク」┃

　グローバル化とならんで，**ポスト工業化**にともなう経済・社会変容も福祉国家への圧力となる。ポスト工業化とは，先進国にみられる製造業（第2次産業）から情報・サービス産業（第3次産業）への移行という産業構造の転換を指している。2018年のデータをみると，日本を含めた主要国の就業者のおよそ7割が第3次産業で働くようになっている（図6.1）。

　ポスト工業化は福祉縮減の圧力を生み出すといわれる。製造業中心であれば，生産技術の革新によって生産性上昇が見込まれるが，ポスト工業化社会で主流になるサービス産業では，技術の発展による生産性の上昇が起こりにくい。生産性が上昇しなければ，賃金上昇は抑えられ，経済成長が鈍る。その結果，福祉財政は逼迫して，福祉縮減へと向かう（Pierson, 2001）。

　他方で，ポスト工業化は福祉拡大の圧力にもなりうる。「古い社会的リスク」に加えて「**新しい社会的リスク**」が現れるからである。新しい社会的リスクとは，ポスト工業化社会への移行にともなう経済・社会的変化によって，人々がそれぞれのライフ・コースにおいて直面するリスクを指している（Taylor-Gooby, 2004）。

　従来は，疾病，高齢，失業が主なリスクであり，福祉国家はこれらの古い社

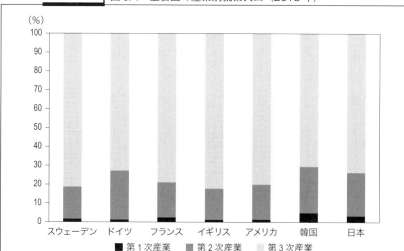

CHART 図6.1 主要国の産業別就業人口（2018年）

注：第1次産業は農業・林業。第2次産業は製造業，建設業，鉱業。第3次
　　産業は，卸売・小売，宿泊・飲食，不動産，運輸・通信など。単位：％。
出典：『データブック国際労働比較2019』より作成。。

会的リスクに対応してきた。主な福祉プログラムは，医療保険，年金保険，失業保険であった。しかし，ポスト工業化の時代になると，こうした福祉プログラムだけでは人々が貧困に陥ることを防げなくなった。なぜなら，これまでの福祉国家が前提としてきた，安定した雇用と家族によるケアが失われ，新しい社会的リスクが生じたからである。

　雇用をみると，サービス産業が拡大することによって，市場のニーズに応じて短期・短時間で柔軟に働くことが求められるようになる。このような働き方が広がると非正規労働が増え，雇用は不安定で低賃金になる。貧困リスクが高まると同時に，それまでのように男性正規労働者が自身と家族が生活するに足る賃金を稼ぐことが難しくなる。

　家族をみると，非正規労働の増加によって男性稼ぎ手モデルが維持できなくなり，女性はますます労働市場に参入するようになる。その結果，主に女性が担ってきた家庭内でのケア労働（家事，育児，介護など）が不足する。また，ライフ・コースの多様化と少子化・高齢化（図6.2）は家族形態を変化させ，1人親世帯や高齢者1人世帯が増える。こうした家族ではそもそも家庭内でケアを

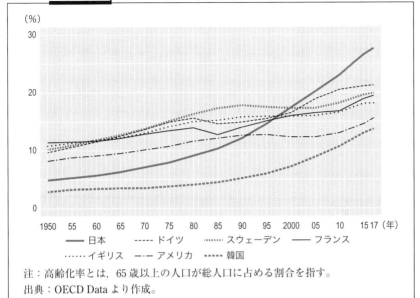

注：高齢化率とは，65歳以上の人口が総人口に占める割合を指す。
出典：OECD Data より作成。

提供する人材がいない。

　このように，ポスト工業化は従来の福祉国家が想定していなかった生活上の
リスクを生み出す。福祉国家は，古い社会的リスクとあわせて新しい社会的リ
スクへの対応を迫られるようになる。

　福祉国家改革の構想

▌社会的投資▌

　新しい社会的リスクへの対応策として注目を集めたのが，**社会的投資**である。
社会的投資は，福祉を人的資本への「投資」ととらえる。主に教育や社会サー
ビスを充実させることで人的資本形成を促し，個人の就労可能性を高める。こ
うして，雇用が不安定化し，家族形態が変化する状況下でも，人々はリスクに
備えることができる。より具体的にいうと，社会的投資では，就学前教育，生

涯教育，職業訓練を通じて職業技能を獲得しやすくしたり，保育，介護，生活困窮者支援などの社会サービスを行って就労しやすい環境をつくることが重視される。積極的労働市場政策によって就労を促し，良質な雇用を生み出すための施策も含まれる。

このような社会的投資政策は，2つの点で従来の福祉政策とは異なる。1つは，従来は労働市場を退出した後に給付が行われたのに対して，社会的投資は労働市場に参加するための政策を重視する点である。もう1つは，従来は男性正規労働者の保護に力点があったのに対して，社会的投資は，主として，女性，子ども，若者への施策を求める点である。さらにいえば，社会的投資は，世界的な新自由主義の流れのなかで登場した**ワークフェア**とも違う。ワークフェアは，福祉給付の削減や受給要件の厳格化を通じて，受給者に制裁を課すことで就労を促す。これに対して，社会的投資は，人的資本の形成や支援サービスを強化することによって就労を促進する。これらの意味で，社会的投資は，これまでの福祉国家のあり方に見直しを迫り，福祉再編へと導くアイディアでもある（Morel et al., 2012）。

社会的投資では，単に生活保障を充実させるだけではなく，これを通じて見返りを得ることが想定されている。それは「社会的見返り」と「経済的見返り」の2つに分けられる。社会的見返りとは，人々に良質な生活を提供することと連帯意識の強い社会を構築することを指している。経済的見返りとは，優れた労働力をつくり出すことによって経済成長や将来の税収増加が見込めるということを意味する（濱田・金，2018）。

ただ，社会的投資の内容をめぐっては論者によって相違もみられる。社会的投資を，所得保障より教育・社会サービスに力を注ぐ戦略ととらえるのか，それとも所得保障と教育・社会サービスのどちらも重視する戦略ととらえるのか（ギデンズ，1999；Hemerijck, 2015）。所得保障を削って教育や社会サービスに資源を回すのであれば，個人のリスクを減らすことにならないとの批判がある（エスピン−アンデルセン，2011；Cantillon, 2011）。

では，各国はどの程度，社会的投資を拡大させているのだろうか。貧困の広がりと格差の拡大によって新自由主義の限界が指摘された1990年代後半から，社会的投資は広く受け入れられたといわれる（千田，2018）。ただ，社会投資へ

の取り組みは各国で一様にみられるわけではない。ヨーロッパでは，北欧諸国が積極的に社会的投資を進める一方，中・東欧諸国は消極的である（Kuitto, 2016b）。東アジア諸国では社会的投資は浸透しつつあるが，所得保障が不十分なまま，あるいは所得保障を削って，育児や介護の社会サービスを拡大するところに特徴がある（金，2018）。

政策別にみると，1980年代〜2000年代半ば，OECD諸国全体の教育政策への政府支出は減少している（Nikolai, 2012）。職業訓練を充実化させたり，子どもを持つ女性の就労支援を行う国は増えつつあるが（Bonoli, 2012；Morgan, 2012），福祉国家を「社会的投資国家」へと転換させる試みは，道半ばといえる。

┃ ベーシック・インカム ┃

社会的投資は，就労可能性を高めるために社会保障を用いるという構想であった。そこでは，雇用と社会保障は強く結びつけられる。その一方で，新しい福祉の構想のなかには，雇用と社会保障を切り離そうとするものもある。それが**ベーシック・インカム**である。

原理的には，ベーシック・インカムは現金を一律に給付するという単純な仕組みである。ただ，具体的な制度構想は多様であり，それゆえに左派右派を問わず支持／反対がみられる。

まずは最もラディカルである**完全ベーシック・インカム**から説明しよう。完全ベーシック・インカムは，就労意欲があるかどうか，貧しいか豊かか，生活を共にするものがいるかどうか，そして，国内のどこに住んでいるかにかかわらず，政府からすべての市民に支払われるものである（ヴァン・パリース，2009）。それだけで生活が可能な水準の金額が，個人単位で，定期的に支給される。社会保険や公的扶助による現金給付はすべて廃止され，完全ベーシック・インカムに置き換えられることになる。

完全ベーシック・インカムが実現されれば，人々は賃労働へと駆り立てられなくなる。受給資格を判定するための資力調査はなくなり，これにともなう**スティグマ**（恥辱の烙印。福祉を受けることを恥ずかしいと感じたり，屈辱感を持つこと）から解放される。資力調査にかかる行政費用も節約できる。また，女性の

経済的な独立性を高め，性別分業のあり方が見直されることになる（小沢，2002；フィッツパトリック，2005）。

完全ベーシック・インカムのほかには，さまざまな限定や条件を付けて給付するタイプがある。

第1に，期間を限定して給付するものである。これにはスウェーデンで2005〜07年に実施されていた「フリーイヤー」が該当する。フリーイヤーは，すべての市民に対して，3カ月以上最長1年にわたって仕事を離れて暮らすことを認め，その期間，失業手当の85％を給付するものであった。教育，介護，休息など仕事を離れる理由は何であってもよい（宮本，2013）。

第2に，社会参加を条件とするものである。A. アトキンソンの**参加所得**がこれにあたる（Atkinson, 1995）。就労だけでなく，地域活動，教育，子育て，ボランタリー・ワークなどの幅広い活動を社会参加とみなして，給付の条件とする。アトキンソンは，病気，けが，障害，加齢によって参加が困難な者にも別途給付されるとした。

第3に，所得を条件とするものである。これは**負の所得税**と呼ばれる。M. フリードマンは，社会福祉政策と最低賃金を廃止して，一定の所得水準を下回ったすべての人々に給付する仕組みを提唱した（フリードマン，2008）。具体的な例を挙げると，J. トービンは，子どもを含めたすべてのアメリカ人に年間400ドルの給付を行い，自己所得1ドルにつきこの400ドルから3分の1ドルずつ減らし，自己所得が1200ドルになった段階で逆に課税していくという仕組みを考案している（Tobin, 1966）。

条件付きベーシック・インカムは，既存の福祉制度と組み合わせて用いられることが想定されており，その役割は所得を補完することに限定されている。したがって，人々を賃労働から解放するようなラディカルな性格を持たないが，その半面で政治的合意の可能性は高まると考えられる。一方，完全ベーシック・インカムに対しては根強い反発がある（新川，2014）。就労義務を果たす者だけが福祉の権利を得るべきだという考え方（福祉契約主義）に反していることや，働く必要がないほどの額を支給すれば誰も働かなくなってしまうのではないかというフリーライダー問題を抱えていることが理由である。大きな財源を必要とすることや，高所得層にまで一律の給付をすることに意義を見出しに

くいという点も問題視されている。実現には高いハードルがあるのは間違いないが，たとえばヨーロッパでは一部の左派政党や海賊党（特許制度の廃止や著作権の制限などを訴えている政党）が条件なしのベーシック・インカムを掲げていることから，捨て去られた構想とまではいえない。

4 多元化する福祉

新自由主義と福祉多元主義

　社会的投資とベーシック・インカムという構想は，世界的に広がった**新自由主義**的政策への代替案として注目を集めた。新自由主義では，人間の合理性には限界があるとして，福祉国家のような人為的な計画主義が退けられ，市場経済における競争を通じて人間の自律性が育まれるとされる。その代表的論者であるF.ハイエクやフリードマンは，市場経済を守り，最低限の所得保障を行うという意味で政府に一定の役割を認めていた（ハイエク，1992；フリードマン，2008）。しかし，経済のグローバル化によって国際競争が激しさを増すなかで，新自由主義は，公共支出を削減し，規制緩和や民営化を進めるアイディアへと変化していった。

　新自由主義が受容されると，政府は行政組織のスリム化と行政サービスの効率化を求められるようになる。福祉分野でも民営化が進められ，これまで公的に行われてきた福祉サービスが政府の外に押し出され，民間に業務委託される。民間委託は，営利企業だけでなく，非営利組織にも活動の場を提供するため，ますます多様なアクターが福祉を供給することになる。このような福祉のあり方は，**福祉多元主義**と呼ばれる（Evers and Svetlik eds., 1993）。

　当初，民営化ではコスト削減と効率化がめざされていたが，次第に民間アクターの福祉サービスの質が重視されるようになっている。特に，**社会的排除**の問題は，政府の画一的な政策では対応が難しいことから，民間アクターへの期待は大きい。社会的排除は，金銭的な困窮と人間関係・教育・社会保障からの排除が連鎖することを指しており（岩田，2008；阿部，2007），こうした人々を

社会に包摂するためには，経済面だけでなく，家族関係，職業技能，生活能力などの状況を把握して個別のニーズに応えていくことが求められる。民間のアクターは個々人の事情に機動的かつ柔軟に対応できるとして，積極的に評価されるようになった。

┃ サードセクターと社会的企業 ┃

　民間組織のなかでも福祉供給の重要な担い手とされるのが，**サードセクター**である。サードセクターとは，伝統的な民間営利セクターにも公的セクターにも属さない事業体を指す。協同組合，共済団体，非営利組織がこれに該当する。

　サードセクターは，市民によって設立され，民主的かつ自律的に運営される組織である。営利を第1の目的とせず，コミュニティや社会の問題を解決するために活動する。利潤を生み出すこともあるが，それは事業やコミュニティに再投資される。運転資金として，利潤のほかに公的資金を利用するケースもある（ドゥフルニ，2004；エバース＝ラヴィル，2007）。なお，日本では，官民共同出資の事業体を第3セクターと呼ぶのが通例だが，これはサードセクターとは区別される（向井，2015）。市民による自発的な結成や民主的な運営といったサードセクターの特徴が当てはまらないからである。

　近年では，**社会的企業**という新しいタイプのサードセクターが増えている。社会的企業とは，社会的な目的のために行われる企業家的活動を指している（ドゥフルニ，2004）。サードセクターの特徴は社会的企業にも当てはまるが，社会的「企業」と呼ばれるとおり，利潤を生み出し，これをメンバーやコミュニティに還元することも重視している。有名なのは，産業構造の転換によって失業者が急増したグラスゴーで，長期失業者を期限付きで雇用して再就職を支援したワイズ・グループである。この社会的企業は，公営住宅修繕と地域環境保全を行って，雇い入れた失業者に賃金を支払いながら，就職のためのトレーニングを提供して労働市場への復帰を助けた。プロジェクトに参加した失業者は，公的職業訓練の修了者をはるかに上回る再就職率を示したため，幅広い注目を集めた（今井，2011；宮本，2013）。

　サードセクターの問題点として，財政的に不安定であること，組織が次第に官僚制化して柔軟性を失うこと，公的資金を受けることで政府から自律的でな

くなることなどが指摘されてはいるが（後，2017），サードセクターは多くの福祉国家で拡大している。

国家の「上」の福祉

　福祉多元主義の流れは，国家のなかだけでみられるわけではない。国家の上，つまり，グローバルな次元での福祉供給主体も重みを増している。国際機関は福祉を供給するだけでなく，各国の福祉国家の政策展開に影響を及ぼすアクターでもある。

　なかでも EU は社会的包摂やフレクシキュリティ（フレキシビリティとセキュリティを合わせた造語で，柔軟な労働市場＋充実した社会保障を意味する）のアイディアを発信しており，国際機関のなかでは福祉に積極的だと考えられている。

　欧州統合の過程では，共通市場の形成をめざす「**消極的統合**」が進む一方で，福祉政策の発展を意味する「**積極的統合**」は遅れているといわれてきた（Scharpf, 1999）。1957 年に調印されたローマ条約には社会政策立法の規定がないために，欧州経済共同体（EEC）は独自の政策を打ち出すことができなかった。1987 年にローマ条約が改正され，同年に欧州単一議定書が発効された後，限定的ではあるが福祉政策を打ち出すことが可能になる。1993 年発効のマーストリヒト条約には社会政策条項が付随され，福祉政策は EU の共通政策の1つに数えられるようになった。2000 年に採択されたリスボン戦略は，2010 年までに加盟国の就業率を 61％ から 70％ に引き上げるという数値目標を設定して，各国政府に政策実施を促している。2009 年発効のリスボン条約では，社会的排除との闘いが EU 福祉政策の主要な目的として位置づけられた。

　このように EU は福祉政策への関与を強めてきたが，EU が直接的に行う福祉政策をみれば，それは依然として貧困や社会的排除への対応などの「ミニマムの保障の確保」に限られている（網谷，2011）。他の国際組織と比べれば福祉に積極的ではあるが，独自の年金や医療などの制度を持たない EU は，加盟国の福祉国家を代替するような存在ではない。

　しかし，福祉分野での EU の影響力が無視できるものではないこともまた確かである。EU は以下の3つの手段で加盟国の福祉政策に影響を及ぼしてきた（de la Porte, 2019）。

　　第 1 は，社会的規制である。EU レベルで法的基準や規範が形成され，それ
が各国の政策を規定する。例として，雇用における非差別原則（性別，人種・
民族，障害など）や労働法制（労働時間や有給休暇など）が挙げられる。この分野
では，EU 指令に従って加盟国が政策を実施している。

　　第 2 は，ハードな調整である。EU によってつくられた政策調整の仕組みが
拘束力を持ち，各国の政策実施が監督・促進される。たとえば，1997 年の安
定・成長協定における財政収斂基準であり，単年度で GDP の 3% を上回る財
政赤字を出した国には制裁を課すこともある。

　　第 3 は，ソフトな調整である。EU によって政策調整が促されるが，各国に
政策実施を促す仕組みが弱いことを特徴としている。ソフトな調整は，EU の
福祉政策で主に採用されている。たとえば，欧州雇用戦略がこれに該当する。
EU はヨーロッパレベルで政策目標と評価基準を作成する。加盟国はそれに沿
って具体的な政策を決定・実施し，その実施状況は EU によって定期的に評価
される。EU は開放型調整様式を通じて加盟国が「成功事例」を学ぶ機会を提
供し，加盟国の改革を後押しすることで EU 全体の共通目標を達成しようとす
る。つまり，EU は法的拘束力によって加盟国を垂直的に統制するのではなく，
政策学習や政策アイディアの伝播を促している（Radaelli, 2003）。

る国際機関もある（Schäfer, 2004）。ソフト・ローとは，法ではなく，非拘束的な規範的合意を指している。ハード・ローとは異なり，ソフト・ローを形成するのは比較的容易で，実施面で各国が拘束されることもない。たとえば，ILO は生活環境や労働条件について，OECD は各国の福祉国家改革の方向性について提言することで，ソフト・ローを生み出している。

　国際条約の批准や国際機関への加盟が各国の福祉国家を変化させることは広く認められている。しかし，すべてのソフト・ローが福祉国家に影響を及ぼしているわけではない。たとえば，ある国が ILO 条約を批准すると社会支出が増加することが指摘されているが（Strang and Chang, 1993），その一方で，OECD が示す福祉国家改革プランが各国の改革に与える影響は限定的だといわれている（Armingeon, 2004）。

 # 5　移民と福祉国家

福祉国家と国民国家

　本章の冒頭では経済のグローバル化のみを取り上げたが，人々が国境を越えて移動することもまたグローバル化の一側面である。第 2 次世界大戦後，労働移民が活発化し，先進国には多様な人々が移り住むようになった。冷戦後も人々は移動し続けており，その多くは高所得の国に向かっている（図6.3）。

　移民の増加は，福祉国家にとって大きな挑戦になる。これまで多くの福祉国家は国民国家を基礎として発展してきた。「同質的な」国民であり，お互いに社会の一員として承認するがゆえに，福祉国家を通じて相互に生活を保障することが正当化されてきた。しかし，移民が増えると，誰を社会の構成員として承認して，再分配の対象とするのかが自明でなくなる。つまり，福祉国家の境界線が不明瞭になり，どこに線が引かれるべきかが問われることになる。

　福祉国家と移民を結びつけて論じるようになったのは，比較的最近である。以下では主要な研究を取り上げて論じるが，研究は発展途上にあることと，ほ

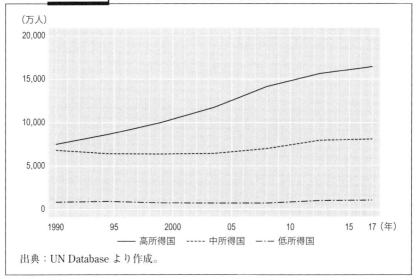

（万人）

20,000

15,000

10,000

5,000

0

1990　　　95　　　2000　　　05　　　10　　　15　17 (年)

―― 高所得国　----- 中所得国　-・- 低所得国

出典：UN Database より作成。

とんどの研究がヨーロッパと北米を対象としていることをあらかじめ断っておきたい。

進歩主義のジレンマ

　移民と福祉国家の関係については「**進歩主義のジレンマ**」という仮説がよく知られている。これは，移民と福祉の2つの分野で同時に進歩主義的な政策がとれないことを意味している。つまり，寛大な移民政策と寛大な福祉国家は両立しえないということである（Goodhart, 2004；Bommes and Geddes, 2000）。

　寛大に移民を受け入れることで**社会の多様性**（文化，民族，人種的多様性）が高まると，国民の同質性が損なわれる。その結果，同質的な国民がお互いの生活を保障する仕組み，つまり福祉国家は縮小せざるを得ない。こうした主張を裏づけるのが，A. アレシナらの研究である。彼らは，なぜアメリカの福祉国家は小規模なのか，という問いを立てて，ヨーロッパ諸国との比較を試みる。両者の社会支出の違いを説明する要因として，選挙制度，政治体制の集権度，貧困観も取り上げられたが，なかでも社会の多様性が重要であるとされた。アレシナらは，人種的多様性が顕著なアメリカでは社会支出が抑制されるが，国民が同質的であるヨーロッパ諸国では社会支出が拡大すると説いた（Alesina and Glaeser, 2004；Alesina et al., 2001)。

　社会の多様性は，一般的な他者への信頼感（**一般的信頼**）も損なうとされた。市民は相互に信頼しあうことで，寛大な福祉国家を支持するようになる（Daniele and Geys, 2015)。国際比較でみると，一般的信頼が最も高い北欧諸国で，最も大きな福祉国家が実現されている。(Rothstein, 1998；Rothstein and Uslaner, 2005)。R. パットナムは，アメリカを事例とした研究で，社会が多様化すると，少なくとも短期的には同質的な集団への信頼感すら失われると指摘する（Putnam 2007)。市民が信頼し合わなくなれば，福祉国家の寛大さは損なわれると考えられる。

　このように，社会の多様性は福祉国家の発展を阻害すると考えられた。進歩主義のジレンマの想定どおりといえる。しかし，これらの研究には反論が寄せられている。従来の研究ではアメリカの比重が大きかったが，主にヨーロッパ諸国を対象とした研究からは，社会の多様性が福祉国家の規模を縮小したり，一般的信頼を損なうという結果は得られなかった（Taylor-Gooby, 2005；Gesthuizen et al., 2009；Crepaz, 2008)。

　一方で，寛大な移民政策を**多文化主義政策**と読み替えて，多文化主義政策と寛大な福祉国家が両立可能かどうかについても検討が進められている。多文化主義とは，社会における文化や民族的な差異を対等に承認し，包容する考え方を指す（キムリッカ，1998)。具体的にいうと，憲法や議会で多文化主義を是認したり，移民や少数民族に母（国）語を勉強する機会を提供したり，それぞれの文化を保護する活動を支援したり，二重国籍を承認するような政策を指している。

　進歩主義のジレンマに従えば，多文化主義と寛大な福祉国家は両立できないので，多文化主義政策が進展すれば福祉国家は縮小に向かうと考えられる。これに異論を唱えたのが，K. R. バンティングらである。彼らは，移民（たとえば，トルコからドイツにやって来た労働移民），少数民族（たとえば，スペインのバスク人），原住民（たとえば，オーストラリアのアボリジニ）への多文化主義政策が社会支出にどのような影響を及ぼすのかについて検討した。OECD 主要国を分析した結果，多文化主義政策は 1980～2000 年の社会支出の対 GDP 比に影響を及ぼしていないことがわかった。移民向けの多文化主義政策に限っていうと，

これが強い国では，これが中位・弱い国より社会支出の対 GDP 比と再分配率の上昇幅が大きいことが明らかになっている（Banting et al., 2006）。

　多文化主義政策は市民間の信頼と福祉国家への支持態度を強める。こう説くのが，M. クレパスである。国レベルの分析では，1981〜2001 年に，OECD 主要国のうち多文化主義政策の強い国で一般的信頼が高まっていること，多文化主義政策の弱い国で一般的信頼が低下していることが指摘される。個人レベルの分析では，外国生まれの人口の割合が高いこと，つまり社会の多様性は他者への信頼を下げる効果を持つが，それ以上に多文化主義政策が信頼を底上げすることが示されている。あわせて，多文化主義政策が福祉国家への支持態度を強めることも明らかにされた。クレパスも進歩主義のジレンマの妥当性に疑問を投げかけている（Crepaz, 2006）。

　多文化主義と寛大な福祉国家は両立可能であるとする研究に対しては，異論も出ている。たとえば，多文化主義政策と寛大な福祉のどちらも実施している国では移民の社会統合が失敗するという研究結果が示されており，やはり両立は困難であるといわれた（Koopmans, 2010）。進歩主義のジレンマをめぐっては，いまも議論が続いている。

▎福祉排外主義 ▎

　進歩主義のジレンマでは，主として福祉国家の寛大さに焦点が当てられていた。しかし，福祉国家がその規模を維持したまま，再分配から移民だけを排除することがありうる。こうして，**福祉排外主義**（福祉ショービニズム）が論じられるようになった。福祉排外主義とは，福祉国家的な再分配政策の対象から移民を排除して，再分配が行われる範囲を「自国民」に限定しようとする立場を指している。

　先進国では，その国で生まれた人と外国生まれの人の間で，福祉国家がもたらす脱商品化（⇒第 4 章）の効果が違う。一般の市民と比べると，移民は十分な福祉を受けられず，相対的貧困率が高い（Sainsbury and Morissens, 2012）。市民意識調査からは，市民が移民に抱く連帯感は希薄で，貧困リスクの高い集団（高齢者，障がい者，失業者，移民）のうちで移民の生活状況への関心が最も低いことがわかっている（Van Oorschot, 2008）。移民が社会的連帯の外に押しやられ

て，相対的に福祉から排除されているという福祉国家の形は，福祉排外主義の考え方に合致している。

　ただ，福祉排外主義の広がりは，どの国でも一様にみられるわけではない（Crepaz and Damron, 2009；Van der Waal et al., 2013；永吉，2018）。論争はあるが，再分配のあり方（選別主義か普遍主義か）と脱商品化（⇒第4章）の程度によって異なると考えられている。貧困層をターゲットとした**選別主義**的な福祉国家では，拠出者（中間層以上の人々）と受給者（貧困層）が分断されている。中間層以上の人々は福祉に拠出し，貧困層を対象としている福祉制度から恩恵を受けない。貧困層は主に受給し，拠出を求められない。脱商品化の程度が低く所得が不平等であることも，拠出者／受給者の分断を深める。このような社会では，移民は福祉国家に貢献するのではなく，もっぱら福祉国家を利用するものとしてみなされる。結果として，福祉排外主義が強まる。一方で，幅広く再分配を行う**普遍主義**的な福祉プログラムが発展してきた国々では，多くの人は拠出者でもあり受給者でもあるので，拠出者／受給者の分断が起こりにくい。脱商品化の程度が高く，所得の平等性が高いことも社会の分断を弱める。このような社会では，移民は福祉を利用するだけの存在とはみなされない。結果として，福祉排外主義は拡大しない。

　政党政治をみると，普遍主義的で寛大な福祉国家が多いヨーロッパにおいても，福祉排外主義的な政策を掲げる政党が台頭している。これに当てはまるのは，**右翼ポピュリスト政党**である。ポピュリスト政党の支持者には，所得が低く福祉の恩恵を受ける人々が多いため，左翼と右翼のどちらのポピュリスト政党も福祉国家を守ろうとする。資本家対労働者を強調する左翼ポピュリスト政党と比べると，右翼ポピュリスト政党は移民と「自国民」の対立を焦点化し，雇用や福祉給付の面で「自国民」を優遇するよう求める（Visser et al., 2014；Pauwels, 2014；Rydgren, 2003）。

　右翼ポピュリスト政党が台頭していることをとらえて，ヨーロッパ市民の間でも福祉排外主義が拡大しているといわれることがある。しかし，福祉排外主義の拡大は，右翼ポピュリスト政党を押し上げる要因の1つに過ぎないと考えられている。そのほかの要因としては，グローバル化とポスト工業化によって多くの人の生活が不安定になっていること（グローバル化の敗者論），期待して

いた生活水準を満たせない人が増えていること（相対的剥奪論），既成政党が市民の利益を表出できなくなっていること，既成政党が掲げる政策に違いがなくなっていること，欧州統合によって国民国家の自律性が脅かされているという危機感が高まっていること（欧州懐疑主義論）などが指摘されている（Rydgren, 2007；Mair, 2009；Werts et al., 2013）。

　以上でみてきたように，グローバル化，ポスト工業化，移民増加の時代に，福祉国家は変容を迫られてきた。それは単なる縮減への道ではなく，福祉国家の歩みは多様であった。福祉国家がどこに向かっているのかは，いまだ定まっていない。

読書案内　　　　　　　　　　　　　　　　　　　　**Bookguide** ●

田中拓道『福祉政治史——格差に抗するデモクラシー』勁草書房，2017 年。
⇒福祉国家類型の代表国を取り上げて，それぞれの歴史と，グローバル化とポスト工業化の時代における変容について考察している。

水島治郎『反転する福祉国家——オランダモデルの光と影』岩波書店，2012 年。
⇒オランダを事例として，社会参加を進める福祉国家改革が移民の社会的包摂／排除にどのような影響を及ぼすのかが検討されている。

カルロ・ボルザガ＝ジャック・ドゥフルニ編／内山哲朗・石塚秀雄・柳沢敏勝訳『社会的企業——雇用・福祉の EU サードセクター』日本経済評論社，2004 年。
⇒ヨーロッパ各国で社会的企業がどのような役割を担っているかについて考察している。

第 **7** 章

選挙と分配

QUESTIONS

① 政府は,財やサービスをどのような方法で分配するのだろうか。
② 政府は,財やサービスを誰に分配するのだろうか。
③ 政府による財やサービスの分配と選挙の間にはどような関係があるだろうか。

KEYWORDS

分配政治　利益誘導政治　アカウンタビリティ　クライアンテリズム　パトロネジ　マシン政治　コアとスイング　票の買収　投票参加の買収

1　本章の課題

分配政治とは何か

「政治」が何を意味するかについてはさまざまな見解がある。D. イーストンによれば,政治とは「社会に対する価値の権威的配分」である(イーストン,1976)。H. ラスウェルは,政治とは「誰が,何を,いつ,どのように手に入れるか」の過程だと述べる (Lasswell, 1936)。政治学においてよく知られたこれら

の定義に共通するのは，「分配・配分」が問題にされていることだ。

　「誰が，何を，どれだけ手に入れるか」については，経済学でも分配の問題として研究対象とされる（神取，2014：1）。経済学における主な関心は，市場を通じた価値や資源の分配だろう。それに対して政治学あるいは政治経済学の主たる関心は，政府や政治家による分配である。財やサービスの分配をめぐる政治は，**分配政治**と呼ばれ，主にアメリカを対象として盛んに研究されてきた。近年では，世界各国の事例研究や国家間の比較研究も増えている（Golden and Min, 2013）。

　政府が分配する財やサービスは多岐にわたる。たとえば，道路や港湾の整備，公共施設の建設，公共交通網の整備，公務員・政府職員の雇用，教育への投資，子育て支援，介護手当，生活保護，所得移転，警察，消防，国防，公衆衛生の維持，特定産業の振興政策，特定地域の振興政策，職業訓練，現金，クーポン券などが挙げられる。このほかにもたくさんあるだろう。国や時代によって財・サービスの内容や量は変わるが，多種多様であることは間違いない。そのため，分配政治の研究対象も多様であるが，多くの分配政治研究には共通点がある。それは，分配を政府の**アカウンタビリティ**や政策応答性に関わる問題ととらえるということである。どちらも重要な問題であるが，本章ではアカウンタビリティをめぐる問題を中心に，分配政治について説明する（応答性については，飯田ほか，2015 を参照）。

┃ アカウンタビリティと分配 ┃

　民主制における選挙では，有権者が「良い」候補者に投票し，「悪い」候補者を落選させることができる。立法を通じて政策を立案・実施することが政治家の役割だとすれば，有権者は良い政策を実施した政治家を再選させ，そうでない政治家を落選させて他の候補者と入れ替えることができる。そのため，再選をめざす政治家は良い政策を実施しようとする。民主的アカウンタビリティは，このようなメカニズムを想定している。ここで重要なのは，①有権者が個々の政治的帰結に対してどの政治家が責任を負うかを判断できることと，②有権者が望まない政治的帰結をもたらした政治家を罰することができることである。一般の用法では「アカウンタビリティ」が「説明責任」の同義語として

扱われることもあるが，その場合には①について政治家が説明を果たすべきであることを意味していると考えられる。しかし，②の罰を与えることもアカウンタビリティにとって不可欠な要件である。代議制民主政治では，個々の候補者の落選あるいは政権交代が有権者から与えられる罰である。選挙を通じて機能するこのアカウンタビリティは，特に選挙アカウンタビリティと呼ばれる（詳しくは，Przeworski et al., 1999 を参照されたい）。選挙で選ばれた政治家が再選を目標とするなら，選挙が繰り返し，定期的に行われる代議制民主政治の存在は，政治家に「良い」行動をとるインセンティブを与える。

　選挙アカウンタビリティにおいて政治家の振る舞いが「良い」かどうかを判断するのは有権者であるが，すべての有権者が「良い」政策の定義を共有するとは考え難い。選挙で勝つためには，多くの有権者が「良い」と思ってくれる政策を実施する必要がある。そのため，政治家は自分自身が良いと信じる政策や経済効率性が高い政策，倫理的に正しい政策などを実行するというよりは，有権者に人気がある政策を実施すると考えられる。そして，特定の個人や集団に「良い」と感じさせて人気を得るわかりやすい方法の１つが，財やサービスを分配することである。したがって，政治家は分配政治を通じて自らの再選可能性を高める行動をとると予測される。

　有権者が望む財やサービスが政治家によって分配されることは，一見すると理想的な政治状況にみえるかもしれない。しかし，そこには少なくとも２つの問題がある。第１に，政治家が公平な分配をするとは限らない。再選が目的なら，再選に必要な有権者に的を絞って財やサービスを分配すれば十分である。たとえば，再選するために選挙区内の過半数の票が必要な場合，特定の政策によって自分の選挙区の 51% の有権者が得をするなら，残りの 49% の有権者が損をするとしても，政治家はその政策を実施し，再選を果たすことができる。優遇される集団とそうでない集団が固定的であれば，民主制が多数者の暴政になる危険がある。言い換えると，選挙アカウンタビリティが機能したとしても，民主制における分配が有権者全体にとって望ましいものになるとは限らない。

　第２に，選挙さえあればいつでも有権者が悪い政治家を罰することができるわけではない。すでに述べたとおり，多数派が「良い」と思う政策が自分にとって「悪い」とき，政治家を罰することはできない。多数派によって支持され

た政治家は当選してしまう。また，選挙で特定の政治家を落選させるためには，代わりに当選させる候補が必要である。しかし，自分が罰したい政治家よりもマシな候補が自分の選挙区から立候補する保証はない。本当は罰したい政治家に票を入れざるを得ないかもしれない。罰が有効に機能するためには，現職の政治家以外に有力な候補が出馬する競争的な選挙が必要である。「与党の政策は支持しないが，政権運営能力がある政党が与党のほかにない」と多くの有権者が考える状況では，選挙アカウンタビリティはうまく機能しない。さらに，有権者が政治家から何らかの方法で監視され，秘密投票が実質的に脅かされることで，自由な投票が行えない場合も考えられる。分配政治のあり方によっては，財やサービスによって票が買われることにもなりかねない。

　このように，財やサービスを分配するという政治の中心的活動そのものが，選挙アカウンタビリティの負の側面を表出させ，民主制の正当性を損なう可能性を持つ。民主制にとって最も重要な制度的装置である選挙と，その選挙を通じて機能する選挙アカウンタビリティの理解を深めるために，分配政治についてもう少し詳しく検討しよう。政府や政治家は，財やサービスを誰にどのような方法で配るのだろうか。

 ## 分配の方法

▶ どのように分配するか

　分配の方法は，さまざまな基準によって分類できる。たとえば，有権者の多くが望む公共財（例：安全な飲み水）の提供を特定の団体を利するための規制（例：かつての薬事法にあった薬局距離制限規制）と区別したり，一時的に提供されるもの（例：政府職員としての雇用）を長期にわたって提供されるもの（例：橋やダム）と区別したりすることができる。あるいは，合法的な分配（例：公共事業）と違法な分配（例：票を買収するための利益供与）のような分け方もできる。どんな研究課題を扱うかによって適切な分類は異なるが，分配政治の研究全体に有用な分類の1つとして，S. ストークスらの分類（Stokes et al., 2013）を紹介しよう。

図 7.1　分配政治の態様

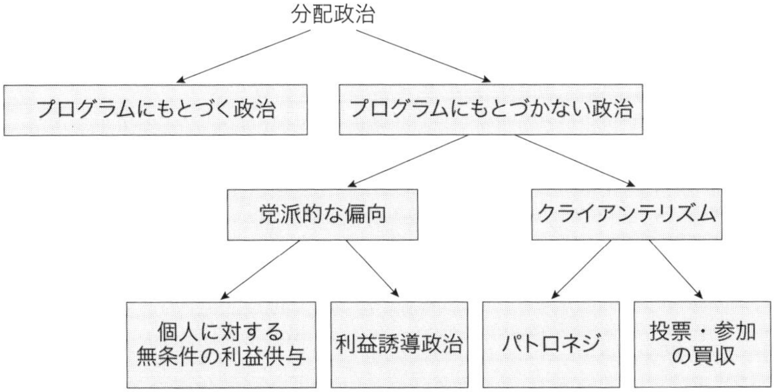

```
                    分配政治
                 ┌─────┴─────┐
     ┌────────────────┐   ┌──────────────────┐
     │プログラムにもとづく政治│   │プログラムにもとづかない政治│
     └────────────────┘   └──────────────────┘
                         ┌──────┴──────┐
                  ┌──────────┐   ┌──────────────┐
                  │党派的な偏向│   │クライアンテリズム│
                  └──────────┘   └──────────────┘
                  ┌────┴────┐     ┌────┴────┐
          ┌──────────┐┌──────────┐┌────────┐┌────────┐
          │個人に対する ││利益誘導政治││パトロネジ││投票・参加│
          │無条件の利益供与││        ││        ││の買収  │
          └──────────┘└──────────┘└────────┘└────────┘
```

出典：Stokes et al., 2013: 7, Fig. 1.1 をもとに作成。

プログラムにもとづく分配政治

　ストークスらは，分配政治を図 7.1 のように分類する。図が示すとおり，分配政治は段階的にいくつかの下位分類に分かれる。最初の分岐は，分配が公的なプログラムにもとづくかどうかによる。財やサービスの分配を決める基準が定式化され，公になっており，実際にその基準によって分配が実行されているとき，政府による分配は「プログラムにもとづく政治」であるとされる。

　多くの有権者は，プログラムにもとづく政治を民主制における政府の通常の活動であると考えるだろう。たとえば，子ども手当の給付は，給付の対象と給付額が法律や行政文書に記載されていて，その基準どおりに手当が分配されていれば，プログラムにもとづく政治である。

　プログラムにもとづく政治は，必ずしも政府の「善意」の行動，つまり，政府が社会全体にとって最も望ましいと考えた政策の実施を意味しない。政府は，次期選挙での再選確率ができるだけ高くなるような分配プログラムを考案し，そのような分配プログラムを公式な政策として実施するかもしれない。その結果，政府が期待したとおりに有権者の政府に対する支持率が上がり，次の選挙で現政権が再び選択される確率が上がることもあるだろう。たとえば，不況期に全世帯を対象に無条件で一定額の現金を給付すれば，多くの有権者は政府により好意的になり，次期選挙で与党に票を投じる確率が高まると考えられる。

プログラムにもとづかない分配政治

プログラムにもとづく政治に必要な条件を満たさない分配は，「プログラムにもとづかない政治」に分類される。プログラムにもとづかない政治は，民主制を採用する国の政府が通常行うべき分配ではないかもしれない。しかし，現実世界では，日本を含む多くの民主制諸国でプログラムにもとづかない政治が行われている（いた）。

ストークスらの分類では，プログラムにもとづかない政治は，党派的偏向政治と**クライアンテリズム**（恩顧主義）に分けられる。分配を行う政党・政治家への投票と引き換えに財やサービスが分配されるものをクライアンテリズム，分配を行う政党・政治家に投票するという条件が課されないものを党派的偏向政治と分類する。つまり，票が財やサービスと交換されるかどうかによって，党派的偏向政治とクライアンテリズムは区別される。

党派的偏向政治は，政府が自らの党派性にもとづいて差別的な分配を実施するような状況を指す。たとえば，コメづくりを重視する政府が，恣意的な基準でコメ農家にだけ補助金を与えれば，それは党派的に偏向した分配であると考えられる。ただし，党派的偏向政治はプログラムにもとづかない政治の下位分類なので，プログラムにもとづく政治の基準を満たしていれば，一見党派的にみえる政策であっても党派的偏向政治ではなく，プログラムにもとづく政治である。

党派的偏向政治は，さらに2つのカテゴリに分類される。分配対象が個人である場合には「個人に対する無条件の利益供与」とされ，対象が個人以外，たとえば特定の地域である場合には，「**利益誘導政治**」とされる。

政府に対する投票は，党派的偏向にもとづく分配の条件ではないので，補助金を受け取った個人や地域の有権者が次の選挙で野党に投票したとしても，それによって罰を受けることはない。しかし，特定の個人や地域が得をするように恣意的な分配を行うことで，受益者の政府に対する支持率を高め，次期選挙を政府に有利な状況で戦うことができる可能性がある。したがって，党派的偏向政治は，純粋に党派的な政策目標を達成するためではなく，選挙戦略の一環として行われると考えたほうがいいだろう。後ほど説明するように，何をどれ

だけ分配するかだけではなく，誰に，あるいはどの地域に分配するかが，政府にとって重要な決定事項である。

これらの分配はプログラムにもとづいておらず，分配の基準が公にされていない。そのため，有権者全体に対するアカウンタビリティは十分に機能しない。恣意的な分配なので，分配による受益者以外の有権者から分配基準の説明を求められたとき，十分に説明責任を果たせない可能性が高い。

プログラムにもとづかない政治のもう1つの態様であるクライアンテリズムは，票の見返りとして財やサービスを提供する。政治家との約束を破り，財やサービスを提供する政治家に投票しなかった有権者は罰せられる。党派的偏向政治では，政治家が有権者に財を分配し，その有権者がその政治家に対する評価を高める結果として有権者の自由な意思でその政治家に投票する確率が上昇することが想定された。それに対しクライアンテリズムでは，票と引き換えに財やサービスが配られる。財やサービスを求める有権者が分配されないという罰を恐れることによって，現職候補の得票が増えると考えられる。

裏切り者を罰するためには，誰が裏切ったかを知ることが必要である。よって，クライアンテリズムを成功させるために，政治家は有権者の投票先を監視する。その結果，選挙が秘密投票ではなくなる。クライアンテリズムでは，政治家が有権者を監視し，自分に投票する者には財を分配し，自分に投票しない裏切り者には財を分配しない。有権者が政治家を罰するという本来のアカウンタビリティとは逆に，政治家が有権者を罰するというこの仕組みは，**逆アカウンタビリティ**と呼ばれる（Stokes, 2005）。

クライアンテリズムもさらに2つの下位分類に分けられる。分配の対象が政党のメンバーや活動家のみであるようなクライアンテリズムは，「**パトロネジ政治**」に分類される。パトロネジとは，政党内でやりとりされる便益のことである。政党メンバーに対して分配される典型的な財は，政府による雇用である。つまり，政府は自らの政党メンバーを政府の職員として雇う（猟官制）見返りに，彼らの票を得る。

分配の対象が政党メンバー以外の一般有権者のとき，クライアンテリズムは，「**票の買収**」または「**投票参加の買収**」と呼ばれる。票の買収は，選挙期間中に現金や食料・アルコール飲料などを有権者に配り，その見返りとして分配者

に票を投じることを求める（Nichter, 2014）。それに対し投票参加の買収は，放っておけば投票を棄権しそうな有権者に，分配の対価として投票に参加することを求める（Nichter, 2008）。次節で検討するが，票の買収と投票参加の買収では，分配の主な対象が異なる。

ここまでストークスらによる分配政治の分類を説明してきた。この分類の特徴は，財の種類に依存しないということである。たとえば，現金給付は公に定式化された基準に則って行われればプログラムにもとづく政治だが，票の見返りとして恣意的に選ばれた有権者に分配されれば票の買収である。特定地域でのダム建設は，それが公的な議論を経て多くの有権者が納得できるような基準によって決まればプログラムにもとづく分配だが，そのダム建設の工事を担当する下請け業者に現金を分配するために恣意的に実施されるなら利益誘導政治にもなりうる。

同じ財やサービスでも，それが利益誘導や票の買収に使われることもあれば，公的なプログラムのもとで分配されることもあるというのは，紛れもない事実である。これは，複数の国家間で分配政治の比較研究を行う際には大きな障壁となる。分配される財から，その分配が利益誘導型かそうでないか，票の買収をめざしているかどうかを見極めるためには，特定の国や時代についての深い理解が不可欠である（Golden and Min, 2013）。財の種類に依存せずに分配の態様の違いを明らかにするストークスらの分類は，分配政治の全体像を理解しようとするとき，有用な分類法である。

分配の対象

▷ 誰に分配するか

次に，政府が誰に財やサービスを分配するかを考えよう。これまでの研究は対立するモデルを提示し，それぞれが異なる予測を出している。以下ではまずそれぞれのモデルを紹介してから，実証研究の結果と課題について説明する。

コアかスイングか

ある選挙区における特定の政党（あるいは候補者）Ｐと有権者の関係を考える

と，中長期的な投票行動によって有権者を３つのグループに分けることができる。１つ目のグループは，Ｐに対する**中核的支持者**（core voters）である。このグループに属する有権者は，特別な事情がない限りはＰに投票する。中核的支持者になる理由はいくつか考えられるが，最も単純な理由は，有権者が理想とする政策が政党Ｐの提示する政策（公約）に近いということである。２つ目のグループは，Ｐに対する**対立的有権者**である。このグループの有権者は，Ｐと対立する政党にほぼ確実に投票する。あるいは，よほどのことがない限りＰには投票しない。政策にもとづいて考えると，理想政策がＰの政策からかけ離れているグループである。二大政党制でＰの対立政党がＯだとすれば，理想政策がＯの政策に近い有権者の集合と考えることもできる。最後のグループは，**浮動票となる有権者**（swing voters）である。このグループの有権者は，Ｐに投票するかどうかはっきり決めていない。投票先がＰとＯ（多党制であればその他の政党も）の間で揺れ動くので，「浮動票（スイング）」と呼ばれる。理想政策がＰとＯの間にある有権者の集団であると考えらる。

これら３つの有権者集団は必ず存在するとは限らない。すべての有権者がＰの中核支持者または対立的有権者（Ｏの中核的支持者）であるような二極化された状況や，すべての有権者が浮動票であるような党派性のない状況もありうる。しかし，一般的には中核・浮動票・対立という３つの集団があると考えていいだろう。ただし，３つの集団の相対的規模については国や時代，あるいは選挙区ごとに大きく異なりうる。

中核的支持者・浮動票有権者・対立的有権者という異なるタイプの有権者が存在するとき，選挙に立候補する候補者や政党は，財やサービスをどのタイプの有権者に分配するだろうか。各選挙区に２人の候補者がおり，各候補者の目的は得票の最大化であるという仮定のもとで考えてみよう。

┃ コアモデル ┃

１つの選挙区内での得票最大化をめざす政治家は，より多くの財を中核的支持者に分配するというコアモデルを示したのが，G. コックスと M. マカビンズの研究である（Cox and McCubbins, 1986）。彼らのモデルは，２人の候補者による選挙競争を想定する。各候補者は，「選挙に勝てば」財の分配を行うことを

各有権者集団に約束し，その約束は守られると仮定する。このモデルは，得票の増加につながりやすい集団に，そうでない集団よりも多くの財を分配すべきだという結果を示す。しかし問題は，どの集団への分配が得票を最大化するかが政治家にはよくわからないということである。

　コックスとマカビンズは，3つの有権者集団のなかで，対立的有権者への分配は他の有権者集団への分配に比べて票に結びつく程度が低いと考える。なぜなら，対立的有権者はよほどのことがない限り対立候補を支持するような人々であり，投票先を変更させるためには大きな分配が必要で，分配額に対して得票増加の見返りが少ないからだ。したがって，対立的有権者は分配の主な対象とはならない。

　では，中核的支持者と浮動票では，どちらが分配により敏感に反応し，得票を増やすことに貢献するだろうか。中核的支持者はもともと自分に投票してくれるはずなので，分配してもしなくても，中核的支持者からの票が大きく変動するとは考えにくい。他方で，浮動票は定義上どちらの側に付くかがはっきり決まっていないので，分配によって増える得票は多いと考えるのが自然である。よって，分配から得られる得票の増分は，平均的には浮動票有権者のほうが大きいだろう。

　しかし，コックスとマカビンズは，そこからただちに浮動票有権者を主な分配対象にすべきだという結論は出さない。中核的支持者よりも浮動票有権者のほうが分配に強く反応するというのは推測に過ぎず，とても強く反応する場合もあれば，ほとんど反応しない場合もあるだろう。具体的な効果を予測する際には予想される反応のばらつき具合も問題になる。特定の選挙区内での競争を考えると，政治家は自分の中核的支持者については詳しい情報を持っていると考えられる。たとえば，日本では自由民主党が**後援会**と呼ばれる支持者の組織を持っていることが知られている。自民党の候補者は，後援会を通じて中核的支持者の情報を収集することが可能である。それに対し，浮動票についての情報を収集する手段は限られている。このように考えると，中核的支持者については分配に対する反応をある程度正確に推測できるのに対し，浮動票については正確な推測が不可能でばらつきが大きくなる。

　図7.2がコアとスイングの反応のばらつきの例を示している。横軸が分配

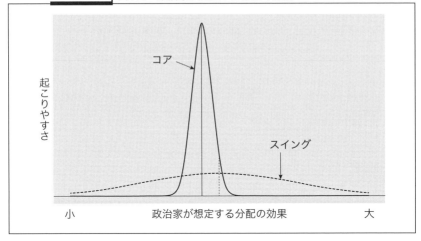

CHART | 図7.2 政治家が想定する分配の効果

（図中ラベル）
起こりやすさ

コア

スイング

小　　　　政治家が想定する分配の効果　　　　大

の効果を表しており，縦軸はその効果がどれくらい起こりやすいかを示している。2つの山の頂上（縦線が引かれているところ）が，それぞれの有権者の平均的反応を表している。コアの山に比べ，スイングの山は広範囲に広がっており，効果のばらつきが大きい様子がみてとれる。分配先の選択肢は，平均的な効果は相対的に小さいが確実に効果が見込める中核的支持者か，平均的な効果は大きいが効果のばらつきが大きく，場合によっては効果がほとんどない浮動票かということになる。平均的な効果をみれば，スイングに財を分配すべきである。しかし，スイングに対する分配は効果を生み出さない可能性があるので，リスク回避的な政治家はスイングに分配しない。政治家がリスクを避けようとするなら，中核的支持者を分配の主な対象にするというのが，コックスとマカビンズの結論である。有権者の立場で考えれば，与党の中核的支持者になることによって，より多くの財を受け取ることが期待できる。

スイングモデル

　A. リンベックとJ. ワイブルは，浮動票となる有権者（スイング）が分配の主な対象となるスイングモデルを提示した（Lindbeck and Weibull, 1987）。彼らのモデルも2人の候補者による競争を想定する。コックスらのモデルと同様，各候補者は財を分配することによって得票の最大化をめざす。このモデルでは，有

権者の投票先が分配によって得られる便益と有権者の党派性を勘案して決められる。候補者ＡとＢの２人の候補がいる場合，２人の候補からの分配の提案額が同じなら，党派性だけにもとづいて投票先が決まる。党派性でＡよりＢを好む有権者に対し，Ａからの分配額よりＢからの分配額のほうが大きければ，その有権者は迷わずＢに投票する。党派的にＢを好んでいる有権者に対してＡからの分配額のほうが大きい場合には，分配によって得られる利益と，より望ましいと思う政策が実施されることによって得られる党派的利益を比較し，どちらに投票するかを決めることになる。

　リンベックとワイブルはこの状況の特殊ケースとして，分配から得られる便益は有権者間で一定だが，党派性（たとえば，左派か右派か）が有権者によって異なるという状況を分析した。その結果，どちらの候補者も党派性が弱い有権者，すなわちスイングに分配を集中させることが明らかにされた。

　対立的有権者の票を得るためには，対立的有権者がもともと持つ敵対的な党派性を凌駕するほどの分配が必要なので，分配対象としては魅力的でない。他方で，中核的支持者は自分に投票しやすい党派性を持っているので，対立候補がその党派性を上回るほどの分配を約束しない限り，自分に投票してくれる。したがって，分配する必要性が低い。浮動票は党派性が弱いので，彼らの投票先はより多くの財を配る政治家になるはずだ。スイングモデルは，このようなロジックによって理解することが可能である。有権者の立場で考えれば，無党派でいることによってより多くの財を得ることが可能になる。

┃ コアモデルとスイングモデルの統合 ┃

　Ａ. ディキシットとJ. ロンドレーガンは，コアモデルとスイングモデルのそれぞれを特殊ケースとして持つ統合的なモデルを提示した（Dixit and Londregan, 1996）。彼らのモデルも選挙区内での２人の候補者の競争を想定する。一方の候補者は左派，他方は右派であると仮定される。これまでのモデルと同様に，各候補者は選挙区内のどの有権者に財を分配するかを決める。有権者はイデオロギーを持ち，左派の有権者は左派候補に，右派の有権者は右派候補に投票することが想定される。ただし，イデオロギーの価値を上回る分配が行われると，有権者は投票先を変える。

このモデルの基本的な結果はスイングモデルと同様である。極端な左派や極端な右派などの強いイデオロギーを持つ有権者は，分配によって投票先を変える可能性が低い。反対に，イデオロギーが弱い有権者，すなわち浮動票となる有権者の投票先は，分配によって簡単に変わる。したがって，どちらの候補者も，より効率的に得票を増やすことができる浮動票への分配を選択する。

　しかし，このモデルの特殊ケースとして，中核的支持者に分配が集中する場合がある。それは，政治家が自らの支持者に関する情報を豊富に持っていて，特定の個人に効率的に財やサービスを届けることが可能な場合である。たとえば，中核的支持者のなかで特定の個人が失業中で仕事を探していることを知っていれば，その個人に職を斡旋する。ある有権者の家族が亡くなったことがわかれば，葬儀に参列するか香典を送る。このような財の分配には無駄がなく，分配の効果が大きいと考えられる。それに対し，浮動票となる有権者についての情報が乏しいとすれば，有権者が欲している財を的確に分配することが難しくなり，分配に無駄が生じる。分配を効率的に得票につなげたい政治家が，分配の無駄がなくなるほど正確な中核的支持者に関する情報を持っていれば，コアモデルと同様の結果が得られる。

分配が投票先の決定以外に与える影響

　コアモデルや統合モデルの特殊ケースは，政治家が財やサービスの分配を自らの地盤である中核的支持者に集中させることを示す。政治家のリスク回避的な態度や，豊富な情報にもとづくより効率的な分配の実現が，コアモデルの根拠とされる。しかし，この結論には納得できない部分がある。どちらのモデルも，対立的有権者に分配が集中することはないことを示す。それは，自分の対立候補が自分の中核的支持者に分配を集中させることがないことも示す。そうだとすると，自分が中核的支持者に分配を行わなくても，中核的支持者は自分に投票するはずだ。したがって，「政党は中核的支持者に対する無駄な分配をすべきではない」(Stokes, 2005：317)，つまり，選挙で勝つためには浮動票となる有権者に分配したほうがよいということにならないだろうか。

　この疑問に対しコックスは，中核的支持者への分配には，得票の増加以外にも2つの効果があると主張する (Cox, 2009)。1つ目の効果は動員効果である。

上のモデルでは棄権は想定されておらず，全有権者が2人の候補のいずれかに
票を投じることが仮定された。しかし，実際の選挙では棄権者が出る。近年の
日本の国政選挙の投票率は約6割である。つまり，およそ4割の有権者は棄権
している。棄権の可能性がある場合，中核的支持者への分配は，中核的支持者
の投票参加を促すと考えられる。そうだとすれば，中核的支持者への分配によ
って投票先が変わることはなくても，分配がなければ棄権していたであろう中
核的支持者が投票に参加し，もともと支持している自分に票を投じてくれるこ
とが得票の増大につながる。

　もう1つの効果は，調整効果と呼ばれるものである。中核的支持者は，イデ
オロギーの観点から特定の候補者あるいは政党を支持していると考えられる。
たとえば，左派イデオロギーを持つ有権者は，右派の候補者よりも左派の候補
者を好むはずなので，左派有権者は左派候補者の中核的支持者になるだろう。
このとき，左派候補者が中核的支持者への分配を行わず，中道の浮動票有権者
のみに分配を実施するとしよう。そうすると，もともとは中核的支持者だった
左派有権者のなかから，新たに候補者として選挙に参入する者が現れるかもし
れない。新人候補のイデオロギーがもともといた左派候補と同じだとして，新
人候補が左派有権者に分配を約束すると，中核的支持者である左派の有権者は
新人候補に奪われてしまう。このような事態を避けるために中核的支持者に対
する分配を怠らないことが大切であると，コックスは議論する。

コアかスイングかに関する実証分析

　分配をより多く手に入れるのはコア（中核的支持者）かスイング（浮動票とな
る有権者）かという問題は，データを用いた実証分析でも検証されている。ス
イングモデルを支持する代表的な研究にはK. ビッカーズとR. スタイン（Bick-
ers and Stein, 1996），M. ダールバリとE. ヨハンソン（Dahlberg and Johansson,
2002），ストークス（Stokes, 2005）らの研究が，コアモデルを支持するものには
E. カルボとM. V. ムリージョ（Calvo and Murillo, 2004）やS. レヴィットとJ. ス
ナイダー（Levitt and Snyder, 1995）らの研究があるが，どちらか一方が正しいと
いえるような決定的な証拠は提示されていない。

　残念ながら，これまで行われてきた多くの実証研究は，コアモデルやスイン

グモデルの直接的な検証にはなっていない。モデルが中核的支持者や浮動票となる有権者という有権者レベルでの分配を想定しているのに対し，実証研究で使われたデータの多くが，選挙区あるいは自治体ごとの分配額を測ったものである。モデルが想定するのは，1つの選挙区内で2人の候補者が競い合う選挙であり，選挙区内の有権者に財やサービスを分配することで得票を最大化することが目標とされる。しかし，選挙区間での分配では，選挙区内の有権者への分配は測れない。選挙区間の分配を行うのは政党リーダーであり，めざすのは個々の候補者の勝利ではなく，全体としての政党の勝利だろう。選挙区を圧勝が見込めるコア支持区（地盤），完敗が予測される敵対選挙区，分配によって勝敗が決する激戦区に分けられるとすれば，政党リーダーは激戦区に資源を集中させるかもしれない（ただし，Larcinese et al., 2013 はそのような証拠はないことを示す）。したがって，集計レベルのデータでは，スイングモデルを支持する結果が出やすいかもしれない。選挙区レベルでどういった選挙区に分配が集中するかも重要な研究課題ではあるが，この章で説明したモデルが対象とする現象ではない。

　激戦区に分配が集中しているとしても，それはスイングモデルが正しい，あるいはコアモデルが誤りであることを意味しない。分配が集中している激戦区内での分配は，中核的支持者に集中している可能性もある。したがって，コアかスイングかという問題に決着をつけるためには，コア選挙区（無風区）かスイング選挙区（激戦区）かではなく，有権者レベルで①誰が中核的支持者で誰が浮動票となる有権者かということと，②誰が財・サービスを受け取ったかということが明らかにされる必要がある。そのためには，ストークス（Stokes, 2005）が行ったような世論調査データを用いる必要がある（Carlin and Moseley, 2015；Dahlberg and Johansson, 2002；Lawson and Greene, 2014 も参照）。規範的に望ましくないと考えられる分配が行われている場合，誰が財を受け取ったかを明らかにするようなデータを手に入れるのは大変な作業になるだろう（Gonzalez-Ocantos et al., 2012）。そうであっても，さまざまな国で世論調査を行い，実証分析を積み上げることが求められている。さらに，M. アルバータスが指摘するとおり，選挙区間でのマクロな分配と選挙区内でのミクロな分配を同時に考慮に入れたマルチレベルモデルの分析が必要になるだろう（Albertus, 2019）。

4. 票の買収と参加の買収

　コアモデルとスイングモデルでは，財の分配が投票先に条件づけられていなかった。つまり，分配を約束した政治家が当選すれば，分配の約束を交わした有権者が実際に誰に投票したかを確認することなく財を分配すると考えた。これは，ストークスらの分類では党派的偏向の政治である。分配対象が個人ではなく集団だと考えれば，利益誘導政治であるともいえる。

　それに対し，ここでは財が票と交換されるクライアンテリズムにおいて，誰が分配の対象となるかを考えよう。分配の対象が政党のメンバーであることがわかっているパトロネジ政治ではこの問題を考える意味がないので，票の買収または投票参加の買収を考える。政治家は，票または投票参加を誰から「買う」のだろうか。

　ストークスは，票の買収はやや対立候補寄りの有権者，すなわち浮動票有権者を対象に行われると主張する（Stokes, 2005）。これまでの議論にもあったとおり，中核的支持者の票を買う意味はないし，対立的有権者の票は値段が高い。そのため，買い取る意味があってかつ大きな分配を必要としない浮動票が，票の買収の対象にされる。しかし，票の買収にはこれまでのモデルとは異なる点がある。それは，財の分配が票が投じられる前に行われるということである。そのため，有権者は財だけ受け取り，財を配ってくれた政治家に投票しないかもしれない。

　このような裏切り行動は，分配と選挙が1度しか行われない場合には回避することができない。ストークスはこれを囚人のジレンマゲームとしてモデル化する。囚人のジレンマとは，2人のプレイヤーAとBが互いに協力すれば双方にとって望ましい結果が得られるが，自己の利益だけを考えると「協力」よりも「裏切り」のほうが得なので互いに裏切りを選択してしまい，結果として両者にとって望ましくない結果が生じるという状況である。分配と選挙の文脈におけるプレイヤーは，政治家と有権者である。実際には選挙と分配が繰り返し行われるので，繰り返し囚人のジレンマゲームがプレイされる。ゲームが繰

り返されることによって裏切りを回避することが可能になり，政治家は浮動票有権者に分配し，浮動票有権者は分配してくれた政治家に投票するという均衡が達成される（囚人のジレンマとその繰り返しゲームについての詳細は，砂原ほか，2015：第1章を参照）。このとき有権者は，財の提供が打ち切られるという罰を恐れて政府を支持し続けざるを得ないという，逆アカウンタビリティにとらわれる。

　しかし，この結果がもたらされるために欠かせない重要な条件がある。それは，政党が有権者の投票先を監視できることである。有権者がどの候補者に投票したかがわからなければ，有権者を罰することはできない。ストークスは，アルゼンチンにおける**政治マシン**が有権者ネットワークをつぶさに観察し，高い精度で投票先を推定することが可能であると述べる。マシンとは集票のための組織であり，集票マシンとも呼ばれ，マシンが重要な役割を担う政治のあり方をマシン政治という。分配政治においては，票を集める機能だけでなく，マシンのメンバーに財を分配する機能も重要である。しかし，本当にマシンにそのようなことができるのだろうか。政治マシンは，中核的支持者については詳しい情報を持っているかもしれないが，ここで求められるのは浮動票となる有権者に関する情報である。秘密投票が原則とされる選挙で，マシンが高精度で有権者1人ひとりの投票先を監視できるという主張は，簡単には受け入れられない。

　S. ニクターは，買われているのが投票先ではなく，投票への参加であるとすれば，監視の問題は解決されることを示す（Nichter, 2008）。ニクターは，有権者には投票する可能性が高い者と，投票する可能性が低い者が存在すると考える。投票する可能性が高い有権者ばかりなら，中核的支持者に分配しても得票は増えないので，得票を増やすためには浮動票（または対立的有権者の票）を買うしかない。ただし，その場合には，有権者の投票先を監視することが必要である。

　しかし，投票しない可能性が高い有権者が存在する場合，状況は変わる。このとき，分配の対象は，①投票する可能性が高い中核的支持者，②投票する可能性が高い浮動票（と対立的有権者），③投票する可能性が低い中核的支持者，④投票する可能性が低い浮動票（と対立的有権者）の4グループに分けられる。

　政府が国民の多くが望むような資源の配分を行わないという分配政治の問題は，一部の国に限った話ではない。最近の分配政治の研究は，ラテンアメリカ，アフリカ，インドなどの発展途上国を対象としたものが多い。しかし，先進国にも頻繁に典型例として取り上げられる国がいくつかあり，その1つが日本である。

　日本が分配政治の文脈で特に注目されるのは，戦後一貫して民主制を採用し続けているにもかかわらず，1955年から93年までという長期にわたって自民党が政権に居座り続けたという特異性のためである。この長期政権を支えた制度的特徴の1つが，1947年から94年の選挙制度改革まで衆議院議員総選挙で採用されていた**中選挙区制**（単記非移譲式投票制：single non-transferable vote：SNTV）という選挙制度である。この選挙制度は，現在でも参議院議員通常選挙や地方選挙で使われている。

　現在の衆院選は小選挙区比例代表並立制を採用しており，その小選挙区部分では1つの選挙区から1人の当選者が出る。よって，特定の小選挙区で確実に勝利を収めるためには，過半数の票を得る必要がある。その選挙区の有権者数が N だとすれば，$N/2+1$ 人の票を獲得すれば確実に当選す

第1グループに分配しても意味がないのは先ほどと同様である。また第2グループに分配して得票を増やすために監視が必要だということにも変わりはない。第4グループに分配して得票を増やすとなると，投票先を変えさせるための分配に加え，投票に参加させるための分配も必要になる。そのうえ，投票先を監視することも求められる。よって，第4グループを対象とした分配はあまり魅力的ではない。

　それに対し，第3グループである「投票する確率が低い中核的支持者」はもともとコアなので，投票先を変えさせる必要はない。必要な分配は，投票に行くようにするための分配だけである。たとえば，投票所まで出向く公共交通機関がなく，自分で交通手段を手配するのが面倒だというのが参加確率が低い理由なら，選挙当日にバスを手配し，投票所まで連れて行けばよい。あるいは，そのバスに乗りたくなるよう，バスのなかで飲み物や食べ物を配るのも効果的かもしれない。このグループを分配の対象にする一番のメリットは，彼らの投

る（実際には，もっと少ない票数で勝つことが多い）。それに対し，中選挙区制では1つの選挙区から複数の当選者が出る。1994年までの衆院選では，1つの選挙区に割り当てられる当選者の人数（定数）は2から6だった。定数が$M(>1)$の選挙区の場合，確実な勝利に必要な票数は，$N/(M+1)+1$票である。たとえば，定数が4であれば$N/(4+1)=N/5$よりも1票でも多くとれば，確実に議席を獲得することができる。$N/2>N/(M+1)$なので，当選に必要な票数は小選挙区制より中選挙区制のほうが少ない。

　再選しようとする政治家は，効率的に票を集めたい。そのためには，勝利に必要な数の有権者さえ喜ばせれば十分である。そこで自民党の政治家がとったのは，自分の勝利に結びつく有権者に集中的に財を分配するという戦略，つまり，利益誘導政治だった。この利益誘導に欠かせなかったのが，**後援会**という自民党の集票マシンであった。自民党議員は，自らの後援会組織を通じて地盤（中核的支持者）の情報収集と財の分配を行うことで再選を果たし，自民党の長期政権が維持された（Scheiner, 2005）。自民党支持者は，財やサービスの分配を受けるために自民党に投票し続けなければならず，逆アカウンタビリティを負わされていたとされる（斉藤, 2010）。

票先を監視する必要がないということである。中核的支持者なので，投票箱の前まで連れて行きさえすれば，自分に投票してくれるだろう。

　したがって，投票に参加する確率が低い中核的支持者が相当数存在する状況では，投票先の買収の代わりに，投票参加の買収が行われると考えられる。そして，投票参加の買収の対象は，中核的支持者である。実は，ストークス自身のデータも，実際の分配のかなりの部分が中核的支持者に渡っていることを示している。また，マシンが浮動票の行き先を監視するのが困難である一方，中核的支持者のうち何もしないと投票を棄権する可能性が高い有権者を特定し，彼らを投票所まで運ぶことはそれほど難しくないだろう。これは，利益誘導政治においてコックスが指摘するコアモデルの「動員」効果に相当するものである。

　ここまでみてきたように，政府や政治家が財やサービスを分配するのは，政策目標を達成するためとは限らない。自分自身の再選のために分配を行うこと

も十分考えられる。そして，選挙に効率よく勝つことを目標とする政治家は，有権者全体に公平にあるいは満遍なく分配を行うのではなく，特定の対象に集中的に分配を行うことが予測される。選挙というアカウンタビリティの仕組みだけでは，そのような分配をやめさせることはできない。民主制の理想と現実がどれだけ乖離しているかを評価するために，分配政治に関するさらなる研究が求められる。

読 書 案 内 ▌　　　　　　　　　　　　　　　　　　　　　Bookguide ●

菅原和行『アメリカ都市政治と官僚制──公務員制度改革の政治過程』慶應義塾大学出版会，2010 年。
⇒政治経済学ではなく行政学の専門書だが，アメリカにおけるマシン政治やパトロネジの分配が分析されており，分配政治の重要性が浮き彫りにされる。
斉藤淳『自民党長期政権の政治経済学──利益誘導政治の自己矛盾』勁草書房，2010 年。
⇒分配政治の視点から日本政治を分析した専門書であり，政治経済学と日本政治に興味がある人には必読の書である。
高橋百合子編『アカウンタビリティ改革の政治学』有斐閣，2015 年。
⇒アカウンタビリティについてより詳細で包括的な議論に触れたい読者に勧める。

第 8 章

不平等と再分配

QUESTIONS

① 政府による再分配は、どのような役割を果たしているのだろうか。

② 再分配と経済的不平等（所得格差）の間にはどのような関係があるだろうか。

③ 再分配の規模が国によって大きく異なるのはなぜだろうか。

KEYWORDS

再分配　　累進課税　　所得移転　　ジニ係数　　中位投票者定理　　ロビン・フッドのパラドックス

1 本章の課題

再分配とは何か

　政府が果たす経済的な役割として、国民から税を徴収し、いったん集めたお金を国民に配り直すというものがある。市場の機能によっていったん決まった所得の分配に政府が介入し、所得を再び配り直すので、このような役割を**再分配**と呼ぶ。

政府がお金を集めるとき，所得が高い人ほど納める税額は大きくなる。所得とともに税負担が重くなる仕組みは，**累進課税**と呼ばれる。税率が一定であっても，納税額でみればお金持ちほど多くの税金を納めるので，累進的な税制であるといえる。しかし，多くの先進国では，所得が高くなると税率も高くなるというさらに累進的な税制が採用されている。日本でも累進課税が採用されており，限界税率は所得に応じて7段階に分かれている。最低税率が5％（課税所得が195万円以下の場合）であるのに対し，最高税率は45％（4000万円超の場合）である。

政府がお金を配るとき，広く国民全体の利益になるよう，定額を全国民に配るかもしれない。そうすると，豊かな人は税金で納めた分に対して受け取る額が少なくなる一方で，貧しい人は納税額よりも大きな額を得られる。つまり，政府の再分配によって，所得は富裕層から貧困層に移動する。このような所得の移動を**所得移転**と呼ぶ。同額を分配するのではなく，貧しい人たちを救済するために貧困層を中心にお金を配れば，富裕層から貧困層への所得移転の度合いが強まる。

一般的に政府の再分配政策は，所得を富裕層から中間・貧困層に移転することにより，国家内の所得格差を縮小させる政策であるといえる（福祉国家における再分配の意義については第**4**章を，再分配の方法とその効果についての詳細は寺井・肥前，2015：第8章を参照）。

┃ 民主制における再分配 ┃

金銭的な面だけをみれば，再分配は貧しい人たちにとっては得であり，裕福な人たちにとっては損である。したがって，再分配政策は富裕層には反対され，貧困層には支持されるはずである。あるいは，富裕層ほど所得移転の程度を低く抑え，貧困層ほど大規模な所得移転を望むはずである。よって，再分配は政治的な争点となる。

民主制を「多数による支配」と考えれば，再分配についても「多数」が望む政策が選ばれるだろう。所得によって人々を分類すると，各国における多数は，所得がその国の平均を下回る貧しい人たちである。貧しい人たちが多数であるという状況は，現存するすべての民主制国家に当てはまる。図8.1が示すよ

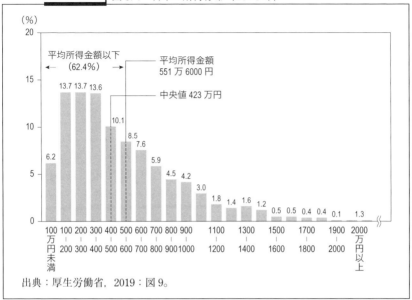

CHART 図8.1 日本の所得分布（2018年）

（%）

平均所得金額以下
（62.4%）

平均所得金額
551万6000円

中央値423万円

13.7 13.7 13.6
10.1
8.5
7.6
6.2 5.9
4.5 4.2
3.0
1.8 1.4 1.6 1.2 0.5 0.5 0.4 0.4 0.1 1.3

100万円未満
100-200
200-300
300-400
400-500
500-600
600-700
700-800
800-900
900-1000
1100-1200
1300-1400
1500-1600
1700-1800
1900-2000
2000万円以上

出典：厚生労働省，2019：図9。

うに，日本では2018年の世帯の平均所得が約552万円であるのに対し，中位所得は423万円である。中位所得というのは，世帯を所得が低い順に並べたとき，下から数えても上から数えても順位が同じちょうど真ん中に位置する世帯の所得である。62.4%の世帯で所得が平均以下であり，平均所得以下の世帯が過半数すなわち多数である（厚生労働省，2019）。所得分布の状況は国ごとに異なるが，全体的な傾向は図8.1が示す日本の状況と同じように，右裾が長く伸びた分布になっている。すなわち，少数の富裕層が所得の平均値を引き上げ，多数の国民の所得が平均以下になっている。多数が再分配によって得をする状況なので，再分配を実施するという政策的決定は，民主制の当然の帰結として起こると考えられる。

　実際，再分配は多くの民主制諸国で実施されている。図8.2は，OECD 33カ国の所得格差を再分配前（▲）と再分配後（●）について示している。2つの点を結ぶ矢印の長さが，各国政府による再分配の規模を表す。

　不平等度を測る方法はいくつも提案されているが，よく利用される測り方の1つが**ジニ係数**（Gini coefficient）という指標を用いる方法である。ジニ係数は，0以上1以下の値をとり，0がすべての人の所得が同じ完全に平等な社会を，1

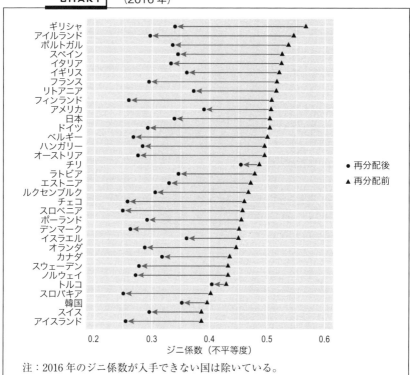

CHART

図 8.2　OECD33 カ国における再分配によるジニ係数の変化（2016 年）

● 再分配後
▲ 再分配前

ジニ係数（不平等度）

注：2016 年のジニ係数が入手できない国は除いている。

出典：OECD Income Distribution Database のデータをもとに筆者作成。http:// www.oecd.org/social/income-distribution-database.htm

が 1 人が所得を独占する非常に不平等な社会を表す。

　図8.2 は不平等度をジニ係数で示しており，再分配前の所得が最も平等な国はアイスランドとスイス（ジニ係数が 0.386）で，最も不平等なのがギリシャ（同じく 0.566）である。この図から 2 つのことがわかる。まず，この図に含まれるすべての国で再分配が行われている。貧しい人たちが多数を占める民主制では，当然の結果かもしれない。第 2 に，再分配の規模は国によって大きく異なる。たとえば，アイルランドの再分配の規模は大きく，再分配前には 33 カ国中 2 位だったジニ係数の大きさ（不平等度）は，再分配後には 17 位になっている。他方，トルコの再分配は小規模で，ジニ係数で測った不平等度は，再分配の前後で 29 位から 2 位に変化している。日本のジニ係数は，再分配前が

0.504（11位），再分配後が 0.339（11位）である。再分配によって所得格差が小さくなっているが，この図に示された他の国々と比べると再分配の効果はあまり大きくないようだ。

このように，国によって再分配の規模が大きく異なるのはなぜだろうか。次節では，再分配規模のばらつきを所得格差によって説明する政治経済モデルのなかから，代表的なものをいくつか紹介する。

再分配の政治経済モデル

┃ 中位投票者定理 ┃

ある争点をめぐって意見の相違や対立がある場合，どの政策が採用されるのだろうか。社会を構成する人々が直接投票を行い，過半数の票をとった政策が採用されるという単純な直接民主制について考えてみよう。

問題を単純化するため，2つの仮定をおこう。まず，問題となっている争点は1つであると仮定する。選挙で代表を選ぶときには，複数の争点が存在するのが一般的である。金融政策については自分の立場に近いが外交政策では意見が異なる候補者と，反対に外交政策は理想に近いが金融政策については意見が合わない候補者から1人を選ぶ場合，2つの争点を同時に考慮し，どちらの候補者に投票するかを決めなければならない。しかし，ここでは問題となる争点は1つ（たとえば，再分配）のみであると考える。

第2に，各個人にとって最も望ましい理想政策が1つあり，理想に近い政策ほど望ましく，遠いものほど望ましくないと仮定する。たとえば，再分配として各個人に現金を給付する政策について，給付額が異なる3つの政策案があるとする。それぞれの給付額は（A）1万円，（B）5万円，（C）10万円だとしよう。この3つの政策を望ましい順に並べるとき，再分配を望まない青木さんはABCという順番で，大規模な再分配を望む赤松さんはCBAという順番で政策を選ぶだろう。中程度の再分配を好む黒田さんと白川さんは，それぞれ BAC と BCA という順位をつけるとする。このとき，望ましい順番に3点，2点，1

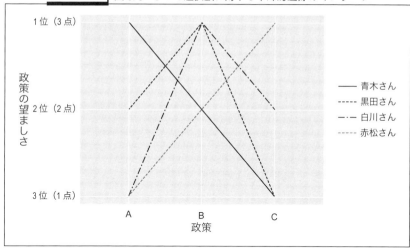

点という得点を各政策に与えよう。すると図8.3が示すとおり，ABC，BAC，BCA，CBAという4人の選好順は，それぞれ得点が高くなる山を1つだけ持つ。ここから，この仮定は単峰的選好（single-peaked preference）の仮定と呼ばれる。単峰的選好を満たさないのは，ACBやCABという選好順序で，これらの順序では山が2つ（AとC）できる。

これらの仮定のもとで2つの選択肢を提示し，どちらかを政策として採用するという直接投票を行うと，必ず勝つ選択肢がある。それは**中位投票者**（median voter）が理想とする政策である。中位投票者とは，問題になっている争点についてちょうど真ん中の意見を持つ投票者のことである。

例として，投票者が101人いる場合を考えよう。このとき，ある人が理想だと考える現金給付額が5万円で，他の50人の理想額は5万円以下，残りの50人の理想額は5万円以上としよう。すると，5万円という給付額がちょうど真ん中の意見なので，5万円を理想点とする投票者が中位投票者である。理想点に応じて101人の投票者を左（小さい給付額を好む）から右（大きい給付額を好む）に並べ，0から100までの番号を割り振ると，中位投票者の番号は50番になり，左から数えても右から数えてもちょうど真ん中の51番目に位置づけられる。この状況で，図8.4の（a）が示すように，中位投票者の理想点Mと中位投票者より左にいる者の理想点Lのどちらを採用するか投票で決めよう。

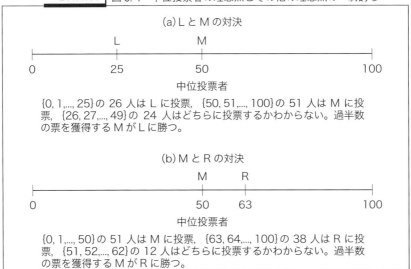

(a) L と M の対決

```
        L             M
├────┼─────┼─────┼─────┤
0    25    50          100
        中位投票者
```

{0, 1,..., 25} の 26 人は L に投票，{50, 51,..., 100} の 51 人は M に投票，{26, 27,..., 49} の 24 人はどちらに投票するかわからない。過半数の票を獲得する M が L に勝つ。

(b) M と R の対決

```
              M    R
├─────┼────┼──┼─────┤
0      50   63      100
        中位投票者
```

{0, 1,..., 50} の 51 人は M に投票，{63, 64,..., 100} の 38 人は R に投票，{51, 52,..., 62} の 12 人はどちらに投票するかわからない。過半数の票を獲得する M が R に勝つ。

このとき，中位投票者より右側にいる投票者 {51, 52,..., 100} は，L より M のほうが望ましいと考える。中位投票者より右側全員と中位投票者自身を合わせると 51 人すなわち過半数になるので，中位投票者より左側の投票者がどう投票するかにかかわらず，M が L に勝つ。同様に，図8.4 の (b) が示すように，中位投票者の意見 M と中位投票者より右側にある意見 R が競争すると，中位投票者より左側にいる {0, 1,..., 49} と中位投票者自身が M を選ぶので，少なくとも過半数の票は M に向かい，M が R に勝利する。したがって，中位投票者の理想政策は，他の選択肢と 1 対 1 で対決する限り，どんな選択肢にも勝つ。このように，特定の条件のもとで中位投票者の理想点が選ばれることは，**中位投票者定理**として知られている（Black, 1948；Downs, 1957）。

　中位投票者定理は，中位投票者の意見がどんな状況でも勝つことを示しているわけではない。たとえば，3 つ以上の選択肢が同時に提示され，そのなかで相対的に多くの票を得た政策が採用されるというルールのもとでは，中位投票者の意見が選ばれる保証はない。中位投票者定理が成り立つためには，上で示した特定の仮定が満たされる必要があるが，それらの仮定が現実世界でいつも成り立つわけではない。しかし，民主制において，対立する意見のなかでどの意見がどのように選ばれるかについて考えるときに有用な定理である（中位投

票者定理についてのより詳しい説明は，浅古，2016：第4章を参照）。

中位投票者定理にもとづく再分配額の決定モデル

A. メルツァーとS. リチャードは，中位投票者定理にもとづいて再分配の規模が決まるメカニズムの解明を試みた。彼らは，政府による再分配は所得格差の拡大とととともに大きくなると予測した。2人の名前からメルツァー・リチャードモデル（以降は「MRモデル」と記す）と呼ばれる再分配額の決定モデルについて説明しよう（Meltzer and Richard, 1981）。

このモデルは，現実を単純化するために6つの仮定をおく。第1に，すべての有権者が自らの所得と社会全体の平均所得を知っている。第2に，有権者は自分の可処分所得を最大化するように行動する。第3に，すべての有権者が同じ税率で所得税を納める。第4に，政府は全有権者に同額のお金を再分配する。第5に，税率が高過ぎると労働意欲が減退し，社会の生産額が減り，税収すなわち再分配の総額も減る。最後に，税収は所得税のみで，税収のすべてが再分配に使われ，政府の収支はプラスマイナスゼロであること（均衡財政）を仮定する。税収がすべて再分配に使われるので，このモデルにおいては税率が再分配の規模を表す。これらの仮定は必ずしも社会の現実と一致しないが，再分配によって富裕層から相対的貧困層に所得が移転するという特徴はとらえられている。

これらの仮定のもとで，有権者は自分の課税後（すなわち再分配後）の所得を最大化する税率を探す。各有権者は，理想点としてみつけた税率に最も近い所得税率・再分配規模を提示する税政策を支持する。民主制における再分配規模の決定がモデル化されており，最終的に選ばれる政策は有権者全体の選択を集計したものになる。では，どんな再分配政策が選ばれるだろうか。

ここで，さらに次のように考える。まず，社会の所得分布は右に歪んでいる。右に歪んだ分布というのは，図8.1（145頁）のように，分布の裾が右方向に長い分布のことである。所得分布が右に歪んでいるとき，中位所得は平均所得よりも低くなる。低所得者は高い税率（大きな再分配）を望み，高所得者は低い税率（小さな再分配）を望むというように，所得額によって税率に対する選好が決まるなら，中位所得者の意見が税率に関しても「ちょうど真ん中」になる

ので，中位所得者が中位投票者である。よって，社会の平均所得よりも低い所得を持つ者が中位投票者になる。実際，すべての民主制国家の所得分布が右に歪んでおり，各国の中位投票者の所得はその国の平均以下である。次に，税率は過半数投票によって決定されると考える。そのとき，どの税率が選ばれやすいかといえば，他のどの選択肢にも1対1の勝負で勝てる中位投票者の理想税率が選ばれやすいだろう。

　では，中位投票者にとって理想的な税率とは何%だろうか。まず，税率100%という極端な場合を考えてみよう。このとき，社会のすべての所得がいったん政府に回収され，それが全有権者に均等に配られるので，中位所得者を含む全員の課税後所得が同額になり，社会の平均所得に一致する。これは，どんなに税率を高くしても，中位所得者が得られる課税後所得が平均所得を上回ることはないということを意味する。また，税率が高過ぎると税収額すなわち再分配額が減るという仮定があるので，平均可処分所得を達成することは，中位投票者にとって最適な選択ではないかもしれない。では，中位投票者の課税後所得を平均所得に近づけ，可処分所得を増加させるために必要な税率は何%だろうか。これは，中位所得が平均所得よりどの程度低いかに依存する。中位所得と平均所得の差が小さいとき，可処分所得の最大値である平均所得を達成するために必要な再分配額は小さい。また，税率を高くすると，平均所得が下がってしまう（仮定5）。よって，中位所得者は比較的低い税率を望む。しかし，中位所得が平均所得を大きく下回る場合には，平均所得を達成するために大規模な再分配が必要であり，比較的高い税率が求められる。

　このように考えると，中位投票者の理想税率は，平均所得と中位所得の差が大きくなるほど高くなると予測される。中位所得が0（無所得）のとき，理想税率は t_{max}（<100）%となる。高すぎる税率は労働意欲を低下させ，税収を減らし，再分配後の可処分所得も減らすので，t_{max} は100より小さい。中位所得の上昇とともに理想税率は少しずつ低下し，中位所得が平均以上になると，再分配のメリットがなくなり，理想税率は0%になる。所得分布の形状が左右対称であれば中位所得と平均所得は一致するということを考えると，再分配の規模は社会における所得分布の歪みを反映しているといえる。

　所得分布の歪みは，どのような要因の影響を受けるだろうか。ここでは，所

得格差の拡大によって中位所得が平均所得から下方（左方向）に離れる傾向があると考える。たとえば、20世紀後半の所得格差の拡大は、超富裕層の所得が飛び抜けて高いことによるという指摘がある（Atkinson and Piketty, 2007, 2010）。そのような格差の拡大を所得分布で考えてみると、多くの有権者の所得にあまり変化がない一方で、分布の右端に存在する富裕層の所得がさらに右側に移動するということになる。そうすると、中位所得はほとんど変わらないまま平均所得が上昇するので、経済格差の拡大が中位投票者の理想税率を上昇させる。したがって、所得格差の拡大によって政府による再分配の額が増えることが予測される。

┃ 再分配のパラドックス ┃

　図8.2（146頁）が示すように、再分配の規模は国によって異なる。この再分配のばらつきを、MRモデルで説明できるだろうか。モデルを国家間の比較に単純に当てはめれば、「所得格差が大きい国ほど、再分配の規模が大きい傾向にある」という仮説が立てられるだろう。ある国家に注目し、時間の経過にともなう再分配規模の変化を説明したいなら、「所得格差が拡大すると、より積極的な再分配政策が採用される」という仮説が導出される。より一般的には、「平等な社会では小さな再分配、不平等な社会では大きな再分配」が予測される。

　図8.5は、OECDに加盟する33カ国について、不平等度（再分配前のジニ係数：横軸）と再分配の規模（再分配によってどの程度ジニ係数が低下したか：縦軸）の関係を示す散布図である（Yanai, 2017）。MRモデルの予測によれば、各国を表す点は右上がりの直線の周りに集まるはずだ。実際、散布図に回帰直線を当てはめると、右上がりの直線が得られる。しかし、直線の周りに灰色で描かれた95％信頼区間が示すとおり、正の傾きは偶然によって得られたものかもしれない（信頼区間の意味については、浅野・矢内, 2018：第7章を参照）。現実に観察される再分配規模のばらつきを説明するためには、再分配規模と不平等度（ジニ係数）の単純な2変量関係の確認ではなく、他の要因も考慮に入れた詳細なデータ分析が必要となる。

　MRモデルの提示以降、多くの研究がMRモデルから導出された仮説を検証

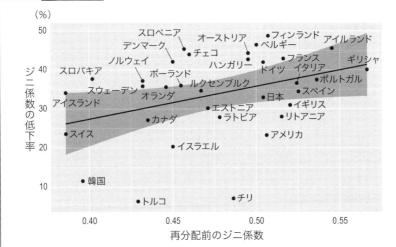

注：直線は最小二乗法による回帰直線。回帰直線の周りの色が塗りつぶされ
　　ている部分は95%信頼区間。
出典：Yanai（2017）をもとに作成。

するためのデータ分析に取り組んできたが，分析結果にはばらつきがある。
MRモデルの予測どおり，所得格差の拡大が政府の再分配を拡大させると報告
する研究もある（例：Milanovic, 2000；Kenworthy and Pontusson, 2005；Finseraas,
2009）が，多くの研究では格差の拡大が再分配を増やすという証拠は発見され
ず，「平等な国で大きな再分配，不平等な国で小さな再分配」という予測に反
するパターンが示された（例：Alesina and Glaeser, 2004；Bénabou, 1996；Moene
and Wallerstein, 2001）。

　平等な国として知られる北欧諸国では再分配政策が充実しており，不平等な
国として知られるアメリカでは再分配があまり実施されていないという広く知
られた事実から考えれば，「所得格差が大きいほど再分配の規模が小さい」と
いう結果も驚くべきものではないのかもしれない。しかし，理論的に妥当な仮
定と論理的な思考を積み上げて提示されたMRモデルの予測が外れたことは，
政治経済学における再分配研究に課題を突きつけることとなった。

　所得格差が拡大し，多数者の相対的所得が減少しているのに，再分配額が増
えないのはなぜだろうか。所得格差が大きいほど再分配額が小さいようにみえ

るという問題は，「**ロビン・フッドのパラドックス**」と呼ばれ（Lindert, 2004），政治経済学における重要なパズルの1つである。理論とは異なり，現実の民主制は多数者の意見を採用しないのだろうか。MRモデルだけではとらえきれない再分配の多様性を，他の再分配モデルを検討することで理解しよう。

┃ 保険としての再分配 ┃

月収90万円のAさんと月収10万円のBさんの2人からなる社会を考えよう。2人とも，お金とそれを使った消費に対する好みが同じだと仮定する。また，1円を使うことによって獲得できる幸福度（経済学の専門用語では余剰と呼ぶ）はA，Bともに同じで，消費が増えるほど幸福度の増分は小さくなると仮定しよう。たとえば，ビール好きにとって喉が乾いているときに飲む最初のビール1杯は大きな幸福度の上昇をもたらす。2杯目も美味しいが，1杯目ほどではない。これ以降もビールを追加するごとに幸福度は上昇するが，追加の1杯による幸福度の増分は，杯が増えるごとに小さくなる。このように，消費量が増えるにつれ，新たに追加される消費分から得られる幸福度が小さくなることを，経済学では「限界効用が逓減する」と表現する。ここでは，最初の10万円から得られる余剰を10とし，追加的な10万円が生み出す余剰は，10万円増えるごとに1ずつ低下すると考えよう。たとえば，30万円の消費から得られる余剰は，$10+9+8=27$とする。

表8.1が，再分配額と可処分所得，余剰の関係を示している。再分配がない場合には，Aが90万円を消費にあて，Bが10万円消費する。このとき，Aの余剰を$S_A = 10+9+8+7+6+5+4+3+2=54$，Bの余剰を$S_B = 10$とし，社会全体の余剰を$S = S_A + S_B = 64$とする。ここで，Aが使った最後の10万円を，Bに譲ることを考える。そうすると，使う総額が大きいほど幸福度の増分が小さくなるという仮定により，消費額が90万円から80万円に減ることによるAの余剰の低下幅である$54-52=2$より，消費額が10万円から20万円に増えることによるBの余剰の増加幅である$19-10=9$のほうが大きくなる。したがって，社会全体の余剰は，AからBに10万円渡した場合のほうが大きくなる。この考えにもとづいて所得移転の金額を増やすと，AとBの可処分所得が同じとき，つまり，2人とも50万円ずつ使うとき，社会全体の余剰が最大にな

CHART | 表 8.1 再分配による可処分所得と余剰の変化

再分配額 (A, B の可処分所得)	0 (90, 10)	10 (80, 20)	20 (70, 30)	30 (60, 40)	40 (50, 50)
A の余剰 B の余剰	54 10	52 19	49 27	45 34	40 40
余剰の合計	64	71	76	79	80

る。このときのAとBの余剰を，$R_A = 40$，$R_B = 40$ とし，社会全体の余剰を $R = R_A + R_B = 80$ としよう。

$S = 64 < 80 = R$ なので，社会にとっては再分配を実施することが望ましい。また，$S_B = 10 < 40 = R_B$ なので，Bにとっても再分配は得な制度である。しかし，$S_A = 54 > 40 = R_A$ なので，Aにとっては再分配はないほうがよい。2人で構成される社会で多数決によって政策を選ぶなら，再分配が実施されるとは限らないということになる。

ここで，自分がAなのかBなのかわからないという状況を考えよう。言い換えると，自分が金持ちになるかもしれないし，貧乏になるかもしれないという状況である。どちらになる確率も等しく 1/2 だとすると，再分配がないときの余剰の期待値は，$S_A/2 + S_B/2 = S/2 = 32$ である。同様に，再分配がある場合は，$R_A/2 + R_B/2 = R/2 = 40$ となる。$S/2 = 32 < 40 = R/2$ だから，余剰の期待値は再分配がある場合のほうが大きい。この結果は，再分配によって貧乏になる場合に備えられる，つまり，再分配を保険として利用できるということを示唆する。富裕層に属する個人であっても，将来的に低所得者になる可能性がある程度以上大きいなら，保険として再分配を支持すると考えられるのである。

K. モーネと M. ウォラースタインは，所得移転の保険としての側面に注目したモデル（MW モデル）を提示した（Moene and Wallerstein, 2001）。MW モデルは，政府による福祉支出を①高所得者から低所得者への所得移転と②有所得者から無所得者（すなわち失業者）に対する所得移転に分け，前者を再分配，後者を公的保険と呼ぶ。

MW モデルも，いくつかの仮定の上に成り立つ。まず，MR モデルと同じように，中位投票者が政府の税収（すなわち福祉支出額）を決定すると仮定する。次に，社会の構成員を，恒常的失業者，低賃金労働者，高所得者（恒常的労働

者）の3つのグループに分ける。低賃金労働者は，通常は就業しているが，一時的に失業することがある。また，高所得者は常に少数（全人口の1/2未満）で，高所得者と低賃金労働者のうち失業していないものを合わせると，常に過半数を占めることが仮定される。この仮定により，低賃金労働者で就業中の者のなかに中位投票者が存在することになる。最後に，ある一定割合 r（0以上，1以下）の税収が，被雇用者に分配される，言い換えると，$1-r$ が失業者に与えられると仮定する。$r=1$ のとき，税収はすべて労働者のために使われる。反対に $r=0$ のとき，税収はすべて失業者に分配される。

　これらの仮定をおくと，中位投票者が選ぶ税率は r の大きさに依存することがわかる。r が1で税収のすべてが被雇用者に分配されるときには，MRモデルと同じメカニズムが働く。すなわち，所得格差の増大が中位所得を平均所得から下方に引き離すと，それによって中位投票者の理想税率が上昇する。政策は中位投票者によって決まると仮定されているので，$r=1$ のとき，所得格差が政府による再分配の規模を拡大させる。

　他方，$r=0$ で税収がすべて失業者に分配されるときには，MRモデルとは異なる結果が生じる。仮定により中位投票者は所得を得ている（失業者ではない）ので，政策を選ぶ時点で中位投票者は所得移転の恩恵を受けることはない。所得移転を支持するとすれば，保険という観点からだろう。福祉支出を保険ととらえると，保険をかけるメリットが大きくなるほど，理想税率も上がるはずだ。では，経済格差が拡大し，中位所得が平均所得に比べて相対的に小さくなったとき，保険に対する需要はどのように変化するだろうか。保険の内容が一定だとすれば，高賃金を得ている労働者にとって失業は一大事なので保険をかける価値が高い一方で，賃金が低くなるほど被雇用と失業の差が小さくなるので保険の価値が低下する。そのため，所得が低下して相対的に貧しくなった中位所得者は，保険への需要を減らす。したがって，$r=0$ のとき，経済格差の拡大は所得移転を縮小させる。

　現実の福祉支出は，被雇用者と失業者の両者に分配されており，r は0と1の間のどこかの値をとっている。MWモデルは，政府支出の失業者に対する保険としての側面が強調されている社会と，被雇用者の間で所得格差を縮小するための再分配としての側面が強調されている社会では，格差の拡大が政府に

よる所得移転に与える影響の方向が逆向きになることを示している。所得格差の拡大によって政府の移転支出が増え，労働者内の格差が縮小しても，失業者と労働者の間の格差はかえって大きくなるかもしれない。また，所得格差が縮小し，政府による支出があまり必要ではなさそうに思われるとき，失業に備えた移転支出が増えることもありうる。

POUM 仮説

ここまでの公的保険で考えてきたのは，現在豊かな者が将来貧しくなる可能性である。他方，現在貧しい者が将来豊かになることも考えられる。その場合，低所得層が所得の上昇に備えて税率を低く抑えようとするかもしれない。これは，将来所得上昇見込み（prospects of upward mobility；**POUM**）仮説と呼ばれている（Bénabou and Ok, 2001）。現在の所得が平均未満でも，中位投票者が将来の所得あるいは自分の子の所得が平均を上回ると見込めば，将来の得を重視して現在の再分配を望まず，より低い税率を支持するということが考えられる。実証研究でも，所得階層間の流動性が高いほど再分配への支持が低いことが示されている（Alesina and La Ferrara, 2005；Ohtake and Tomioka, 2004）。

不平等の構造と再分配

MR モデルも MW モデルも，中位投票者の理想政策が社会全体の選択として採用されると仮定した。そのとき，中位投票者は１人の個人と想定されていた。しかし，比較的大きな社会を考えるとき，中位投票者という一個人が政策の決定権を握ると考えるのはあまり現実的ではない。代わりに中位投票者が属する集団が決定権を持つと考えるほうが自然である。そこで，有権者を低所得層，中間層，富裕層の３つの集団に分けて考えよう。低所得層も富裕層も単独では過半数を取れないとすれば，中位投票者は中間層に属することになる。そして，過半数の得票は，中間層が低所得層と富裕層のいずれかと手を組むことによって確保される。言い換えると，大きな政府を望む低所得層と，小さな政府を望む富裕層のどちらが中間層を取り込むかによって，政策が変わる。

N. ルプと J. ポントゥソン（LP モデル）によると，中間層の有権者が貧困層と富裕層のどちらと手を組むかは，格差の構造によって決まる（Lupu and Pontusson, 2011)。中間層と富裕層との差に比べ、中間層と貧困層の差が相対的に小さいとき、中間層は貧困層に対して親近感を持つ。すると貧困層に有利な政策を支持しやすくなり、再分配への支持が高まる。反対に、中間層が富裕層により近いとき、中間層は富裕層に親近感を持つので、再分配に反対する。

この仮説は、OECD 18 カ国のデータを用いた実証分析で検証されている。ルプとポントゥソンは、富裕層と中間層の差を 90–50 比で、中間層と貧困層の差を 50–10 比で測定する。90–50 比というのは、有権者の所得を低い順に並べたとき、下から 90% に位置する所得（つまり、上位 10% の所得）と 50% に位置する所得（つまり中位所得）の比である。同様に、50–10 比は中位所得と 10% 地点の所得の比である。さらに、90–50 比と 50–10 比の比をとり、その値を所得分布の「非対称性」と呼ぶ。中間層が貧困層に相対的に近づくほど、90–50 比が大きくなって 50–10 比が小さくなるので非対称性は大きくなる。データ分析の結果、非対称性が大きいほど、再分配の規模が大きくなることが確認された。この結果は、富裕層だけがどんどん豊かになることによって経済格差が広がるのであれば、政府による再分配も拡大することを示唆する。その一方で、中間層と低所得層の間での格差が拡大すると、非対称性は小さくなり、再分配は縮小する可能性すらあることを示す。

 多次元の政策空間における再分配モデル

J. ローマーの 2 次元モデル

再分配モデルの基礎として、ここまでは政策が 1 次元で争われる場合について考えてきた。政策次元が再分配のみだったので、所得分配（所得格差）によって再分配額が決まるメカニズムを検討した。しかし、現実の政治は複数の争点をめぐって行われており、再分配は複数の政策争点の 1 つに過ぎない。再分配額の決定メカニズムに対する理解を深めるためには、多次元の政策空間を考える必要がある（Iversen and Goplerud, 2018）。そこでこの章の最後に、多次元空間における再分配モデルを 3 つだけ簡単に紹介する。

まず，1つ目に所得分配とは無関係な次元が存在する状況をモデル化したものとして，J. ローマーの2次元モデルがある（Roemer, 1998）。たとえば，所得分配と宗教という2つの独立な次元があるとする。このとき，有権者が直接政策を決めるのではなく，ある政策パッケージ（再分配政策と宗教政策の組み合わせ）を提示する2つの政党が存在し，過半数の有権者によって支持された政党の政策が実現すると仮定しよう。このとき，中位投票者が支持する政党が勝つと考えられる。所得分配の次元のみなら，中位投票者の所得が平均以下のとき，より大きな再分配政策を提示する政党が勝つだろう。

　では，2次元ではどうだろうか。この場合，有権者が2つの政策争点のうちのどちらをより重視するかによって結果が変わりうる。有権者が再分配を重視するなら，1次元の場合と同じような結果が得られる。しかし，宗教次元のほうがより重要だと考えられている場合，宗教次元における中位投票者が結果を左右する。そして，宗教次元の中位投票者は中位所得者とは限らない。たとえば，有権者のなかで最も裕福な者が，宗教問題では中位の理想点を持つかもしれない。政党は，より重要な宗教次元での争いに勝つために，宗教次元での中位投票者の意見を反映した政策を提示すると考えられる（政党の政策が中位投票者に近づく理由については，飯田ほか，2015：第8章を参照）。政策はパッケージとして提示されるので，再分配政策についても宗教次元の中位投票者の理想が反映されやすい。したがって，宗教次元の中位投票者の所得が平均を上回るとき，政党は小さな再分配を志向すると考えられる。このように，過半数の有権者の所得が平均未満であっても，第2次元の存在によって再分配がなくなる可能性がある。第2次元の中位投票者の所得が平均以上になるとは限らないので，第2次元の存在が必ず再分配を減らすわけではない（特に，棄権の可能性を考えると，第2次元の存在によって再分配が増えることもありうる）。

社会的アイデンティティ均衡モデル

　2つ目に，有権者のアイデンティティから再分配を説明するものとして，社会的アイデンティティ均衡モデルがある（Shayo, 2009）。このモデルは，有権者が所得にもとづくアイデンティティを持つか，国民としてのアイデンティティを持つかを選べると仮定する。有権者は，自らが選んだアイデンティティによ

って支持する政策を決める。たとえば、「低所得層」という集団のアイデンティティを持てば、再分配政策を重視し、MR モデルが想定するように再分配を拡大する政策（政党）を支持する。有権者が自らの所属集団を決める際に重要なのは、集団の地位の高さと、その集団のメンバーと自分の類似性であるとされる。低所得層と高所得層では後者のほうが地位が高い。したがって、自分の所得が高いなら、「金持ち」というアイデンティティを選ぶかもしれない。しかし、自分の所得が低い場合、高所得層メンバーとの類似性が低いので自分を「金持ち」とは考えにくい。だが、低所得層は地位が低いので、それも選びたくないかもしれない。そのとき、低所得層よりも地位が高い「国民」という集団アイデンティティを選ぶ可能性が生じる。

このモデルには、2つの均衡がある。1つは、有権者の過半数である低所得者が所得にもとづいて「低所得層」アイデンティティを持ち、再分配を支持する場合である。低所得層アイデンティティが選ばれるのは、再分配によって低所得層の地位（可処分所得）が十分高くなると考えられるときである。このとき、多数によって再分配が支持・実施され、格差が縮小することにより、低所得層の地位は向上する。したがって、低所得層アイデンティティはより選ばれやすくなり、大きな再分配が均衡になる。もう1つは、低い地位にある低所得層アイデンティティが忌避され、多くの低所得者が「国民」アイデンティティを選ぶ場合である。このとき、有権者の多くは再分配を重視しないので、再分配の規模は第1の均衡より縮小する。再分配の縮小によって低所得者の地位は下がるので、低所得層アイデンティティはますます選ばれなくなり、小さな再分配が均衡になる。

このモデルにより、①強い国民アイデンティティは高所得層より低所得層で顕著にみられ、②国民アイデンティティが強いほど再分配への支持が低く、③民主制国家では国民意識の強さと再分配の規模の間に負の相関があるという事実をうまく説明できる。また、経済格差の拡大が低所得者の地位を低下させるとすれば、格差の拡大は再分配を縮小させることになり、ロビン・フッドのパラドックスも解消する（ただし、Solt, 2011 による反論がある）。

選挙制度と党派性

3つ目に，選挙制度によって再分配を説明するT. アイヴァーセンとD. ソスキスの研究（ISモデル）を紹介する（Iversen and Soskice, 2006）。ISモデルは，LPモデル同様，貧困層，中間層，高所得層という3つの有権者集団の存在を仮定する。再分配の額だけでなく，誰から誰に所得を移転するかも考慮に入れるのが，このモデルの特徴である。その結果，再分配全体の規模が同程度でも，高所得層から低所得層への所得移転，高・中所得層から低所得層への所得移転，高所得層から中・低所得層への所得移転などを分けて考えることができるようになる。ただし，移転の累進性を仮定する。つまり，貧困層（中間層）が受け取る移転額は中間層（高所得層）が受け取る移転額以上になるという制限を設ける。3つの集団の人数が同じだとすると，2つ以上の集団が手を結んで連立を組めば，過半数の支持を得て政策を選択できる。この条件のもとでは，選挙制度の違いが重要になる（選挙制度の効果については，第3章と第5章も参照）。

多数代表制（majoritarian system）の選挙は左派と右派の2政党で争われ，選挙前に有権者の連合が組まれる。このとき，中間層は，貧困層・富裕層のどちらと選挙前連合を組むか考える。貧困層と連合して左派政党を支持した場合，最悪のケースとして考えられるのは，選挙に勝った政党が中間層を裏切り，高・中所得層からの税収を低所得層のみに移転することである。他方，高所得層と一緒に右派政党を支持した場合，想定される最悪のケースは所得移転がまったく行われないというものである。これらの2つを比べると，前者のほうが損である。多数代表制では，選挙が終われば一方の政党が過半数議席を持つので，これらの「裏切り」のリスクが高い。したがって，中間層はリスクが小さい高所得層との連合を選びやすくなる。

比例代表制（proportional representation system）の場合，各集団を代表する3つの政党が選挙を戦い，それぞれ同数の議席を獲得すると期待される。つまり，どの政党も過半数を獲得できない。連立交渉は選挙後に政党間で行われ，政策に合意して連立が組まれる。いったん連立交渉がまとまれば，裏切りが起きる可能性は低い。他の集団（政党）を裏切ると，連立が崩壊し，政権を維持できなくなるからである。このとき，中間層が連立相手を選べるとしよう。低所得

図8.6　欧州の先進民主主義諸国における選挙制度と政府の党派性の関係（1945〜1998年）

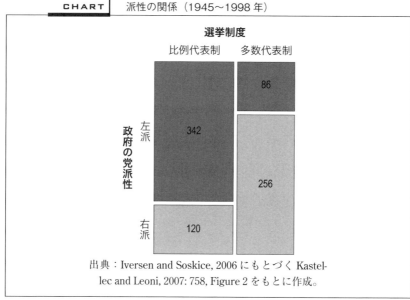

出典：Iversen and Soskice, 2006 にもとづく Kastel-
lec and Leoni, 2007: 758, Figure 2 をもとに作成。

層と組む場合，税収を低所得層と山分けするのが中間層にとって望ましい。高所得層と組む場合，累進性の仮定により低所得層より多い取り分は得られないので，すべての集団で税収を3分割することになる。これらを比べると，前者のほうが中間層にとって得である。よって，中間層は低所得層との連立を組みやすい。つまり，中道左派連立政権になりやすい。

　以上をまとめると，ISモデルは「多数代表制は右派政権を，比例代表制は左派政権を生み出しやすい」と予測する。図8.6が示すように，この予測は現実とも整合的である。モデルが想定したとおりのメカニズムが働いているなら，右派政権よりも左派政権のほうが再分配に積極的になるはずだ。選挙制度から政権の党派性へ，政権の党派性から再分配額へという影響の連鎖を考えれば，選挙制度が再分配額に影響を与えるとも考えられる。つまり，選挙制度と政府の党派性以外の条件を等しくすれば，多数代表制の国より比例代表制の国のほうが大規模な再分配を行うと予測される。

　政治経済学では，理論研究とともに実証研究も重要な位置を占める。理論自体に存在価値を認める研究者もいるが，実証をともなわない理論は役に立たないものとされることも多い。そのため，理論を実証することが求められるが，「実証」とは何だろうか。

　実証とは，調査・観察や実験によって測定したデータを分析し，理論の説明力を検証することである。言い換えると，理論が現実をどれだけうまく説明できるかを確かめるのが実証の役割である。理論から論理的に導き出される予測どおりのデータが得られれば，理論が実証されたと考える。

　本章で説明した MR モデルを例に考えてみよう。MR モデルは，中位投票者の所得が社会の平均所得と比べて低くなるほど，税率が高くなるという理論である。そこから導き出される 1 つの予測は，「ある社会における平均所得と中位所得の差が広がるほど，所得税が高くなる」というものである。この予測が正しいかどうかを，平均所得，中位所得，所得税率のデータを集めて検証し，データが予測と整合的であれば，理論が実証されたとみなす。1 つの理論が提示する予測は 1 つとは限らない。複数の異なる予測が導き出されるなら，複数の予測を検証することで，理論の確からしさを強化することができる。

　ただし，データと整合的な理論は複数ありうることに注意する必要がある。たとえば，「官僚優位論」から「官僚が作成した法案に議員が手を加えることはできない」と予測し，他方で「官僚従属論」から「官僚は議員が望むとおりの法案を作成する」と予測するとしよう。法案作成過程を観察したところ，「官僚が作成した法案が議会で修正されずに可決された」というデータが得られたとする。すると，このデータは 2 つの予測のどちらとも整合的である。したがって，予測とデータの整合性を確かめただけでは，ある理論が他の理論より確からしいことを実証することはできない。このような場合には，理論間で異なる予測についてデータと突き合わせて検証し，どちらの理論が現実をよりよく説明するかを明らかにすることが求められる。

　実証分析についての詳細は，浅野・矢内，2018，飯田，2013，キングほか，2004 などを参照されたい。

読書案内　　　　　　　　　　　　　　　　　　　　　　　　Bookguide ●

Larry M. Bartels, *Unequal Democracy: The Political Economy of the New Gilded Age*, Second Edition, Princeton University Press,

2016.

⇒アメリカにおいて政治が経済格差を拡大するメカニズムが分析されている。政治学の視点で経済を分析する政治経済学の醍醐味を存分に味わえる。

サミュエル・ボウルズ／佐藤良一・芳賀健一訳『不平等と再分配の新しい経済学』大月書店，2013 年。

⇒古い問題である不平等と再分配について，経済学の最近の知見を取り入れて新たな方向性を提示し，効率と平等のトレードオフを克服しようとする意欲作。

ブランコ・ミラノヴィッチ／村上彩訳『不平等について──経済学と統計が語る 26 の話』みすず書房，2012 年。

⇒コミュニティ内の不平等，国家間・民族間の不平等，グローバルな不平等という 3 つの異なるレベルでの不平等について，データを用いて丁寧にひもとく。不平等について考えるための基礎となる書。

経済成長と政治

QUESTIONS

1 政治は経済成長に影響を与えるだろうか。
2 経済格差は経済成長に影響するだろうか。
3 政治体制は経済成長に影響するだろうか。

KEYWORDS

経済成長　　経済格差　　不平等　　税の歪み　　政治体制　　民主制　　独裁制

1 本章の課題

　世界中の多くの国家にとって，**経済成長**は最も重要な政策目標の1つである。景気が低迷すると，経済以外の面でも多くの問題が発生する。たとえば，長期にわたる不況によって失業率が上がると，十分な栄養を摂れない人，病気になっても病院に行けない人，あるいは生活に困って自殺する人の数が増えるかもしれない（澤田ほか，2013）。そうだとすれば，経済成長の失敗は国民の生活や生命を脅かす重大問題である。反対に，景気が良くなることによって解決が容

易になる問題もある。好況によって税率を上げずに税収を増やすことができれば、実施可能な公共政策の幅は広がる。国民全体の可処分所得が上昇すれば、政府の助けが必要な場面が減り、公共政策全般に対する需要が低下し、本当に必要な政策のみに資源を集中させることができるかもしれない。また、景気が良いときは政府に対する支持が高まり、与党が選挙で勝ちやすくなる（Duch and Stevenson, 2008）ので、政府にとっては再選の手段としても経済成長と景気の上昇は重要な課題となる。

このように重要な経済成長であるが、どのような要因の影響を受けるのだろうか。経済成長の原因を探ることは、経済学にとって最重要テーマの1つである。マクロ経済学の教科書では、経済成長のモデルが紹介されている（たとえば、柴田・宇南山、2013：第3章や齊藤ほか、2010：第18章など）。これまでに経済成長を左右するさまざまな要因が検討されてきたが、本章はそのなかでも政治経済学が対象とする政治的・政治経済的要因に注目する。より具体的には、**経済格差**が政治的要因を通じて経済成長に与える効果と、**政治体制**が経済成長に及ぼす影響について考える。

2 経済格差と経済成長

拡大する経済格差

過去30年ほどにわたり、多くの先進国は国内での経済格差の拡大を経験してきた（Atkinson and Piketty, 2007, 2010；Kenworthy and Pontusson, 2005）。かつては「一億総中流」と信じられていた日本も例外ではない。2000年代に入ってから「格差社会」という言葉が頻繁に使われるようになった（例：大竹、2005；橘木、2006）が、図9.1が示すとおり、所得格差（所得のジニ係数）は1980年代から少しずつ拡大している。

他方、経済成長については、先進国全体で低調である。図9.2が示すとおり、主要先進国の最近40年ほどの経済成長率は5%を下回っている。日本に注目すると、1980年代までは比較的高い成長率を示していたのに対し、最近

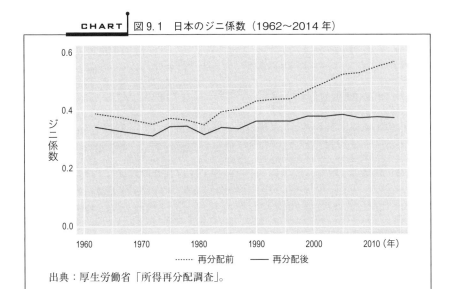

CHART 図9.1 日本のジニ係数（1962〜2014 年）

出典：厚生労働省「所得再分配調査」。

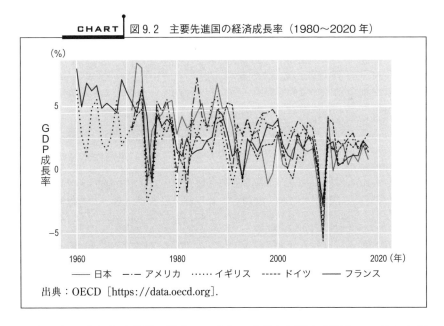

CHART 図9.2 主要先進国の経済成長率（1980〜2020 年）

出典：OECD［https://data.oecd.org］。

30 年ほどの成長率は非常に低く，マイナス成長を何度も経験していることがわかる。

　このように，1980 年代からの 30 年あまりは，所得格差拡大の時代であると

同時に，低成長の時代であった。これは偶然だろうか。それとも，格差の拡大と低成長が同時に起こるのには何か理由があるのだろうか。

不平等は経済成長を促すか

現代の価値観に照らすと，貧困は悪い状態であり，貧困をなくすことに反対する者はほとんどいないだろう。それに対し，経済格差については，減らすべきという意見と，減らす必要はない，あるいはむしろ格差は残すべきだという意見が共存しているようである。経済格差に対する意見の多様性の背後にあると思われる，経済格差のメリットあるいはデメリットとは何だろうか。特に，格差は経済成長にどのような影響を及ぼすのだろうか。

経済格差あるいは経済的不平等が必ずしも悪いことではないと考えられる理由の1つが，経済格差の存在が成長を促す可能性だろう。**不平等**であるほうが経済成長にとって都合がいい主な理由として，次の3点が挙げられる。

第1に，不平等な社会のほうが貯蓄が増え，そのおかげで経済が成長する。各国の年ごとの経済成長は，国内総生産（GDP）が前の年に比べてどれだけ増えたかによって測られる。GDPは，毎年各国で行われる経済活動の結果として生み出される価値の合計である。私たちは，新たに生み出された価値を消費して生きる。しかし，生産された価値をすべて消費するわけではない。生産高の一部は貯蓄され，その貯蓄の一部は将来の生産のために利用される。すると，今期よりも来期のほうが，生産に使う投入物を多くすることができる。投入物の量が増えれば，産出される生産物の量も増えるだろう。したがって，来期のGDPは今期のGDPよりも多くなる。これが経済成長である。この過程が繰り返されれば，経済は年々成長していく。消費率が低くて貯蓄率が高いほど，このような経済成長は起こりやすい（詳しくは，齊藤ほか，2010：第10章を参照）。

そして，貯蓄率を上げるのに貢献するのが富の格差であると考えられる。それは，貧困層に比べて富裕層の貯蓄率が高いからである。貧困層の所得額は低いので，彼らは所得の大部分を消費する必要がある。それに対して富裕層は，所得の一部だけで生活できるので，残りを貯蓄に回すことが可能である。そのため，富裕層の貯蓄性向は貧困層より高くなる。したがって，貯蓄率を上げるのは格差それ自体というよりは富裕層の存在であるが，富裕層が存在するため

には富が一部の人に集中する必要があるので，格差が必要である。また，格差が拡大するほど，社会のなかの一部の人間に富が集まる。そうすると，富裕層が自分だけでは使い切れない富の割合が大きくなり，貯蓄が増えるだろう。したがって，貯蓄が増えることによって経済成長が促されるなら，経済格差が拡大するほど経済成長率が高くなると予想される（Bourguignon, 1981；Stiglitz, 1969）。

　第2に，経済成長を促す新たな産業の創出や技術革新は，不平等な社会で起こりやすいという考えがある。新しい産業を生み出したり，技術革新を起こしたりするためには大規模な投資が必要である。しかし，新産業や技術革新に対する初期投資は，無駄になることも少なくない。完全な失敗に終わると投資したものがすべて無駄になるし，最終的には成功するとしても，その過程には大小さまざまな失敗がつきもので，投資の大部分が浪費されるだろう。つまり，このような投資はリスクが高い。

　平等な社会においてこのようなプロジェクトを成功させるためには，多数の者が少しずつ投資する必要がある。しかし，社会の構成員すべての協力が必要なわけではない。そうすると，各人が「自分だけは投資しなくてもいい」という判断を下し，他人の投資にタダ乗りしようとするだろう。その結果，プロジェクトを成功に導くために十分なだけの投資が集まらないという集合行為問題が発生する（集合行為問題については，**序**章を参照）。プロジェクトが成功した場合に投資者に優先的に利益を分配するようにしても，分配が広く薄く行われると考えれば，問題は解決しないだろう。これに対し，プロジェクトに必要な投資を単独で行えるような個人が存在すれば，この問題は解決する。したがって，投資家に富が集中すること，すなわち，経済格差の存在は，新産業の登場や技術革新を通じた成長にとってのメリットとなりうる。

　第3に，不平等が働く意欲を高めると考えられる。努力をしてもしなくてももらえる給料が同じなら，努力はしないほうが得だと考える人は多いだろう。したがって，所得の平等度が極端に高い場合，努力する人の数は減ると考えられる。努力する人の数が減ると，その分だけ生産性が下がるだろう。その結果，経済全体の生産高が落ち込み，経済は失速する。それを防ぐためには，人々が努力したくなるようにインセンティブを与えればよい。たとえば，各個人の成

績によって給料が変わるという仕組みがあれば，頑張れば成果が上がると信じられる個人は努力をするだろう。そのような人がたくさん存在すれば，努力の増大に応じて生産性が上昇し，経済成長が見込める。このように考えると，所得格差は労働インセンティブとなるので，格差を残したほうが経済成長にとっては都合がいいということになる。

　これらの理由から，かつては不平等が経済成長に貢献する要因あるいは成長のための必要悪であると考えられてきた。これらの理論は，現実のデータによって支持されるだろうか。

不平等が経済成長を妨げる

　1990 年代以降，不平等が経済成長に与える影響についての実証研究が数多く実施されてきた。その結果，現在では経済格差が経済成長に悪影響を与えるという主張のほうが有力である。代表的な研究をいくつか紹介しよう。

　富の不平等な分配が経済成長に与える悪影響，あるいは平等な分配が成長に与える正の効果は，さまざまなデータ分析によって明らかにされてきた。たとえば，A. アレシナと D. ロドリックは，1960 年頃の所得の不平等と土地所有の不平等度が高いほど，1960 年から 85 年までの経済成長率が低くなることを示した（Alesina and Rodrik, 1994）。また，T. パーションと G. タベリーニは，中産階級が占める所得率が高いほど，経済成長率が高くなることを，民主制と独裁制の両者を含む国家間比較と，先進 9 カ国を対象とした時系列分析で示した（Persson and Tabellini, 1994）。R. ペロッティも，対象国を増やしたデータ分析で，同様の結果を示した（Perotti, 1996）。

　R. ベナブは，不平等が経済成長を妨げる例として，韓国とフィリピンを比較した（Bénabou, 1996）。1960 年頃，これらの 2 国は経済的にとてもよく似た国だと考えられていた。実際，1 人当たり GDP，人口，都市化度，初等・中等教育の就学率などの主要な経済指標でみると，これらの 2 カ国はほとんど同じような値を示していた。1965 年の韓国の 1 人当たり GDP は約 110 ドル，フィリピンでは約 190 ドルだった。しかし，2 カ国間で著しく異なるところが 1 つだけあった。それが，経済格差である。1965 年の韓国のジニ係数が 0.34 だったのに対し，フィリピンのジニ係数は 0.51 だった。また，上位 20% と下位

20% の所得比は，韓国で 7.21 だったのに対し，フィリピンでは 16.00 であった。つまり，韓国に比べ，フィリピンは圧倒的に不平等な経済だった。その後の経済成長の過程は，2 カ国で大きく異なった。2 カ国ともに成長はしたが，2015 年時点でのフィリピンの 1 人当たり GDP は約 2900 ドルであるのに対し，韓国のそれは約 2 万 7100 ドルである。この間の成長率は，フィリピンでは 1400% であるのに対し，韓国では 2 万 4500% である。韓国はいまや先進国の仲間入りを果たし，1 人当たり GDP は日本に匹敵するまでに成長した。フィリピンが韓国のような急成長を遂げられなかった一因は，大きな経済格差にあったと考えられる。

再分配と経済成長

　経済格差が経済成長に悪影響を及ぼすとして，格差の何が成長を阻害するのだろうか。格差が経済成長に影響を与えるメカニズムについて考えてみよう。

　経済格差が成長を妨げるメカニズムとしてまず考えられるのは，再分配である。前章で説明したとおり，民主制のもとでは多数者の意見によって税率が決まる。多数者の意見として政策に反映されるのが中位投票者の立場だとすると，経済格差の拡大は再分配の拡充につながりうる。再分配の拡充とは，つまり増税である。中位投票者が税率を決める際，最大化しようとするのは自らの可処分所得であって，社会全体の所得すなわち GDP ではない。中位投票者の所得は平均所得より低いのが普通なので，中位投票者は再分配によって得をする。経済格差が拡大すると，中位投票者は税率を上げたがるだろう。すると，税率が GDP を最大化するために効率的な水準よりも高くなってしまう。これは**税の歪み**と呼ばれる。

　税率が高くなるのは，経済成長にとって不都合である。まず，富裕層の可処分所得が減少し，貯蓄・投資に回るお金が少なくなる。これは，経済成長に対する格差のメリットとして考えられた，貯蓄率の上昇と技術革新という 2 点を消してしまう。さらに，高い税率は労働意欲を低下させる。高所得層は働いても税金によって可処分所得が減るので働く意欲を削がれ，低所得層は働かなくても再分配所得がもらえるので努力しなくなるかもしれない。つまり，再分配があることを予期して行動する個人にとっては，大きな再分配がある社会は所

得格差が小さい状態に等しいので，努力のインセンティブとなる格差が消えて
しまうのである。したがって，働く意欲を高めるという格差の第3のメリット
もなくなってしまう。

　このように考えると，経済成長を妨げているのは格差自体ではないというこ
とになる。経済成長を止める起点になっているのはたしかに経済格差だが，成
長を直接的に阻害しているのは再分配である。そして，格差の増大によって再
分配が拡大するのは，民主制だからである。政治体制が独裁制や富裕層による
支配（plutocracy）であれば，経済格差が拡大したからといって増税が実施され
ることはないだろう。よって，民主制が経済成長を妨げているともいえそうで
ある。民主制における再分配は，経済の観点からは合法的な所有権侵害とみな
すこともできる。このように，格差は政治を通じて成長を妨げると考えられて
きた（Alesina and Rodrik, 1994；Bénabou, 1996；Persson and Tabellini, 1994）。

　しかし，このような理論的予測を裏づける経験的な証拠は，これまでのとこ
ろほとんどみつかっていない。ペロッティは，再分配が経済成長を阻害すると
いう統計的な証拠はないことを示した（Perotti, 1996）。それどころか，W. イー
スタリーと S. レベロは，再分配が経済成長を促すことを，データ分析によっ
て明らかにした（Easterly and Rebelo, 1993）。これらの実証研究の結果から，格
差が成長を妨げるとしても，それは再分配を通じてではなさそうである。再分
配が成長に貢献するという証拠もあまり多くはないが，再分配を通じて格差を
縮小できるということを考えると，再分配によって経済格差を緩和し，経済成
長を阻害する要因を除去するというのが，成長のための有力な政治的手段にな
るかもしれない。

▏政治の不安定性と経済成長▕

　経済格差が成長を阻害する理由として次に考えられるのは，格差が生み出す
政治の不安定性である（Alesina and Perotti, 1996）。大きな格差は社会の分断を生
む。貧困層は，暴動を起こすかもしれない。その結果，左派による独裁制に転
換するかもしれない。暴動を起こさなくても，多数派を占める貧困層が大規模
な再分配を求めるかもしれない。実際に大規模再分配が行われると，富裕層の
不満が高まるだろう。その結果，富裕層が民主体制を打倒して右派による独裁

制に移行する可能性もある。1954年のグアテマラ，73年のチリ，76年のアルゼンチンにおけるクーデタなどは，行き過ぎた再分配に対する反発が引き金になったと考えられる。いずれにせよ，格差の拡大は政治を不安定にする。

　不安定な政治体制は，投資先として魅力的ではない。設備投資してもすぐに政府（貧困層）に取り上げられるかもしれないと思えば，投資を控えたくなるだろう。また，政権交代の可能性が高く，新政権が実施する政策を正確に予測できないような場合も，投資は控えられるだろう。投資額が減る結果として，経済成長は減速する。

教育・人的資本形成と経済成長

　経済格差が成長を妨げるメカニズムとして現在最も有力視されているのが，教育に対する投資の格差である（Bourguignon and Verdier, 2000；Galor et al., 2009；Perotti, 1996）。経済格差が大きい状況では，富裕層は教育にたくさん投資できるのに対し，貧困層は教育にそれほど多くの額を投資する余裕がない。その結果，高等教育を受けるのは富裕層出身者ばかりになる。富裕層は自分たちだけで教育に出資できるので，公共の教育サービスを必要としない。それに対し，公共の教育サービスが必要なはずの貧困層にとって，教育の優先順位は低い。そのため，貧困層を喜ばせるために政府が教育支出を増やすことも期待できない。その結果，格差の拡大が公的教育支出を減らし，教育格差が拡大する。

　教育の格差が拡大するということは，少数の熟練（大卒）労働者に対し，大多数の非熟練（高卒以下）労働者が供給されるということだ。近年の経済成長は技術革新によってもたらされる部分が大きいと考えられるが，技術革新の際に重要なのは熟練労働者の存在である。したがって，熟練労働者の供給が少ない状況は，経済成長にとって不利である。知識集約型産業のような労働生産性の高い産業の育成によって経済成長を達成するためには，多数の大卒労働者が必要になる。したがって，経済成長のために経済的平等を達成したほうがよいと考えられる。また，すでに格差が拡大してしまった状況で成長を促すには，教育の再分配が効果的な手段になりうる。たとえば，希望するすべての国民が高等教育を受けられるようにするのは1つの案として有力である。それが実現できるかどうかは「政治」にかかっている。

3 政治体制と経済成長

政治体制

　経済成長を規定すると考えられる政治的要因のうち，最も重要なものの1つが政治体制である。**政治体制**とは，ある社会のなかで政治的支配を行うための制度や組織の集まりのことである。ここでは，国家の政治体制についてのみ考える。

　政治体制の分類方法として最もよく利用されるのは，**民主制**（デモクラシー）と**独裁制**の二分法である。ある国家が民主制とみなされる最も基本的な条件は，「競争的な選挙が繰り返し実施されている」というものである。この基準は，J. シュンペーターによって提案されたもので，民主制の最小限定義と呼ばれている。これをもとにして R. ダールが提案した**ポリアーキー**の基準を用いて民主制と独裁制を区別するのが，政治学で広く共有された方法である。ポリアーキーとは「多数による支配」を意味する言葉で，自由化度と包括性の両者が高い政治体制を指す（ダール，2014）。

　実際に民主制と独裁制を分類したデータは複数あるが，代表的なものとして民主制の多様性（Varieties of Democracy：V-Dem）プロジェクトによる民主制（選挙，参加，熟議など）の指標がある（https://www.v-dem.net/en/）。図9.3 は，2018 年の選挙民主制についての V-Dem 指標を世界地図上に示したものである。色が濃いほど民主制の程度が高く，凡例の1が完全な民主制，0が完全な独裁制を示す。「デモクラシーの世紀」と呼ばれた 20 世紀が終わってもなお，世界にはたくさんの独裁制国家が残っていることがわかる。また，民主制と独裁制に分けるといっても，すべての国家がどちらかの政治体制にはっきり分類できるわけではなく，曖昧なケースについては混合政体（mixed regime）とみなされる。V-Dem 以外の代表的な民主制指標として，民主制−独裁制指標（Democracy-Dictatoship［DD］measure）（Cheibub et al., 2010；Przeworski et al., 2000）やフリーダムハウスによる「自由な国家」の指標（https://freedomhouse.org/）などが

図 9.3　V-Dem による政治体制の分類（2018 年の選挙デモクラシー）

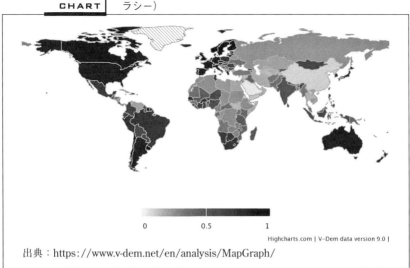

Highcharts.com | V-Dem data version 9.0 |

出典：https://www.v-dem.net/en/analysis/MapGraph/

ある。

所有権の保護と経済成長

　経済成長にとって政治体制が重要なのはなぜだろうか。政治体制が経済成長に影響を与えるメカニズムを考えてみよう。

　民主制では，法の支配（rule of law）によって所有権が守られている。民主制の政府が個人の財産を恣意的に没収することは，通常は許されない。所有権が保護されることによって投資が増え，それによって経済が成長する。近代初期のイングランドとフランスを比較すると，「制限政府」を早い時期に実現したイングランドが急速な経済成長を成し遂げたのに対し，絶対的な君主が存在したフランスの経済はあまり成長しなかった（Bates and Lien, 1985）。

　この議論では，民主制→法の支配→所有権の保護→投資の増加→経済成長という経路が想定されている。R. バローは，法の支配が経済成長を早め，投資を増やすということをデータ分析によって示した（Barro, 2000）。よって，法の支配から経済成長への経路は，想定どおりといえそうである。しかし，それだけでは政治体制が重要だという証拠にはならない。民主制が法の支配を強化するかどうかがわからないからである。

民主制と法の支配を別々に計測した指標をみてみると，民主制のスコアが低く独裁制だと考えられる国のなかにも，法の支配のスコアが高い国がある。そのような国の典型例がシンガポールである。シンガポールは独裁制国家だが，法律が一貫した方法で運用されている。法律が公正で正義にかなったものかどうかはさておき，決められたルールどおりに政府が活動するので，政府の行動に対する予測可能性が高いといえる。そのため，シンガポールには安心して投資することができる。結果として，シンガポールは目覚ましい経済成長を遂げることができた。

　反対に，法の支配が守られない民主制も存在する。1980 年代のコロンビア，イスラエル，ベネズエラや，1990 年代のボリビア，ホンジュラス，南アフリカなどが，そのような民主制の例である。これらの国では，政治的権利は認められていたものの，所有権がしっかり守られていなかった。そのような状況では，自分が投資したものが他人に奪われても，それを政府が守ってくれないかもしれないという不安がある。そのため投資が低調になり，経済が成長しない。

　このように，重要なのは法の支配と所有権の保護であって，政治体制ではなさそうである。このとき，民主制擁護派にとって不利なのは，再分配の存在である。再分配は，貧者が富裕層の所有権を合法的に侵害する手段である。投資の中心になるのは富裕層なので，経済成長にとって重要なのは富裕層の所有権が守られることであるが，民主制はそれを脅かす機能を内包している。その一方で，民主制によって法の支配が強化されるという研究（Leblang, 1996；Rigobon and Rodrik, 2005）や，所有権の保護が投資を惹きつけるかどうかは政治体制に依存するという研究（Nieman and Thies, 2019）もあり，この論争に決着はついていない。

┃投資・消費と経済成長┃

　労働者は消費指向であり，彼らが多数派を形成する民主制は投資よりも消費を重視することになり，結果として経済成長が妨げられるという研究もある（Galenson, 1959；de Schweinitz, 1959）。また，民主制では労働者が団結して労働組合や政党を結成し，それらを利用して賃上げ交渉を行うことができる。賃上げが成功すると会社の利益が圧迫されるので，投資が減る。その結果，経済成

長は遅れる。それに対し独裁制では，独裁者が未来志向で投資を重視すれば，消費を抑制して貯蓄を投資に回すことを国民に強いることができる。そのため，独裁制は経済成長を加速させると考えられる。

しかし，なぜ独裁者は未来志向で投資を重視するのだろうか。後継者がいない独裁者にとっての「未来」は現在からそれほど遠くないかもしれない（たとえば Olson, 1993 を参照）。また，現実の民主制には政治リーダーが存在し，有権者はリーダーが提示する政策のなかから最も望ましいものを選択するとも考えられるが，民主制のリーダーには有権者が未来志向になるように説得する力はないのだろうか。これらの点についても検証する必要があるだろう。

┃ リーダーの自律性と経済成長 ┃

リーダーの自律性が経済成長にとって重要であるという説もある。独裁制のリーダーは自分の周りにいる少数の意見だけを聞けばいいのに対し，民主制におけるリーダーは多数の意見に耳を傾ける必要がある。さらに，民主制では選挙を通じて政府が選ばれるので，利益団体などの特殊利益の影響も受けやすい。したがって，リーダーの自律性は独裁制で高く，民主制で低い。

では，経済成長を早めるためには，リーダーの自律性が高いほうがいいのだろうか，あるいは低いほうがいいのだろうか。これについては，対立する 2 つの立場がある（Przeworski and Limongi, 1993）。まず，自律性が高いほうが成長が早くなると考えることができる。経済成長を成し遂げるために最適な戦略・政策がある場合，自律性が高いリーダーはその政策を迅速に採用・実施できるのに対し，自律性が低い場合にはさまざまな理由でその政策を実施できない可能性が高まる。よって，独裁制のほうが成長しやすいと考えられる。

これに対し，自律性が低いほうがいいと考えることもできる。自律性が低いリーダーは，経済成長という目標から勝手に逸脱することができない。他方で，自律性が高いリーダーは，国の経済成長という目標から逸脱し，自らの私利私欲のために政策を実施することができてしまう。また，そのような逸脱行動を実際にはとらなくても，逸脱の可能性があることによって，投資家が投資を控えたり，資産を海外に流出させたりすることが想定される。よって，民主制のほうが成長しやすいと考えられる。

資源配分の効率性と経済成長

最後に，政治体制によって資源配分の効率性に差が出るという研究がある（たとえば Przeworski, 2004）。独裁者は，基本的には自分の幸せのために資源を配分する。その配分は必ずしも社会全体にとって効率的な配分とは限らない。それに対し，民主制の政府は，有権者を喜ばせるために資源を配分する。政府は，そうすることによって自らの再選可能性を高めようとするのである。有権者を喜ばせるためにどうしたらいいか考えたとき，効果的なのは景気を良くすることである。好景気はほとんどすべての有権者が望む合意争点なので，民主制の政府は経済成長にとって最も望ましい資源配分を行うインセンティブをもつことになる。したがって，民主制のほうが経済成長のために有利であると考えられる。ただし，第7章で確認したように，効率的な資源配分が必ず選択されるわけではないことに注意する必要がある。

民主制と経済成長

ここまでみてきたように，政治体制が経済成長に与える影響について，理論的に決着をつけるのは難しそうだ。そこで，実証分析でどのようなことが明らかにされているか，代表的な研究を紹介する。

J. ポスエロらによれば，民主制は経済成長を促さない（Pozuelo et al., 2016）。彼らは，これまでの実証研究は内生性の問題をうまく克服できていないと主張する。ここで問題とされる内生性とは，経済を原因とする体制転換である。つまり，政治体制と経済成長の間に相関があるとしても，政治体制という原因が経済成長という結果に影響を与えるのか，反対に経済成長という原因が政治体制という結果に影響を与えるのかがうまく区別されていないことが問題とされている。たとえば，経済的混乱が独裁体制の維持を困難にし，結果として民主化が起きたとする。そのあとでその国の経済が危機を脱すれば，独裁体制の時期よりも民主制の時期のほうが経済パフォーマンスが良いという結果が得られる。よって，体制ごとに経済成長を比較すれば，民主制が経済成長を促進したようにみえる。しかしその場合，民主制が経済成長の原因になったとはいえないだろう。

Column ❾　実証分析のためのデータ

　Column ❽で述べたとおり，理論とともに実証も重要である。実証分析のためには現実を把握する必要があるが，そのための1つの方法が数量データを用いることである。現在では，さまざまな数量データをインターネット経由で簡単に入手することができる。ここでは，政治経済学の研究で利用可能な代表的なデータの入手先を紹介する。どのデータベースもインターネットで検索すればすぐにみつかるはずだ。

　GDP 等の経済指標は，次のようなデータベースから入手できる。

- OECD. stat
- World Bank Open Data

　さまざまな世論調査データも公開されている。世界規模のものとして，

- International Social Survey Programme（ISSP）
- World Values Survey（WVS）

がある。地域別の調査として，Afrobarometer, AsiaBarometer, Eurobarometer, European Social Survey, Latinobarómetro などがある。さらに，各国の選挙調査データがあり，アメリカなら ANES，イギリスなら BES が利用できる。

　選挙関連のグローバルなデータとしては，次のものがある。

- Comparative Study of Electoral Systems（CSES）
- Global Election Database

　先行研究で使われたデータは，次のリポジトリに登録されていることが多い。

- 東京大学社会科学研究所附属社会調査・データアーカイブ研究センター（SSJDA）
- Harvard Dataverse
- Inter-university Consortium for Political and Social Research（ICPSR）

　ここで紹介したもの以外にもさまざまなデータが存在するので，興味のあるテーマに関するデータをインターネットで探してみよう。

そこでポスエロらは，各国の専門家に対する調査を行い，経済が原因となって起きた内生的民主化と，独裁者の死などの経済とは関係ない原因で起きた外生的民主化を区別する。そのうえで，外生的民主化によって経済成長が促されたかどうかを調べた。その結果，外生的民主化が経済成長を促進する証拠はみつからなかった。よって，民主制が経済成長を促す証拠はないという結論になる。

　それに対し D. アセモグルらは，民主制は経済成長を促進すると主張する（Acemoglu et al., 2019）。彼らは経済成長と政治体制に関する大規模なパネルデータを用いて，民主制が経済成長に与える影響を推定する。因果関係を明らかにするための統計分析の手法を駆使し，民主制が経済成長に与える因果効果の特定を試みた。その結果，民主化することにより，民主化後の 25 年間で GDP が 20〜25% ほど増加するという効果が明らかにされた。つまり，民主制は経済成長にとって有益であり，長期でみると実質的に意味がある効果をもたらす。

　このほかにも経済成長と政治体制の関係についての実証研究はたくさんある。それらの結論はここで紹介した 2 つの研究のように分かれており，まだまだ研究の余地がある。

読書案内 | Bookguide ●

Daron Acemoglu, *Introduction to Modern Economic Growth*, Princeton University Press, 2009.
　⇒経済成長について本格的に勉強したい場合に最適な教科書。政治的要因についても扱われている。
Daron Acemoglu and James Robinson A., *Economic Origins of Dictatorship and Democracy*, Cambridge University Press, 2006.
　⇒本章の課題とは逆向きの因果関係，すなわち経済が政治体制に与える影響について，理論と実証の両面から取り組んだ研究。結果としての政治体制について政治経済学的に考えるなら必読。
デイヴィッド・N. ワイル／早見弘・早見均訳『経済成長〔第 2 版〕』ピアソン桐原，2010 年。
　⇒経済成長全般について学べる経済学の入門書。

第 **10** 章

財政政策の政治経済学

1. 財政赤字はなぜ問題なのか。
2. なぜ国により財政赤字の規模が異なるのか。いかなる政治的要因が，財政赤字の規模に影響を与えるのだろうか。
3. 日本の巨額の財政赤字の原因は何か。

国民負担率　　クラウディング・アウト　　財政錯覚　　政治的景気循環　　党派的景気循環　　フィリップス曲線　　共有資源　　国際収支の天井　　財政と金融の一体性

1 本章の課題

　マクロ経済を安定化する政策として財政政策と金融政策がある。財政政策は，政府が歳入（税や国債発行など）と歳出（公共事業など）を増減させて，景気の拡大や抑制を図る政策である。金融政策は，中央銀行が金利や通貨量の調節を行うことで物価の安定を図る政策である。本章では財政政策について，次章では

図10.1 一般会計税収、歳出総額および公債発行額の推移

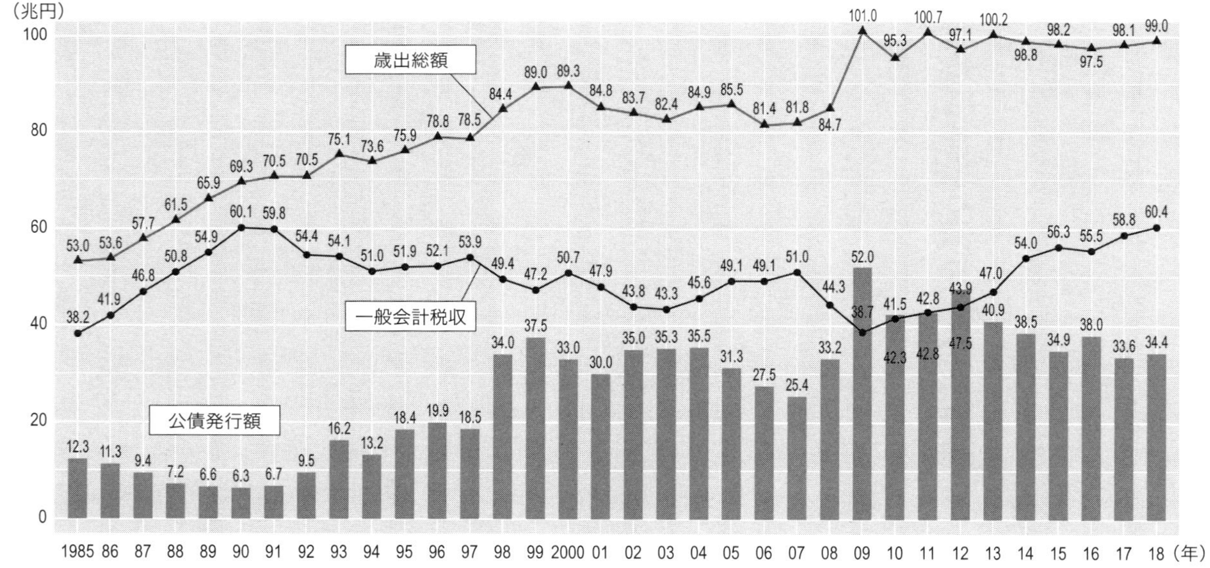

注1:すべて決算額。
注2:公債発行額は、1990年度は湾岸地域における平和回復活動を支援するための財源を調達するための臨時特別公債、1994～96年度は消費税率3%から5%への引き上げに先行して行った減税による租税特例収入の減少を補うための減税特例公債、2011年度は東日本大震災からの復興のために実施する施策の財源を調達するための復興債、2012年度および2013年度のための年金特例公債を除いている。2012年度および2013年度は基礎年金国庫負担2分の1を実現するための財源を調達するための年金特例公債を除いている。
出典:財務省ウェブサイト。

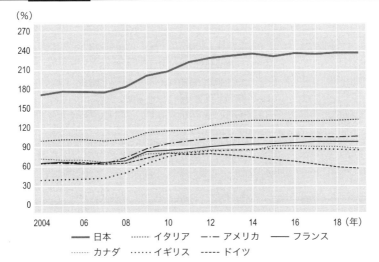

 図10.2 債務残高（対GDP比）の国際比較

注1：数値は一般政府（中央政府，地方政府，社会保障基金を合わせたもの）ベースである。

注2：日本，アメリカ，フランス，イタリアおよびカナダは2018年から，イギリスとドイツは2019年からが推計値。

出典：IMF "World Economic Outlook Database"（2019年4月）。財務省ウェブサイト。

金融政策について検討を行う。

　日本が巨額の財政赤字を抱えていることはご存じだろう。財務省ウェブサイトによると，2019年度一般会計での公債発行額は約32兆6605億円，2019年度末の政府公債残高は約897兆円と見込まれており，国民1人当たり約700万円に上る（図10.1）。中央政府に加えて地方政府と社会保障基金も含めた一般政府ベースでみると，2019年度の日本の総債務残高は対GDP比で230％を超えており，他の先進国はもちろんのこと，政府債務危機に陥ったギリシャの約180％をも上回っている（図10.2）。

　国ごとに違いは大きいものの，どの国も債務を抱えている。だが第2次世界大戦後，1960年代までは，先進欧米諸国では経済が成長し税収が順調に増えたため，税収の範囲内で政府支出を賄う**均衡財政**がおおむね実現されていた。ところが，1973年に第1次石油危機が発生して以降，先進国の高度経済成長

　本章の課題　●　183

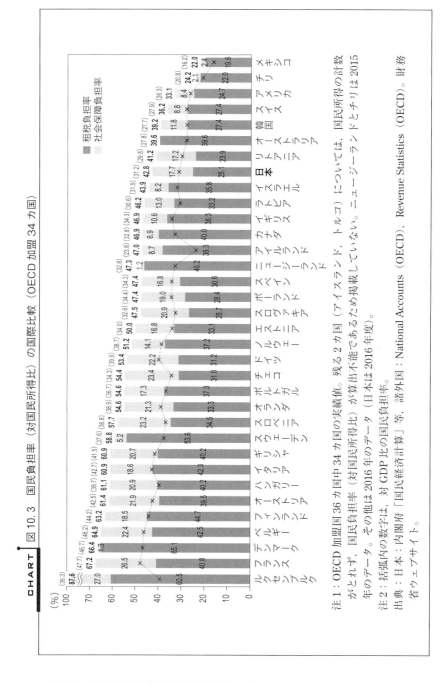

CHART 図 10.3 国民負担率（対国民所得比）の国際比較（OECD 加盟 34 カ国）

注 1：OECD 加盟国 36 カ国中 34 カ国の実績値。残る 2 カ国（アイスランド，トルコ）については，国民所得の計数がとれず，国民負担率（対国民所得比）が算出不能であるため掲載していない。ニュージーランドとチリは 2015 年のデータ。その他は 2016 年のデータ（日本は 2016 年度）。

注 2：括弧内の数字は，対 GDP 比の国民負担率。

出典：日本：内閣府「国民経済計算」等，諸外国：National Accounts（OECD），Revenue Statistics（OECD）。財務省ウェブサイト。

は終焉を迎える。経済の低成長により歳入不足が深刻化し，先進各国は財政赤字に陥った。1970年代後半以降，日本の政府債務残高も急速に増え続けた。バブル経済による税収増のおかげで，一時的に国債発行額が減った時期もあったのだが，バブル崩壊後に不況が長期化し，税収が減る一方，景気対策のための財政出動が繰り返されて，現在に至っている。

　巨額の財政赤字に対しては，政府が「無駄遣い」をやめて財政支出を削減すべきと主張されることがある。ところが対GDP比でみると，日本は先進国のなかでは政府支出が少ない国であり，政府の規模が大きいとはいえない（⇒第**2章**，図2.3）。一方で，先進国の**国民負担率**（租税負担率と社会保障負担率の和）を対国民所得比でみると，日本の国民負担率は比較的低いことがわかる（図10.3）。つまり日本は，財政支出が少ない「小さな政府」なのだが，税収がさらに少ないため，巨額の財政赤字に陥っていると考えられるのである。本章では，なぜ日本は，このような事態に陥っているのかを検討する。

財政赤字の政治的要因

国による違い

　日本で財政再建が進まないのは，巨額の債務を抱えているにもかかわらず，投資家が日本国債を購入しているため，ギリシャで発生したような政府債務危機が起こりそうにないからだと説明されることがある（⇒Column ❿）。またユーロ参加国は，ユーロの価値を維持するため，年間の財政赤字をGDPの3%以内，政府債務残高をGDPの60%以内に抑えるよう義務づけた安定・成長協定を締結している。しかし日本には，このような「外圧」もない。

　とはいえ，これらは財政再建が進まない必要条件でしかなく，財政再建を進められないというわけではない。また同じユーロ加盟国でも，国内貯蓄が過剰であるにもかかわらず財政黒字を実現しているドイツのような国もあれば，財政破綻に陥ったギリシャや，財政赤字が問題視されているイタリアなど，国により財政健全化の程度は大きく異なる。こうした国ごとの違いは何によって説

Column ⑩　財政赤字は解決すべき問題なのか

　財政赤字は大きな問題だとされる。だが，財政赤字を減らすために増税したり，財政支出を削減したりすることで，国民には大きな痛みがもたらされる。そこまでして財政赤字は解決しないといけない問題なのだろうか。

　政府赤字の拡大が引き起こす問題として，財務省ウェブサイトでは以下の4点が挙げられている。第1は，公的サービスの水準の低下である。歳出の多くが国債費（債務の償還費や利払い費など）に向けられることで，社会保障・文教・防衛・インフラ整備など，国民生活に必要とされる他の公的サービスへの支出が減り，その水準が低下してしまう。また，災害や経済危機などの不測の事態にも対応できなくなる。

　第2は，世代間の不公平である。現在の世代が国債発行で得た資金から便益を得て，その返済を，投票権を持たない子ども世代や，これから生まれてくる将来世代に押し付けるのは不公平である。もっとも，将来世代も便益を享受できる公共投資については，国債で賄ってもよいという考えもあり，このため建設国債と赤字国債とは区別して考えられる。ただし，効率性の低い社会資本については，その維持管理費が将来世代を苦しめることもありうる。

　第3は，民間部門の経済活力の低下である。政府が国債発行を通じて民間資金を吸収し続けると，金利が高騰して民間企業に資金が回らなくなり，経済活力が低下する（いわゆる**クラウディング・アウト**）。

　第4は，財政への信認低下による金利上昇である。政府の債務残高が増大し，政府が債務を返済できなくなる**債務不履行（デフォルト）**に陥るのではないかと疑われると，国債の買い手がいなくなり，政府は資金を調達できなくなる。また国債価格が暴落すると，国債金利が急騰する。国債金利は長期金利の指標となっているため，金融機関の貸出金利も連動して上昇し，その結果，企業の設備投資は減り，景気が悪化する。一方で，国債の格付け引き下げによっても，企業の資金調達コストは上昇する。民間企業は通常，国よりも信用が低いとされるため，その国の民間企業の社債の格付けも引き下げられるからである。さらに国債価格の暴落により，国債を大量に保有する金融機関の経営も悪化し，金融システムが不安定化する。2009年以降に深刻化したギリシャの政府債務危機では，こうしたことが起こったのである。

　それでは，政府総債務残高の対GDP比がギリシャよりも高い日本で，なぜ政府債務危機が起こらないのか。それは日本政府および日本の財政に対する信認があるため，投資家が日本国債を購入するからである。それではなぜ，日本の財政は信認されているのか。

第1に，発行された国債のうち，海外投資家が保有する比率が低いからである。ギリシャ国債は海外投資家による保有比率が70％を超えており，海外投資家は格付けが下がるとすぐにギリシャ国債を投げ売りした。これに対して2019年9月末時点での日本国債の海外保有比率は7.6％程度，国庫短期証券を含めても12.7％に過ぎない（財務省ウェブサイトを参照）。日本では，家計部門と企業部門が大幅な貯蓄超過であり，その資金が金融機関に預けられている。為替リスクや株価変動のリスクを嫌う金融機関は，そうした資金を日本国債の購入にあてている。それゆえ，国債が投げ売りされる可能性は小さいというのである。

　第2に，日本は租税負担率が低いため，まだ増税の余地があり，いざとなれば増税により財政を健全化することが可能だとみられているからである（伊藤，2015）。消費税増税に対しては国民の反対が強いものの，北欧諸国では付加価値税率は25％に上っており，消費税率が10％の日本は，さらなる引き上げが可能とみられている。

　上記の理由から，日本で政府債務危機がすぐに発生するとは考えにくい。しかしながら，少子高齢化が急激に進行しており，今後，家計貯蓄が減少することが予測されるため，いずれ国内貯蓄（家計貯蓄と企業貯蓄）だけで国債を保有することは難しくなる。海外投資家は低金利では日本国債を買ってはくれないし，価格が下がればすぐに投げ売りしてしまうであろう（伊藤，2015）。したがって巨額の財政赤字は，中長期的には解決すべき問題だと考えられる。

明されるのであろうか。

┃ 財 政 錯 覚 ┃

　財政黒字・赤字の規模に影響を与える経済的要因としては，経済成長率，利子率，失業率，交易条件などの変動が挙げられ，これらが改善すると財政は健全化する。なお交易条件とは，国際貿易において輸出品一単位と交換に入手できる輸入品の量を指し，多くの量を入手できるようになると国民の実質所得は増大する。

　だが，経済的要因のみで国ごとの財政赤字の程度の違いを説明することはできず，政治経済学では，経済的要因に加えて政治的要因から，国ごとの違いを説明しようとしてきた。本節では，財政赤字を政治的に説明しようとする代表

的な研究をみていく（ここでの整理は，Alesina and Perotti, 1994；Franzese, 2002；田中，2011を参照）。これらの研究は合理的選択アプローチや**合理的選択制度論**にもとづくものが多い。ただし，以下で紹介する説に対しては，その主張を否定する実証研究もなされており，それぞれの主張が矛盾するものもある。これらはあくまで仮説であることを強調しておく。

まず公共選択論では，民主主義国で再選を目的とする政治家は，現在の財政赤字が将来の増税につながることを有権者が認識できないこと（これを**財政錯覚**という）につけ込み，税収を上回る財政支出を行うと主張された。政治家は，景気が悪化すると財政支出を増やす一方，景気が回復しても財政支出を減らそうとはしないし，有権者は財政錯覚により，次の選挙で与党に投票しないことで，こうした政治家を罰するようなことはしない。このモデルからすれば，民主主義国では財政赤字は不可避となる（ブキャナン＝ワグナー，2014）。

┃ 政治的景気循環 ┃

次に，政権政党の党派性と財政赤字の関係について検討するのだが，その前提として，財政政策に関する政治経済学の議論として著名な政治的景気循環についてみておこう。

政治的景気循環論とは，選挙の時期に合わせて景気の拡張と後退の波（景気循環）が人為的に引き起こされるという主張である。政権担当者は，選挙のときに景気が良ければ再選されると考え，選挙前には拡張的な財政金融政策をとる。具体的には，公共事業や福祉などの財政支出を増やしたり，減税を行ったりすることで，雇用を増やし，家計の消費や企業の設備投資を活発化させる。また金融緩和政策をとることで，金利を引き下げ，企業の設備投資や家計の住宅購入を促す。こうした政策がとられることで，実際に景気はよくなる。

ところが選挙後に，景気が過熱化して企業の投資意欲や家計の消費意欲が強くなりすぎると，物価が継続的に上昇するようになる。このインフレーションを抑制するために政権担当者は，財政支出の削減や増税，金利を引き上げる金融引き締め政策など，緊縮的な財政金融政策をとらざるを得なくなり，その結果，不況になるというのである（Nordhaus, 1975）。

党派的景気循環

　この政治的景気循環論を批判したのが，**党派的景気循環**論である。この議論は，景気が良いときには物価上昇率（インフレ率）が上昇して失業率が低下する一方，景気が悪いときにはインフレ率が低下して失業率が上昇する，すなわちインフレ率と失業率との間にはトレードオフの関係があることを前提としている。この関係を図示したものを**フィリップス曲線**という。

　左派政党（社会民主主義政党）の支持基盤は，失業を嫌う労働者階級である。このため左派政党が政権を担うと，完全雇用を目標とし，インフレ率が上昇する危険を冒してでも失業率を下げようとして，拡張的な財政金融政策をとる。一方，右派政党（保守政党）の支持基盤は，不況になっても自らが失業する心配はあまりなく，資産を有するためインフレを嫌う中産階級である。このため右派政党が政権を担うと，インフレ抑制を目標とし，失業率が上昇する危険を冒してでもインフレ率を下げようとして，緊縮的な財政金融政策をとるのである（Hibbs, 1977）（⇒第**5**章）。

　それでは，なぜ資産を有する者はインフレを嫌うのか。それは，自らが保有する資産の価値が目減りするからである。具体的に考えてみよう。インフレ率が100％ということは，1個100円のハンバーガーが1年後には200円になるということであり，通貨の価値は2分の1に下落することになる。インフレ率がマイナス50％の場合，1個100円のハンバーガーが1年後には50円になるということであり，通貨の価値は2倍に上昇することになる。なお物価が継続的に下落することを**デフレーション**という。

戦略的債務操作

　党派的景気循環論が論じるように，左派政権は財政拡張政策をとり，右派政権は財政緊縮政策をとるというのが，通説的な見解である。ところが通説的な見解とは異なり，政権が戦略的に債務を操作するために，党派性に反した政策をとるとする2つの説が存在する。

　第1の説では，財政緊縮を好む右派政権は，次の選挙で，財政拡張を好む左派政党に政権をとられると確信している場合，財政支出を増やして債務を増や

す。そうすることで，次の政権が財政支出を増やせないようにするのである（Persson and Svensson, 1989）。

この説に関連して A. アレシナらは，二大政党制の国を想定し，どの政策分野での財政支出を好むのかに関して二大政党のイデオロギーの違いが大きくなればなるほど，また現在の政権が，次の選挙でも勝利して引き続き政権を担う見込みが低くなればなるほど，政府の債務は増大すると論じる。たとえば防衛費を増やしたい政党が政権を担い，社会保障費を増やしたい政党が次の選挙で政権をとる可能性が高い場合，現政権は公債を発行して防衛費を増やすだろう。そうすることで政権交代が起こっても，次期政権は財政悪化のために社会保障費を増やせなくなるからである（Alesina and Tabellini, 1990）。

次に第 2 の説では，政権は債務を活用して有権者の党派的選好を変え，再選可能性を高めるという。左派政党は右派政党に比べて歳出を増やしがちで，インフレや債務不履行を起こしがちだとみられている場合，右派政権はあえて政府債務を増やす。そうすることで有権者の多数が，銀行預金などを通じて公債を保有することになると，彼らは債務不履行を嫌うようになるため，左派政党を支持しなくなるというのである。逆に左派政権は，債務を減らすことで有権者の債務不履行への不安を軽減し，左派政党への支持をつなぎとめることができる（Aghion and Bolton, 1990）。

それでは現実はどうなのか。先進国を対象に政権の党派性が財政政策に与える影響を検討した研究によると，完全雇用や，それに近い雇用状態が実現していた 1970 年代初頭までは，左派政権は右派政権よりも緊縮的な財政政策をとっていた。だが石油危機以降，失業が増えると，左派政権は右派政権よりも拡張的な財政政策を実施する。ところが，国際資本移動が自由化されるにつれて，左派政権の国で失業が増えても，財政拡張の規模は以前よりも小さくなってきており，財政政策は緊縮へと収斂する傾向がみられるという（Cusack, 1999；Boix, 2000）。

ここで注意すべきは，政府の規模と財政赤字の規模とは必ずしも一致しないということである。左派政権が福祉政策などで財政支出を増やしても，それ以上の規模の増税を行えば債務は増えない。一方，右派政権が「小さな政府」をめざして財政支出を減らしても，それ以上の規模の減税を行えば，債務は増え

る。実際のところ、福祉政策が充実している北欧諸国では、財政支出が多い分、租税負担率も高く、財政黒字が実現されているのである。

世代間・世代内での再分配

　続いて世代間および世代内での再分配モデルをみておこう。A. クッキアマンらは、現在の世代を高所得層と低所得層に分け、以下のような世代間での再分配モデルを提示する。なお説明の便宜として、政府が必要とする資金を国民1人当たり30、高所得者の資産を100、低所得者の資産を0と考えてみよう。単純化したモデルのため、累進課税については考えないものとする。

　政府が支出を賄うために増税（30）を行うのではなく公債を発行する場合、高所得者は、現時点で支払う税の額が減り、子どもに遺す財産の額が増える（100）。そして子どもが、親の世代が遺した政府債務を返済するため、親の遺産から税（30）を徴収される（資産は70になる）。一方、政府が公債発行ではなく増税を行う場合、高所得者が支払う税の額が増え（30）、子どもに遺す財産の額が減る（70）。つまり高所得層は、政府が増税を行うか公債を発行するか、いずれであっても遺産の額を調整することで対応できるため、その選択には関心を持たない（いずれにしても子どもには70の資産が残る）。

　それに対し資産を持たない低所得者は、増税が行われた場合、子どもに負の財産（−30）を遺す（債務を相続させる）ことになるのだが、それはできないため、政府が増税ではなく公債を発行することで、子どもの世代から間接的に金を借りる（政府債務を遺す）ことを望む。それゆえ、低所得者が多くなる（所得・資産格差が大きくなる）につれて、また国民の寿命が延びる（資産を生前に使い果たす高齢者が増える）につれて、政府債務は増大するというのである（Cukierman and Meltzer, 1989）。

　このモデルに対しては、なぜ将来世代は債務を放棄しないのかという疑問、すなわち、低所得層は自身の子どもには債務を押し付けられないのに、なぜ政府は将来世代に債務を押し付けられるのかという疑問が提示される。この疑問に対し、世代内の再分配もモデルに組み込み、世代間の再分配との相互作用から回答したのが、G. タベリーニである。債務不履行は、債権保有者から納税者への再分配であり、債権を保有することの多い高齢者から債権を保有せずに

税を納めることの多い若者への再分配であり，債権を保有する高所得者から債権を保有しない低所得者への再分配である。だが高所得の若い納税者は，自らは債権を保有していないにもかかわらず，高所得で債権を保有する親の福利を考えて政府の債務不履行に反対する。こうして債権を保有しない若者の一部が「反デフォルト連合」に加わるため，多数決ルールにより政府の債務は履行されるというのである（Tabellini, 1991）。

　これらのモデルからすれば，所得格差が大きい国や高齢者が多い国では，政府の債務が増大すると考えられる。これに対し，政府は財政支出を増やすためだけではなく減税のためでも公債を発行できるのだから，高所得者が多い国，とりわけ高所得の高齢者が多い国でも，政府が債務を増やすことが支持されうるとか，若者が多い国では教育への投資を増やすことで，将来，その効果で経済が成長し，税収が増えると期待して，教育への投資のために債務を増やすこともありうるという説も提示されている（Franzese, 2002）。

共有資源問題

　税は国民全体から広く集められる**共有資源**であるため，そのコストは認識されにくい。その反面，財政支出による個別事業の利益は特定の者に集中する。このため，税は過剰に消費されるというのが共有資源モデルである。選挙区ごとの代表者である政治家は，税のコストに比べて，公共事業などが地元の選挙区にもたらす利益を過大に評価するため，過剰な利益供与がなされることになる。それゆえ，選挙区が地域ごとに細分化されて，その数が増えると，全国一選挙区の場合に比べて財政支出は増大すると考えられる（Weingast et al., 1981）。

　さらに，このモデルから，もっぱら農家から支持を集める農業政党や，特定の民族からの支持を集める民族政党が連立政権に加わっている国や，連邦制で州の数が多い国で，債務が増え，一方，大統領は全国一選挙区で選出されるため，大統領制の国では債務が減るという説も提示されている（Franzese, 2002）。

政府の断片化・分極化

　N. ルービニらは，内閣の在任期間が短く，多くの政党から構成される「弱い政府」で，財政赤字が増大するとしている。単一の政党が議会の過半数の議

席を占めて政権を構成する単独多数政権に比べて，多数の政党から構成される連立政権では，政党ごとに利益や支持団体が異なるため，予算をめぐって内閣内での争いが起こりやすく，しかもそれぞれが拒否権を持つからである（Roubini and Sachs, 1989）。

　他方，アレシナらは，経済的要因によって財政赤字が発生したあと，財政再建がなかなか進まない理由を説明する「消耗戦」モデルを提示した。増税や財政支出の削減といった財政再建のコストをどのように負担するのか，合意に達するのが遅くなればなるほど，債務は増大して財政再建のコストは大きくなる。そしてここでは2つの団体があり，財政再建のためには，どちらか一方の団体が，もう一方の団体よりも大きなコストを負担しなければならないと仮定する。この場合，相手団体が，財政赤字の増大により不安定になった経済のもとで生活するコストのほうが，財政再建のコストよりも大きいと考えるようになり，自ら進んで，より大きなコスト負担を受け入れるようになるまで待つことが，両方の団体にとって合理的な行動となる。よって両者は，財政再建に協力せずに相手の譲歩を待つ持久戦に入るのである（Alesina and Drazen, 1991）。このモデルは抽象的だが，たとえば福祉支出の削減による財政再建を主張する経営者団体と，法人税増税による財政再建を主張する労働組合があり，それぞれを支持基盤とする保守政党と社会民主主義政党が，ともに議会で過半数の議席をとれずに連立政権を構成している状態を考えてみるとよい。

　このモデルから，連立政権では財政再建が遅れることが説明できる。単独政権の場合には，与党の支持層とは異なる，野党の支持層に財政再建のコストを押し付けることができる。だが，それぞれ別の支持層を持つ，多数の政党による連立政権や，イデオロギーが大きく離れた（分極化した）政党による連立政権の場合，財政再建のコストを誰に負わせるのか，調整が難しく，財政再建は遅れることになる（Spolaore, 1993；Franzese, 2002）。

　その後，「弱い政府」では予算調整が難しいという主張に関連した研究が次々と登場する。二元代表制をとるアメリカの州政府を対象として，州知事の属する政党と議院の多数を占める政党が異なる**分割政府**，とりわけ上院と下院でも多数党が異なる場合は，州知事の属する政党と議院の多数を占める政党が同じである**統一政府**に比べて，歳入減への対応ができずに財政赤字に陥るとし

た研究や（Alt and Lowry, 1994），政府が議会で予算案の承認を得るには，拒否権を持つ議会多数派に利益を供与しないといけないのだが，二院制の国では，異なる政策選好を持つ2つの多数派に利益を供与しないといけないため，一院制の国に比べて財政支出が増え，財政赤字も増えるという研究などである（Hellar, 1997）。これらの議論は，拒否権プレイヤーという概念を用いて一般化することができる（⇒第11章）。

　一方で，連立政権に加わる政党の数が多くなるほど財政赤字が増大するという主張を実証的に否定する研究も，数多くなされている。また，議会で多数を占める連立政権ではなく，少数与党政権の場合に財政赤字は拡大するという研究（Edin and Ohlsson, 1991）や，執政府の断片化を財政支出部門の大臣の数で，議会の断片化を連立政権に加わる政党の数で，それぞれ測定し，支出部門の大臣の数が多いほど，また連立政権に加わる政党の数が多いほど，財政赤字は大きくなるのだが，前者の効果のほうがより大きいとする研究（Kontopoulos and Perotti, 1999），同等の力を持った政党によって構成される連立政権では，それぞれが拒否権を持つため，1つの政党が支配的な力を持つ連立政権に比べて政府債務が大きくなるとする研究（Huber et al., 2003）などがある。

選挙制度と執政制度

　「弱い政府」を生み出す原因として，選挙制度と執政制度に着目する見解がある。まず前者についてである。小選挙区制では二大政党制になりやすく，しかも第一党に議席を過剰に配分するため，単独多数政権ができやすい。これに対して比例代表制では，多党制になりやすく，しかも一党で議会の過半数を占めることが難しいため，イデオロギーが異なる多数の政党が連立政権を構成することになりやすい。それゆえ，比例代表制の国では小選挙区制の国に比べて財政赤字が増大するというのである。

　次に後者についてである。大統領制では議院内閣制に比べて，政権の任期は固定され，継続期間も長くなるため，財政赤字は小さくなるという説と，大統領制では分割政府となりやすいため，かえって財政赤字が大きくなるという説がある（Persson and Tabellini, 2003）。

中央銀行の独立性

通貨価値の安定を使命とする**中央銀行**の独立性が高い国では，中央銀行がインフレを引き起こす危険性のある国債の大量発行に反対し，国債の引き受けを拒否するため，財政赤字は抑制されるという説がある（Parkin, 1986；中央銀行の役割については⇒第11章）。また，インフレにより通貨価値が低下すれば，政府は債務を実質的に減らすことができるのだが，中央銀行の独立性が高いと，政府はインフレを期待できないため，債務を増やすことに慎重になるという説もある（Alesina and Perotti, 1994）。

もっとも，中央銀行の独立性が低くても，政府が財政健全化に取り組むことは可能であり，実証研究でも，中央銀行の独立性と財政赤字は統計的に有意な関係ではないとされている。

予算編成過程と予算制度

最後に，予算編成過程と予算制度に着目する研究をみておく。近年の国際比較研究を踏まえて田中秀明は，予算編成過程を集権化し，透明化することで，財政赤字を抑制できるとし，①財政ルール，②中期財政フレーム，③意思決定システム，④予算・財政に関する情報と透明性，が重要だと論じる。

①財政ルールとは，財政政策に恒久的な制約を課すもので，財政収支（赤字）の数値目標を決める「財政収支ルール」，債務残高の数値目標を決める「債務残高ルール」，財政支出の数値目標を決めたり，恒久的に財政支出を増やすような政策を導入する場合には，その分の財源の確保を求めたりする（これをPay-As-You-Go原則という）「支出ルール」，「収入ルール」がある。

②中期財政フレームとは，予算の単年度主義の欠点を補うために，複数年にわたる主要財政指標（支出・収入・収支・債務残高など）の中期的な見積もりや予測を示すものである。田中は，中期財政フレームで事前に財政ルールを設定し，その遵守状況を事前および事後に検証することで，政府が財政ルールに違反していないかどうかを監視することが可能になるとする。さらに，中期財政フレームを機能させるためには，政府から独立した「独立財政機関」を設置し，財政政策を監視・評価することが望ましいとしている。

③意思決定システムとは，先述した政府の断片化に関することであり，政府部内・議会における意思決定が集権化していないと財政赤字が増大するとされる。田中は，首相や財務大臣に予算編成の権限が集中しているか，連立政権が一般的な国の場合，政権内で予算案や中期財政フレームの決定に際して厳格な合意ルールがあるか，議会の予算修正に制限があるか，などが重要だとしている。

④予算・財政に関する情報と透明性に関して田中は，透明性だけで財政赤字や債務残高の大きさは説明できないものの，透明性の高い国で小さくなる関係があることが推測されるとしている（田中，2011，2013）。

３ 日本の財政赤字

▎高度成長期の「小さな政府」

最後に本節では日本の財政赤字について検討した研究をみていこう。これまでみてきた研究は，先進国すべてに当てはまる財政赤字の原因を見出そうとしてきたものである。だが，特定の国の財政赤字については，その国の歴史的経緯によるところが大きい。このため日本の財政赤字の説明についても，**歴史的制度論**にもとづく研究が多くなっている。

戦後に発生したハイパー・インフレーションを収束させるため，1948年12月にアメリカ政府は，連合国軍最高司令官総司令部（GHQ）を通して日本政府に対し，**経済安定9原則**の実施を命じ，1949年には財政支出の削減による超均衡予算（ドッジ・ライン），単一為替レート（1ドル＝360円）の設定，**シャウプ勧告**にもとづく直接税を中心とした税制改革などが実施された。以後，1965年まで，国債にほとんど頼らない均衡財政が維持される。

なぜ均衡財政が可能になったのか。保守政党が政権をとり続けたためとする党派的な説明では不十分である。というのも，1955年に結成された自由民主党は，自由党の吉田茂に代表される経済的自由主義の傾向と，日本民主党の石橋湛山，岸信介に代表される社会民主主義の傾向を併せ持っていたからである。

実際に自民党は，産業基盤整備と地方利益促進のための公共事業や，選挙対策のための福祉政策にも熱心で，財政拡張を要求してきた。政府内でも通産省は，政府介入による経済発展を志向していた。それに抗して「小さな政府」を実現してきたのは，均衡財政原則を掲げた大蔵省であった（大嶽，1983）。

　それでは大蔵省が均衡財政原則を掲げたのはなぜか。これは政府の外貨準備が不足していたという当時の経済環境によるところが大きい。景気が過熱すると輸入が増え，その支払いのためにドルが必要とされて円売りドル買いが進み，円安ドル高となる。この場合，固定為替相場制では為替レートを一定に保つために，政府が外貨準備（ドル）を用いて自国通貨（円）を購入しなければならず，そうすると外貨準備が足りなくなる。そこで大蔵省は，この**国際収支の天井**を常に意識し，景気の過熱を抑えるために均衡財政を実施したのである（山口，1987）。

　大蔵省が，均衡財政原則を実現する政治力を持つことができた理由として，伊藤大一は，**歳出と歳入の一体性**（主計局と主税局の一体性）を挙げる。各省庁からの予算要求を査定して予算編成を行う主計局と，税制の企画立案を担当することで，配分可能な財源（税収等）についての情報を独占している主税局が，同じ大蔵省内に配置されたことで，主計局は予算編成に際して歳入に関する情報を利用することができた。大蔵省は，意図的に当初予算ベースの自然増収見積もりを過小評価することで，他の支出官庁の歳出要求を抑え込んだのである（伊藤，1980）。

　それでは日本が税収の少ない「小さな政府」となったのはなぜか。1950 年代から高度成長期にかけて税収額は大幅に増大した。しかし大蔵省は，所得税減税を繰り返して租税負担率をほぼ一定に保ち，郵便貯金や年金積立金を原資とする財政投融資制度を積極的に活用することで，一般会計の規模拡大を抑制したため，「小さな政府」が定着することになった。このことについて樋渡展洋は，次のように説明する。各業界や行政当局は，特定産業の発展を促すため，その業界に対して特例的に法人税を減免する**租税特別措置**の実施を大蔵省に求めた。一方で与野党はともに，戦前に比べて税負担が過重と考えられていたために国民が強く望んでいた，所得税減税の実施を要求していた。そこで大蔵省が，前者の圧力を牽制し，後者の要求に加担することで，両者の圧力からの自

律性を維持しようとした結果，財政規模の拡大が抑制されたというのである（樋渡，1991）。

これに対し真渕勝は，主税局の**機関哲学**（行政機関の安定的・持続的政策目標と，それに特徴的な行動様式のセット）と，主計局と主税局の一体性が，大蔵省の「小さな政府」志向を規定したと論じる。税の専門家集団である主税局は，税体系における理論的整合性を追求し，シャウプ勧告により導入された直接税偏重の税制を是正すること，具体的には，①所得税の減税，②奢侈品や高級品にかかる物品税や揮発油税といった間接税の増徴，③物品税から一般消費税への転換による間接税体系の合理化，を政策目標としていた。このため高度成長期には，所得税減税が繰り返されたのである。さらに，この主税局の機関哲学が，同じ組織内にある主計局の政策選択をも規定することで，「小さな政府」の定着に貢献した。その後，財政危機の深刻化に対し，政府が一貫して所得税増税ではなく大型間接税の導入を検討したのも，このためである（真渕，1989）。

大嶽秀夫は，主税局の機関哲学に加えて，国民の政府不信から「小さな政府」の定着を説明する。主税局が所得税減税を主張したのは，戦前の日本は税負担が軽かったため，戦後の税負担は過重であると認識していたことと，農家や自営業者といった事業所得者に比べて給与所得者の税負担が不当に重いと考えていたことによる。さらに，戦後の一時期に財政事情が極度に悪化したため，占領軍の指示で国民から過酷な税の取り立てを行ったという事情もあった。このため，税務職員が課されてきた納税者との軋轢・緊張関係と仕事量の負担はきわめて大きく，控除額の引き上げにより納税者の総数を減らすことで，これを軽減したいという，主税局・国税庁の組織利益の観点からの判断もあった。一方で国民は，戦前は間接税の占める割合が高かったため，所得税を徴収されることに慣れてはおらず，そのうえ徴税当局が敗戦直後に強権的な徴税を行ったことから，敗戦により生じていた政府に対する不信感をいっそう強めることになった。それゆえ国民の間では，減税が最も人気の高い政策となり，与野党とも選挙のたびに減税を公約として掲げたのである（大嶽，1992）。

他方，加藤淳子は，大蔵省が組織利益の観点から，高度成長期には所得税減税を繰り返し，1970年代以降には大型間接税の導入に専心したと論じる。加藤によると，大蔵省の組織権力の源泉は，予算要求を査定する権限にある。だ

が，財政が極端に逼迫した状況では財政支出が厳しく制約されるため，予算の調整や予算決定において裁量の余地がなくなり，査定権限を行使できなくなる。逆に放漫な財政支出が許される状況でも，予算査定の必要がなくなってしまう。そのため大蔵省は，高度成長期には所得税減税を行うことで予算規模の拡大を防ぎ，その後，財政赤字が拡大すると財政再建に熱心になったというのである。

したがって大蔵省は，組織利益の観点から消費税中心の税制を望むと考えられる。広い課税ベースを持つ消費税は，景気が大きく変動しても税収は安定しているため，直接税中心の税制に比べて，極端に緊縮的あるいは極端に放漫な財政状況に陥りにくいからである（加藤，1997）。

▍財政と金融の一体性

国際収支の天井は，1960年代後半に貿易黒字が定着するようになると解消される。1970年代後半以降には，対GDP比でみた日本の政府債務残高は先進国のなかで最大となる。真渕勝は，その原因が**財政と金融の一体性**にあると論じた。

1970年代に財政拡張政策がとられた原因は，自民党が景気対策と選挙対策として，公共事業費や社会保障費などの財政支出の拡大を求めたことから説明できる。しかし，政治家が選挙対策として財政拡張を求めるのは，他の民主主義国でも共通してみられる現象である。

そこで注目されるのが，財政と金融の一体性という制度である。財政赤字は国債発行によって賄われるのだが，国債があまりに大量に発行されると，市場がそれを消化できなくなる。この場合，政府は中央銀行に国債を引き受けさせようとする。しかし，政府からの独立性が高い中央銀行は，通貨価値の安定を脅かす国債の大量発行に反対し，国債の引き受けを拒否する。そのため政府の国債発行は，市中消化が可能な範囲内に抑えられる。

ところが1970年代の日本では，財政当局の大蔵省が金融部門も担当し，法制度的に金融機関と日本銀行を従属させていた。そのため大蔵省は，金融機関に国債を低金利で購入させることができた。さらに，その国債の大部分は発行後1年を経過すると，日本銀行が購入していた。日本銀行は，**公開市場操作**（オペレーション）により短期金融市場の資金量を増減させることで金利を動か

す。金融を緩和するときには，国債などの債券を市場から買い入れることで，市場の資金量を増やして金利を低下させる。これを買いオペレーション（買いオペ）という。逆に金融を引き締めるときには，市場に債券や手形を売却することで，市場の資金量を減らして金利を上昇させる。これを売りオペレーション（売りオペ）という。日本銀行が国債を直接引き受けることは財政法5条で禁止されているものの，発行後1年を経過した国債を購入することは可能としていたため，日本銀行は買いオペにより，金融機関が保有する国債の大部分を購入していた。こうして国債の大量発行は可能になったのである。

　しかしながら日本銀行の買いオペ率は，1974年をピークに低下していく。物価対策の観点から日本銀行は，大量に発行された国債を買い支えられなくなったのである。この結果，国債を大量に保有することになった銀行に対する大蔵省の立場は弱くなった。銀行の要求により，国債発行の際の公募入札方式の導入や，流通市場での国債売却制限の緩和など**金融自由化**が進められた。さらに1979年には国債価格の暴落が起こったため，国債を低金利で銀行に押し付けることは不可能となり，1980年代には財政再建政策がとられるようになる（真渕，1994）。

　もっとも1990年代末には，大蔵省から金融部門が分離され，日本銀行法の改正により日本銀行の法的独立性も高まる。にもかかわらず1990年代以降，財政赤字は再び拡大する。これは，不況のために税収が減少したことと，不況対策として財政拡張が求められたことに加えて，バブル経済の崩壊により民間企業の設備投資が急減して，その資金需要が減少するとともに，不良債権問題により銀行の企業に対する貸し出し意欲も低下した結果，銀行が低リスクの国債を大量に購入するため，国債発行に歯止めがかからなくなったからだと考えられる。

　さらに2013年4月からは，日本銀行が「異次元緩和」と呼ばれる大規模な金融緩和を行い，民間銀行に代わって国債を大量に購入している。しかも2002年に日本銀行が，国債買い入れの対象銘柄を，発行後1年を経過した国債から，直近発行2銘柄を除く国債に変更していたことから，政府が発行して金融機関が購入した国債を，すぐに日本銀行が買いオペで購入することが多くなり，実質的には国債の直接引き受けになっているとも考えられる。

なぜ租税負担率は低いままなのか

　最後に残る疑問は，なぜ日本では財政支出に見合った増税が行われなかったのかである。このことに関して加藤淳子は，先進国の租税政策と福祉政策との関係について，次のように論じている。

　高いレベルでの所得再分配を達成した福祉国家では，選別主義ではなく普遍主義にもとづく再分配が行われている（⇒第6章）。低所得層にしか利益が供与されない選別主義に比べて，普遍主義のほうが多数の有権者の支持を得られる。だが総課税負担は重くなり，総課税負担が重い国ほど，付加価値税や社会保険料といった逆進的課税への依存度は高くなる。

　第1次石油危機を契機として高度経済成長が終わり，すべての先進国が財政赤字を経験するようになる1970年代以前に付加価値税を導入した国では，その後の付加価値税の課税強化に対する政治的な反対は比較的少なく，租税負担と財政支出がともに増大している。これは，早期に付加価値税を導入していた国では，有権者は過去の経験から，負担増は公共サービスの拡大によって報われると期待できるからである。他方，第1次石油危機以後に付加価値税を導入しようとした国では，それに対する政治的反対が強く，総課税負担を増やせていない。これは，その国の有権者には，先述のような期待を形成する過去の経験がないため，政府による付加価値税導入の提案を，見返りのない負担増加と受け取るからである。つまり，付加価値税が採用されたタイミングによって福祉国家の規模が規定されるのであり，日本では消費税が財政赤字の拡大後に導入されたため，その財源が社会保障ではなく過去の借金の返済に使われるという不信感が強く，有権者の支持を得られない。このため税収は増えず，福祉政策も充実せず，財政赤字が拡大しているのである（Kato, 2003；加藤，2019）。

　しかしながらColumn❿でも論じたとおり，巨額の財政赤字は中長期的には解決すべき課題であり，有権者の不信感を払拭して，どのように財政再建を進めるかは，今後の日本にとっていっそう大きな課題となるだろう。

読書案内┃   Bookguide ●

真渕勝『大蔵省統制の政治経済学』中央公論社，1994 年。
⇒1970 年代後半に日本の財政赤字が深刻化した理由を歴史的制度論により説
　明する政治経済学の古典。
加藤淳子『税制改革と官僚制』東京大学出版会，1997 年。
⇒なぜ大蔵省は大型間接税の導入をめざしたのか。なぜ自民党は国民に不人気
　な大型間接税を導入したのか。この謎を解明する政官関係分析の傑作。
田中秀明『日本の財政──再建の道筋と予算制度』中央公論新社，2013 年。
⇒予算編成過程・予算制度に着目して日本が財政再建に失敗している理由を明
　らかにし，財政再建の方策を示す。

第 **11** 章

金融政策の政治経済学

QUESTIONS

1. 中央銀行の役割と目的は何か。
2. なぜ中央銀行の政府からの独立性が必要とされるのだろうか。
3. 中央銀行の独立性の高低と，他の政治的要因との組み合わせが，経済パフォーマンスにどのような影響を与えるのだろうか。

KEYWORDS

総需要管理政策　マンデル・フレミングの法則　システミック・リスク　最後の貸し手　インフレ税　信頼できる公約　バブル　拒否権プレイヤー　日本化

1 本章の課題

　景気が悪くなると，政府が中央銀行に対して金融緩和を求めることがある。これに対しては，中央銀行の政府からの独立性を脅かすという批判がなされることがある。だが，国民が直接選出した大統領や，国民の代表から構成される議会が選出した首相が，なぜ中央銀行の金融政策に口出ししてはいけないのだ

ろうか。中央銀行が，政府から独立して金融政策を決めることが望ましいとされているのは，なぜなのだろうか。本章では，金融政策の担い手である中央銀行の政府からの独立性が，インフレ率や失業率などの経済パフォーマンスに，どのような影響を与えているのか，中央銀行の独立性と他の政治的要因との相互作用により，経済パフォーマンスにどのような影響がもたらされるのかについて論じた研究を紹介する。また，そうした議論が近年でも有効であるのか，検討を行う。

　ただその前に政治経済学において，中央銀行が重要な研究対象とされるようになったのはなぜなのかを説明しておこう。第2次世界大戦後の先進国ではケインズ主義にもとづき，政府が積極的に財政金融政策を用いて経済の安定成長をめざす**総需要管理政策**（マクロ経済政策）がとられるようになった（⇒第1章）。具体的には，景気が悪くなり失業者が増えると，政府が拡張的な財政政策をとり，中央銀行が金融緩和政策をとることで，需要を拡大し，景気の回復と雇用の改善を図った。逆に景気が良くなりインフレが発生すると，政府が緊縮的な財政政策をとり，中央銀行が金融引き締め政策をとることで，需要を抑制し，景気の過熱化とインフレの昂進を防ごうとした。

　ケインズ主義が有効性を持つには，インフレ率と失業率との間にトレードオフの関係があることが前提とされた（⇒第10章）。ところが1970年代に先進国では，景気が悪化して失業率が上昇するにもかかわらずインフレ率も上昇するスタグフレーションが発生する（⇒第1章）。ここで雇用を増やすために財政支出を拡大すると，さらにインフレが昂進するため，ケインズ主義は有効ではなくなったとみられ，信頼を失うことになった。そこで多くの国でとられたのは，労使間の協議により，経営者が雇用を維持して失業率の上昇を防ぐ代わりに，労働組合が賃上げ要求を自制することでインフレ率の低下を図る**所得政策**と，インフレを抑制するための金融引き締め政策であった（⇒第3章）。

　さらに1970年代以降の先進国では，経済成長率が鈍化し，恒常的に財政赤字が発生するようになったため，財政再建が政治課題となった。それに加えて変動相場制への移行と国際資本移動の自由化により，ケインズ政策の有効性は失われたと主張されるようになった。財政支出を拡大して景気を回復させようとしても，国債の発行量が増加すれば，クラウディング・アウト効果によって

長期金利が上昇するため，企業の設備投資が抑制される（⇒第**10**章）。また，金利が上昇すると，資本移動が自由であるため，金利の高い自国通貨が買われて自国通貨が高くなる。そうなると輸出が減り輸入が増えるため，国内経済の回復にはつながらない。これを**マンデル・フレミングの法則**という。このため多くの先進国では，総需要管理政策としての財政支出の拡大は否定されるようになり，金融政策への依存を強めていった。景気の過熱によるインフレ率の上昇に対しては金融引き締め政策で，景気の悪化による失業率の上昇に対しては金融緩和政策で対処することとされたのである。

　ただし財政政策と違い金融政策は，政府とは別の機関である中央銀行によって決定される。このため，政府と中央銀行との関係や中央銀行の金融政策について，政治経済学の観点から研究が行われるようになったのである。

2 中央銀行の独立性

▎中央銀行の役割と目的 ▎

　まず中央銀行の役割と目的についてみておこう（日本銀行金融研究所編，2011；上川，2014）。中央銀行の役割としては，第1に，銀行券（紙幣）を発券する**発券銀行**の役割が挙げられる。第2に，個人や企業からは預金を受け入れず，民間金融機関から当座預金を受け入れる**銀行の銀行**の役割が挙げられる。金融機関同士の決済は，中央銀行の当座預金の振替によって行われる。第3に，**政府の銀行**の役割が挙げられる。これには，政府の歳入や歳出に関する資金を実際に受け入れたり支払ったりする国庫金に関する業務と，国債の発行に際して入札の通知や応募の受付，払込金の受け入れを行うなどの国債に関する業務がある。また，政府の代理人として為替介入を行うこともある。ただ，こうした国庫事務を中央銀行が行うかどうかは国によって異なり，中央銀行が政府の銀行としての役割を果たすことは，必ずしも一般的なことではない。

　続いて中央銀行の目的である。第1の目的は，発券銀行の役割に由来するもので，自らが発行する通貨の価値を安定させることである。**通貨価値の安定に**

は，対内価値の安定（物価の安定）と対外価値の安定（外国為替相場の安定）がある。なお現行の日本銀行法では，物価の安定のみが掲げられている。物価の変動が大きければ経済活動にも悪影響を与えるため，中央銀行は，物価が継続的に上昇するインフレが起こりそうなときには金融引き締め政策を，物価が継続的に下落するデフレに陥りそうなときには金融緩和政策を実施する。

中央銀行の第2の目的は，「銀行の銀行」の役割に由来するもので，決済システムの円滑かつ安定的な運行を確保し，金融システムを安定させることである。金融システムの安定（信用秩序の維持）とは，資金の貸し借りや受払いが安心して行われる状態を意味する。このような状態が維持されるには，金融仲介機能や決済機能の担い手である金融機関の経営が安定している必要がある。というのも個別金融機関の経営問題は，次のような形で，他の金融機関や他の市場，さらには金融システム全体に，連鎖的な混乱と機能低下をもたらすリスク（これを**システミック・リスク**という）を持つからである。

すなわち，①1つの金融機関で，預金者が預金を引き出そうと殺到する**取り付け騒ぎ**が起こったり，その経営が破綻したりすると，他の金融機関の経営状態に対しても預金者の不安感が広がり，預金の取り付けや資金の流出が起こり，経営に問題のない銀行でも破綻に追い込まれることがある。これを防ぐために**預金保険制度**が整備された。②金融システムは，多くの金融機関が相互に資金をやりとりするネットワークで結ばれているため，1つの金融機関が破綻して資金決済の不履行が起こると，決済システムや金融機関間で資金決済の不履行が連鎖的に起こる場合がある。③こうした事態を受けて市場参加者が取引に慎重になることで，市場での資金の貸し借りや金融商品取引が難しくなり（**市場流動性**の低下），金融市場全体に混乱が広がる場合がある。実際のところ，2008年9月にリーマン・ブラザーズが債務不履行を起こした際には，金融機関が相互に疑心暗鬼に陥り，他の金融機関に資金の貸出を行わなくなったことで流動性が枯渇し，**世界金融危機**につながった。こうしたシステミック・リスクの顕在化を防ぐため，中央銀行は**最後の貸し手**として，資金繰りが苦しくなったものの新たに資金を調達できない金融機関に対して，必要な資金を供給するのである。

中央銀行の目的が，その機能からして，物価の安定と金融システムの安定に

あることは広く認められている。しかし，景気や雇用にどの程度配慮すべきかについては議論がある。

中央銀行の独立性の必要性

　1990年代後半以降に日本がデフレに陥るまで，先進国の中央銀行にとって，物価の安定とはインフレの抑制を意味していた。新興国では，現在でもインフレが大きな経済問題である。中央銀行は景気の過熱化により物価が上昇し始めると，金融を引き締めて景気を後退させることで，物価を安定させ，中長期的に持続可能な経済成長を実現しようとする。というのも，景気の過熱化を放置して急激なインフレを発生させてしまうと，家計が苦しむだけではなく，それを抑えるために急激な金融引き締めが必要となるため，結果として景気を過度に悪化させてしまうことになるからである。

　しかしながら短期的にみた場合，景気が良くて困る人はいない。このため，景気が良いときに景気を後退させる金融引き締めを行うことは容易ではない。とりわけ政府・与党は，中央銀行に対して金融緩和を求める傾向が強い。というのも，首相は政権の維持を，与党の政治家は次の選挙での再選を追求するからである。そうした短期的な利益を重視する政治家は，たとえ将来，インフレが発生する危険性があるとしても，景気を悪化させ失業者を増やすことになる金融引き締めには反対する。また与党の政治家は，再選のために地元への利益誘導を図り，財政支出の拡大を求める傾向にある。しかし，財政支出を賄うために増税すると，有権者の支持を失ってしまう。そこで国債発行によって財政支出を賄うために，国債が市場で円滑に消化されるよう，中央銀行に通貨の増発や国債の直接引き受けを求めたりする。さらに財政赤字の増大に対しては，有権者の反発を買う歳出削減や増税を回避して，インフレにより通貨価値を引き下げ，実質的に政府債務を目減りさせようとする。これを**インフレ税**という（田尻，1997）。

　要するに，有権者から民主的統制を受ける政治家が金融政策の決定に影響を持つと，短期的な視野からインフレ的な政策がとられがちになり，財政規律も失われてしまうと考えられる。そこで政府から独立し，民主的な統制を受けない中央銀行が，中長期的な観点から物価の安定を重視した金融政策を決定する

ことが望ましいと考えられるようになったのである。

　消費者や企業，投資家といった民間経済主体が予想する将来の物価上昇率（期待インフレ率）を低下させるために，中央銀行の独立性が必要という指摘もある。期待インフレ率が上昇すると，民間経済主体は，物価の上昇に備えて労働賃金を引き上げるなど，その予想に合わせて行動するため，実際のインフレ率も上昇する可能性が高い。そこで政府は，期待インフレ率を低下させるため，インフレ抑制政策をとると公約したとする。しかし，これまで説明してきたように，政府は短期的にはインフレ的な政策を好むため，民間経済主体は政府の公約を信用できず，期待インフレ率は低下しない。これは**信頼できる公約**の問題と呼ばれている。その解決策として政府が，景気の良し悪しには関心を持たず物価の安定のみを重視する中央銀行に独立性を与え，金融政策の決定を任せてしまえば，期待インフレ率は低下すると主張されたのである（Rogoff, 1985）。

　さらに政治的景気循環論と党派的景気循環論（⇒第 **10** 章）からも，中央銀行の独立性が必要との主張がなされている。こうした人為的な景気循環は，景気変動の幅を大きくし，経済の安定を損ねてしまう。そこで中央銀行に独立性を与え，金融政策が政治的圧力によって歪められないようにすることが望ましいというのである（Alesina, 1988；藤原，1998）。

中央銀行の独立性とインフレ率

　こうした理論的主張を受けて，1980 年代後半以降，中央銀行に関する法律にもとづいて各国の中央銀行の独立性の高低を指数化し，その差異が経済パフォーマンスにどのような影響を与えているのかを実証しようとする研究が登場する。

　そのなかでも代表的な独立性指標を提示したとされるのが A. クッキアマンらの研究で，次の 4 項目からなる指数を用いている。①中央銀行の人事面での独立性：中央銀行総裁の任期が長く，政府ではなく中央銀行理事会が中央銀行総裁を任命し，政府が総裁を解任できない場合，中央銀行の独立性は高いと考える。②金融政策決定における中央銀行の権限：中央銀行が政策決定権を持つ場合，中央銀行の独立性は高いと考える。③中央銀行の目的に関する規定：物価安定を単一の目標とする場合，中央銀行の独立性は高いと考える。④政府に

対する信用供与の条件：政府に対する貸出が禁止され，信用供与の条件が厳しいほど，中央銀行の独立性は高いと考える（Cukierman et al., 1992；藤木，1998）。このほか，次の2つの項目が考慮されることもある。⑤中央銀行の予算・決算に対する政府・議会の許認可権限：政府・議会が許認可権限を持たない場合，中央銀行の独立性は高いと考える。⑥金融機関に対する中央銀行の監督権限：中央銀行が銀行監督責任を負うと，金融機関の破綻を回避するため，金融緩和や最後の貸し手としての資金供給を行いやすくなり，物価安定と相反する。そのため，そうした責任を負わない場合，中央銀行の独立性は高いと考える（Grilli et al., 1991；山脇，2002；藤木，1998）。

　このようにして測定された中央銀行の独立性と経済パフォーマンスとの関係についての研究のうち，代表的とされるのがA. アレシナらの研究である。この研究では，1955年から88年までの先進国のデータから，中央銀行の独立性が高いほどインフレ率が低くなるという負の相関関係が見出された一方，経済成長率や失業率とは無関係であることが示された（Alesina and Summers, 1993）。

　さらにクッキアマンらは，発展途上国にまで議論を拡大する。先進国では，法制度から測定された中央銀行の独立性とインフレ率とは負の相関関係がある。一方，発展途上国では，法制度から測定された中央銀行の独立性とインフレ率とは相関関係がなかった。しかし発展途上国では，法と実態とが乖離しており，実際の中央銀行の独立性は総裁の在職期間で測ることができるという。すなわち中央銀行総裁が，法的に定められた任期ではなく，実際に在職した期間が短いほど中央銀行の独立性は低く，在職期間が長いほど独立性が高いと仮定すると，発展途上国でも中央銀行の独立性とインフレ率とには負の相関関係があるというのである（Cukierman et al., 1992；Cukierman, 1992）。

　こうした研究を踏まえて1980年代末から90年代には，多くの国で中央銀行の独立性を高める法改正が行われた。しかし，こうした研究に対しては，後に批判がなされる。第1に，インフレ率に影響を与えると考えられる，対外貿易開放度や政治的安定度，為替相場制度，GDP比でみた政府債務の割合，過去のインフレ率など，他の要因の影響を取り除く（このことを，他の変数をコントロールするという）と，中央銀行の独立性とインフレ率との負の相関関係は統計的に有意ではなくなるという批判がなされた（藤木，1998）。第2に，中央銀行

Column⓫　日本銀行の独立性

　ここでは日本銀行の独立性について考えてみよう。通説では，1998 年に改正日本銀行法が施行されるまで，その独立性は低く，金融政策の決定は政治家や大蔵省の影響を受けてきたとされる。1942 年に戦時立法として制定された旧日本銀行法は，日本銀行の政府への従属を規定しており，戦後になっても法改正は一部にとどめられたからである。

　実際に戦後の日本で，政治家が日本銀行に圧力をかけて金融政策を歪めたとされる事例は数多い。著名な事例としては，日本列島改造論を掲げた田中角栄首相が，日本銀行の金融引き締めを遅らせ，そこに第 1 次石油危機が発生したため，「狂乱物価」と称されるほどのインフレが発生したことが挙げられる。この経緯は，中央銀行の独立性が低い国でインフレ率が高くなるという主張と整合的である。

　しかし日本銀行は，このことを教訓とし，1970 年代後半から 80 年代前半にかけて，政府から景気対策のため幾度も金融緩和を求められたにもかかわらず，物価の安定を最優先とした金融政策を実施し，低インフレを実現させた。法制度に変更がなかったにもかかわらず，日本銀行は独立性を高めたのである。

　ところが，1980 年代後半に発生した**バブル**経済については，日本銀行の独立性の低さが原因だと論じられることが多い。アメリカが対日貿易赤字の是正のため，日本に内需拡大を要求してきたのに対し，財政再建を優先する大蔵省が財政支出の拡大を嫌い，日米関係に配慮した政治家とともに，日本銀行に金融緩和を求めた。独立性の低い日本銀行は，この要求に従わざるをえず，長期にわたり過剰な低金利政策を実施したため，地価と株価が高騰したというのである。

　もっとも，金融引き締めへの政策転換が遅れたのは，大蔵省や政治家の圧力だけではなく，日本銀行自体，その必要性に気づくのが遅れたためとする説もある。資産価格が高騰したにもかかわらず，消費者物価上昇率は 1986 年が 0.6％，87 年が 0.1％，88 年が 0.6％と，きわめて低い値で安定していたからである。しかも当時は，資産価格の上昇が実体のないバブルという認識や，バブルが崩壊すると不良債権問題が発生して金融危機に至るという認識はほとんどなく，バブル防止の必要性は，ほとんど理解されていなかった。それゆえ，この時期，日本銀行の独立性が高かったとしても，日本銀行は金融引き締めへと政策を転換することはなかったというのである（上川，2005）。

　とはいえ経済学者やジャーナリストの間では，日本銀行の低い独立性がバブルの原因だとする見解が有力であった。このため，日本銀行法改正の必要性が

強く主張されることになり，1998年には日本銀行の独立性を飛躍的に向上させる改正日本銀行法が施行された。

　ところが改正日本銀行法の施行後，日本銀行は強い批判を受けるようになる。バブル崩壊後，日本経済は長期不況に陥り，1990年代後半以降，物価が下落するデフレに陥った。ここで一部の経済学者・エコノミストからは，日本銀行が金融緩和を十分に行っていないことがデフレ不況の原因だとして，日本銀行が2%程度の**インフレ数値目標**を掲げて大規模な**量的金融緩和**を行えば，物価が上昇し，景気も回復するはずだという主張がなされた。こうした政策を**リフレーション**（通貨再膨張）政策という。これに対し日本銀行は，金融緩和は十分に行っており，景気低迷の原因は不良債権処理の遅れや少子高齢化にあるとして，景気を回復させるには金融緩和だけではなく，規制緩和など生産性を高める政策が必要だと反論した。しかしながら，リフレ論者の主張を受け入れた政府・自民党からの強い圧力を受け，日本銀行は**ゼロ金利政策**や量的金融緩和の実施に追い込まれていく（上川，2014）。

　このように日本銀行の事例から，中央銀行の独立性の高低を法制度だけから測定することには限界があり，実際の政策決定過程を検証する必要性があることがわかるだろう。

の独立性指標が論者によって異なっており，その測定の仕方が恣意的だという批判がなされた。たとえばアレシナらの研究では，日本銀行の独立性は先進国のなかでは中程度だと測定されている。しかしながら1998年以前の日本銀行の独立性は，旧日本銀行法の条文から判断する限り，他の先進国の中央銀行に比べて著しく低いはずだというのである（山脇，2002；⇒**Column ⓫**）。

３ 中央銀行の独立性と経済パフォーマンス

▌中央銀行の独立性と拒否権プレイヤー▐

　前節でみたように，中央銀行の独立性の高低から経済パフォーマンスを説明しようとする研究に対しては，他の変数をコントロールしていないという批判がなされた。そこで政治経済学では，他の変数をコントロールしたうえで，中

央銀行の独立性と他の政治的要因との関係に着目して経済パフォーマンスを説明する研究が登場する。

第1に，中央銀行の独立性と**拒否権プレイヤー**との関係に着目するP. キーファーらの研究がある。拒否権プレイヤーとは，その同意がなければ政策を現状から変更できない，すなわち政策転換に際して拒否権を持つ政治アクターのことであり，具体的には，議会の各議院や拒否権を持つ大統領（これらを制度的拒否権プレイヤーという），議院内閣制で連立政権に加わっている政党（これを党派的拒否権プレイヤーという）などである（ツェベリス，2009）。

キーファーらは，政府が中央銀行に高い独立性を認めることで，信頼できる公約の問題を解決できるとする見解に疑問を呈する。そうすることで民間経済主体の期待インフレ率を低下させようとしても，政府が事後的に中央銀行の独立性を低下させることができるのであれば，それは信頼できる公約とはならないからである。

だが，いったん中央銀行に高い独立性を認めた後に，それを撤回することが難しい場合には，中央銀行の高い独立性は信頼できる公約になる。そこでキーファーらは，中央銀行の独立性が法制度的に高く，かつ中央銀行の独立性を低下させることに多くの政治アクターの同意が必要な場合，すなわち拒否権プレイヤーの数が多い場合に，低インフレが実現されるとする仮説を提示する。制度的拒否権プレイヤーについては，大統領制の国で，執政府や議会の議院をコントロールしている政党が異なる場合，執政府と議会の議院をそれぞれ拒否権プレイヤーと数えている。党派的拒否権プレイヤーについては，議院内閣制の国で，連立政権を構成している政党をそれぞれ拒否権プレイヤーと数えている。キーファーらは，1975年から94年までの78カ国のデータを用いて，自らの仮説を実証している（Keefer and Stasavage, 2002）。

中央銀行の独立性と政権政党の党派性

第2に，中央銀行の独立性と政権政党の党派性との関係に着目するC. ウェイの研究がある。政府がインフレ抑制政策を実施し，それが効果を発揮すると国民が信認している場合，政府は失業をあまり増やさずに物価の安定を実現できるとする経済学の議論を受けて，ウェイは次のような仮説を提示する。

表11.1　政権の党派性と中央銀行の独立性の相互作用効果
（1961〜91 年）

		政権の党派性	
		左派傾向	右派傾向
中央銀行の独立性	低	平均インフレ率：7.72% 平均失業変化率：0.14	平均インフレ率：6.03% 平均失業変化率：0.20
	高	平均インフレ率：5.64% 平均失業変化率：0.18	平均インフレ率：4.53% 平均失業変化率：0.07

出典：Way, 2000：210.

　すなわち，中央銀行の独立性が高い国で緊縮的な財政政策をとる右派政党が政権を構成する場合，中央銀行の高い独立性という評判のおかげで，政府は自らの緊縮政策が効果を上げるという国民からの信認を高めることができる。また，政府と中央銀行の目的が一致しているため，将来の経済の不確実性が低くなり，投資も増える。その結果，インフレ率，失業率ともに低く抑えられる。一方，中央銀行の独立性が高い国で拡張的な財政政策をとる左派政党が政権を構成する場合，左派政党が政権を構成することで生じる期待インフレ率の上昇や，実際に左派政権が行う拡張的な財政政策の効果を打ち消すため，独立性の高い中央銀行は，より緊縮的な金融政策をとる。また，政府の財政政策（拡張的）と中央銀行の金融政策（緊縮的）とが相反するため，将来の経済の不確実性も高まる。その結果，インフレは抑制されるものの投資は減り，失業も増える。左派政権は，金融界や産業界から，インフレを抑制して経済を安定させるという信認を得るために，最終的には右派政権よりも緊縮的な政策をとることを余儀なくされる。

　中央銀行の独立性が低い国の場合，左派政党が政権を構成すると，拡張的な財政金融政策がとられるという評判からインフレ率は上がるものの，拡張政策により失業率は減る。一方，右派政党が政権を構成すると，中央銀行の独立性が低いため緊縮政策が効果を上げるという国民からの信認はあまり得られなくなる。右派政権といえども，選挙前に景気を良くしようとしてインフレ的な政策をとる可能性はあるからである。そのため中央銀行の独立性が高い場合と比べて，インフレは抑制できなくなる。ウェイは，1961 年から 91 年までの先進

16 カ国のデータを用いて，この仮説を実証している（表 11.1：Way, 2000）。

中央銀行の独立性と賃金交渉制度

　第 3 に，中央銀行の独立性と賃金交渉制度との関係に着目する研究がある。政治経済学では，労使間の賃金交渉制度から経済パフォーマンスを説明する議論が有力であった（⇒第 3 章）。コーポラティズム論は，労働組合の組織力が強く，労働組合の頂上団体と経営者団体の頂上団体との間で全国レベルの集権的な賃金交渉が行われているコーポラティズムの国では，そうでない国と比べて，インフレ率や失業率が低く抑えられると論じた。全国レベルの包括的な労働組合は，経営者側に雇用の保障を求め，それと引き換えに賃上げ要求を自制することで，インフレと失業の抑制に成功したのである（キャメロン，1987）。

　それでは中央銀行の独立性と賃金交渉制度とは，どのような関係にあるのか。ここでは T. アイヴァーセンの研究（Iversen, 1999）と並んで代表的な研究とされる，P. ホールと R. フランツェーゼの研究をみておこう。ホールは，政治アクターは他のアクターの行動を予測して，自己の利益を最大化するよう戦略的に行動するというゲーム理論の想定にもとづき，金融政策が労働組合の賃上げ要求に与える影響を以下のように論じる。

　コーポラティズムの国，または産業別に賃金交渉が行われていても**パターン・セッティング**が行われている国では，賃上げ水準は金融政策を考慮して決められる。パターン・セッティングとは，その国の経済を主導する産業（リーディング・セクター）が，賃上げ水準の設定者（**パターン・セッター**）として先行して賃上げ水準を決定し，他の産業も，その水準に追随して同程度の賃上げを決定することで，結果として全国レベルで賃上げ水準が調整される賃金交渉方式を指す。この典型例として，かつての日本が挙げられる。日本では毎年，2 月から 3 月にかけて労働組合と経営者（使用者）が賃上げなどの労働条件について交渉を行う。これを春闘（または春季労使交渉）という。この際，労使交渉は企業別に行われるものの，企業別労働組合は産業ごとに要求を揃え，経営者側も同業他社と横並びの回答を行った。1970 年代には新日鉄を中心とした鉄鋼産業が，近年ではトヨタを中心とした自動車産業が，パターン・セッターとなって賃上げ水準を決め，それを受けて他の産業も同水準での賃上げを決めて

いた。だが1990年代以降，景気の悪化を受けて自動車産業と同水準の賃上げを行えない産業や，経営の悪化により同業他社と同水準の賃上げを行えない企業が出てくるなどして，パターン・セッティングは崩れていった。

それでは，なぜコーポラティズムやパターン・セッティングの国では，金融政策を考慮して賃上げ水準が決められるのか。こうした国では賃金交渉の際に労使とも，過度な賃上げを行えば，それが直接，国全体での労働賃金の上昇につながり，そうなると企業が労働コストを商品価格に転嫁することを通じて，物価の上昇につながることを認識している。さらに中央銀行の独立性が高い場合，過度な賃上げがなされると独立性の高い中央銀行は，インフレの発生を警戒し，対抗策として金融を引き締めることが予測される。そうなると景気は悪化し，失業も増えると考えられる。それゆえ，労使は賃上げを自制し，独立性の高い中央銀行が金融引き締め政策を発動することもなくなる。

ところが，企業レベルで賃金交渉が行われる国，もしくはパターン・セッティングなしに産業レベルで賃金交渉が行われる国では，個別の企業，もしくは個別の産業が賃上げを自制しても，それだけでは国全体での物価水準に与える影響は小さく，他の多くの企業，もしくは他の多くの産業が賃上げを行えば，国全体での物価は上昇してしまう。そうなると賃上げを自制した企業，もしくは産業の労働者の実質賃金は低下してしまうため，各企業，もしくは各産業は，自らが率先して賃上げを自制しようとはしない。このように集合行為問題が発生するため，賃上げは抑制されず，国全体での賃金水準は高くなる。そうなると独立性の高い中央銀行は金融引き締め政策を発動するので，インフレは抑制されるものの，景気が悪化し，失業は増える。

つまり，中央銀行の独立性が高く，労使間の賃金交渉が国全体またはパターン・セッティングで調整されている国では，低インフレ・低失業が実現されるのだが，中央銀行の独立性が高く，労使間の賃金交渉が国全体またはパターン・セッティングで調整されていない国では，低インフレは実現されるものの高失業になってしまうというのである（表11.2；Hall, 1994）。

この議論を踏まえてフランツェーゼとホールは，以下の仮説を提示している。中央銀行の独立性が高くなるほど，また賃金交渉が調整されているほど，インフレ率は低下する。一方，中央銀行の高い独立性が失業率を上昇させる効果は，

国名	中央銀行の独立性の指数	賃金交渉の調整度の指数	平均インフレ率（%）1955～88 年	平均失業率（%）1955～88 年
イギリス	2	0	6.7	5.3
フランス	2	1.5	6.1	4.2
イタリア	1.75	2	7.3	7.0
ノルウェー	2	4	6.1	2.1
スウェーデン	2	4	6.1	2.1
オランダ	2.5	3	4.2	5.1
日本	2.5	5	4.9	1.8
アメリカ	3.5	0	4.1	6.0
西ドイツ	4	3.5	3.0	3.6
スイス	4	4	3.2	0.5

注：中央銀行の独立性の指数は，Alesina and Summers, 1993, 賃金交渉の調整度の指数は，Soskice, 1990: 55，による。
出典：Hall, 1994: 8，を筆者が加工。

賃金交渉が調整されている程度によって異なる。賃金交渉が調整されていない国では，中央銀行の独立性が高くなると，インフレ率は，賃金交渉が調整されている国に比べて，より効果的に抑制されるものの，失業率は高くなる。賃金交渉が調整されている国では，中央銀行の独立性が高くなるほど，インフレ率は低下するのだが，失業率はそれほど大きくは上昇しない。彼らは，1955 年から 90 年までの先進 16 カ国のデータを用いて，この仮説を実証している（表11.3：Franzese and Hall, 2000）。

　さらにフランツェーゼは，産業構造（セクター構成）も考慮する必要があると論じる。金融引き締め政策は，消費と投資を減らして国内需要を減らすだけではなく，為替レートを上昇させるため，輸出企業の国際競争力も低下させる。だが，公務員や公営企業といった公共セクターの雇用は影響を受けない。このため，金融引き締め政策がもたらすコストの大きさは，民間の外需依存型セクター（輸出セクター）で最も大きく，民間の内需依存型セクター（保護セクター）がそれに続き，公共セクターで最も小さい。それゆえ，調整的な賃金交渉制度

		中央銀行の独立性	
		低	高
賃金交渉における調整の程度	低	平均インフレ率：7.5% 平均失業率：4.7%	平均インフレ率：4.8% 平均失業率：6.1%
	高	平均インフレ率：6.2% 平均失業率：2.3%	平均インフレ率：4.8% 平均失業率：2.8%

出典：Franzese and Hall, 2000：195，を筆者が加工。

がとられていても公共セクターの規模が大きい国では，公共セクターが賃金交渉を主導するため，かえって過度な賃上げが実現するというのである。

　したがって，賃金交渉が調整的で，輸出セクターが賃金交渉を主導する国では，賃上げが自制されてインフレは抑制されるし，独立性の高い中央銀行の金融政策が失業を増やす効果も小さくなる。それに対し，賃金交渉が調整されていない国，もしくは賃金交渉が調整的であっても，公共セクターの規模が大きく，公共セクターが賃金交渉を主導する国では，賃上げが自制されないためインフレは高まり，独立性の高い中央銀行の金融政策が失業を増やす効果も大きくなる。フランツェーゼは，1974 年から90 年までの先進21 カ国のデータを用いて，この関係を実証し，1970 年代の経済危機を早期に克服したコーポラティズムの国が，80 年代以降，経済危機に陥ったのは，公共セクターの肥大化から説明できると論じている（Franzese, 2002）。

4. バブル，デフレと中央銀行

デフレと中央銀行

　1970 年代以降，先進国ではインフレが重要な経済問題であった。景気が良くなれば失業率が低下し，賃上げが行われ，それが物価の上昇につながる。このようなインフレ経済下では，物価の上昇こそが経済の安定にとって最大の脅威であり，それに対して中央銀行が政治の圧力に屈することなく金融を引き締

めることが必要とされる。このことを可能にするには，中央銀行に高い独立性を付与すればよかった。しかし近年の先進国では，インフレではなくデフレが大きな脅威となっている。そこで中央銀行に対して，リフレ政策の実施を求める声が高まった。

　日本はバブル崩壊後の長期不況により，1990 年代後半以降，デフレに陥る。そこで日本銀行は，ゼロ金利政策や国債の大量購入による量的金融緩和の実施に踏み切った。さらに世界金融危機以降，社債やコマーシャル・ペーパー（CP），株価指数連動型上場投資信託（ETF），不動産投資信託（REIT）といったリスク資産の購入まで行うようになる。これらを**非伝統的金融政策**という。

　欧米諸国でも世界金融危機以降，インフレ率が低迷し，日本のようにデフレに陥るとの懸念が強まる。そこでアメリカ連邦準備制度理事会（FRB）は，大規模な量的金融緩和に踏み切った。ヨーロッパ諸国は，政府債務危機が深刻化したため金融政策への依存を強め，ヨーロッパ中央銀行（ECB）が**マイナス金利政策**，そして量的金融緩和を実施した。

　ところが日本では，バブル崩壊後，長期間にわたる金融緩和にもかかわらず，労働賃金が低迷して物価は上昇せず，投資も消費も増えずに景気の低迷が続いている。また低金利のため，金融機関の利ざやが縮小して収益力が低下する副作用も生じ，金融政策の限界が語られるようになっている。欧米諸国でも世界金融危機以降，同様の現象がみられるようになり，**日本化**と呼ばれている。

バブルと中央銀行

　その一方で金融緩和により生じる**過剰流動性**は，土地や株式，金融商品など資産への投機に向けられ，バブルが生じやすくなっている。バブルが発生すると，資産効果により消費は活発化し，経済も活性化するものの，経済格差が社会問題となる。だが，物価が安定しているがゆえに，金融引き締め政策の発動は困難である。そのため，いったんバブルが発生すると，それが大規模化してしまう可能性が格段に高くなった。

　そしてバブルは，いずれは崩壊する。バブルが崩壊すると，金融システムが不安定化し，経済には急激なデフレ圧力がかかる。そこで景気を回復させるため，再び大規模な金融緩和が求められるようになり，バブルの種が再度，蒔か

れることになるのである。

このように先進国での中央銀行の役割は，インフレ抑制からデフレ対応もしくはバブル防止へと変わりつつあり，中央銀行と金融政策についても，これまでとは異なる観点からの研究が必要とされている。

読書案内 Bookguide ●

上川龍之進『経済政策の政治学——90年代経済危機をもたらした「制度配置」の解明』東洋経済新報社，2005年。

⇒中央銀行の独立性と賃金交渉制度の相互作用から日本の経済パフォーマンスを説明する。

白川方明『中央銀行——セントラルバンカーの経験した39年』東洋経済新報社，2018年。

⇒元日本銀行総裁が，自身の経験を振り返りつつ中央銀行について理論的に検討した本。

西野智彦『平成金融史——バブル崩壊からアベノミクスまで』中央公論新社，2019年。

⇒バブル崩壊以後の金融政策と信用秩序維持政策を描く，優れたルポルタージュ。

第 12 章

コーポレート・ガバナンスの政治経済学

1. コーポレート・ガバナンス（企業統治）とは何か。
2. コーポレート・ガバナンスのあり方を規定する政治的要因とは何か。
3. 近年になって，コーポレート・ガバナンス改革が進められているのはなぜなのだろうか。

本人・代理人論　情報の非対称性　エージェンシー・スラック　メインバンク制度　株式持ち合い　党派性パラドックス　レント　政治的関心の高まり　護送船団方式

1 本章の課題

誰のためのコーポレート・ガバナンスか

　大企業の経営破綻や不祥事などをきっかけとして，アメリカでは 1970 年代以降，日本を含めた他の先進国でも 90 年代以降，**コーポレート・ガバナンス**

（企業統治）への関心が高まり，改革が進められている。

　コーポレート・ガバナンスは多義的な言葉なのだが，一般的には，企業経営者を規律づける仕組みという意味で用いられる。ガバナンスの目的としては，株主の利益のためとする説（株主主権説・株主価値重視説）と，株主だけではなく，債権者，従業員，顧客，取引先，地域社会など，すべての**ステークホルダー**（利害関係者）の利益のためとする説（ステークホルダー説）がある（竹中，2017a）。

　1990 年代までは株主の利益を重視する見方が多かった。だが近年では，企業の社会的責任（CSR）への関心が高まり，ステークホルダー説が有力になっている。2006 年には国連が「責任投資原則」（PRI）を公表し，「環境・社会・企業統治」（ESG）が長期的な投資の収益率を向上させるとして，企業の財務情報だけではなく，環境や社会への配慮，企業統治の評価などの ESG 要因も考慮して投資を行うよう呼びかけた。このことが契機となって，ESG 投資が世界的に広まることになったのである。さらに 2019 年 8 月 19 日には，アメリカの主要企業の経営者団体であるビジネス・ラウンドテーブルが，従来の「株主第一主義」を見直し，顧客や従業員，取引先，地域社会，株主といった，すべてのステークホルダーの利益に配慮し，長期的な企業価値向上に取り組むと宣言して話題となった。

┃ 本人・代理人論 ┃

　もっとも近年の改革では，もっぱら株主利益が重視されている。そもそも 1970 年代にアメリカの学界で始められたコーポレート・ガバナンスの議論自体，株主が経営者をどのように規律づけるかという問いから発展したものであり，**本人・代理人論**（プリンシパル・エージェント論）にもとづいて議論が展開されてきた。この議論を簡単に説明しておこう。

　企業の経営権は，企業の所有者である株主（本人）にある。だが株主は，自ら経営を行うよりも，企業経営に関して，より高度な知識や技能を持つ経営者（代理人）に経営を委ねるほうが，より高い利益が得られるであろうし，時間やエネルギーも節約できる。そのため株主は，経営に関する権限を経営者に委任することが合理的である。しかし本人・代理人論は，本人と代理人の間の**情報**

の非対称性に着目し，本人よりも，より多くの情報を持つ代理人が裁量を持つことで，本人の利益に反して自己の利益を追求する行動をとる可能性があることを指摘する。このことを**エージェンシー・スラック**という。

このことを防ぐために本人は，代理人が逸脱行動をとらないよう監視（モニタリング）しないといけない。だが，本人の時間やエネルギーには限りがあり，四六時中，代理人を監視することはできないし，代理人の知識や技能を有効に活用するためには，一定の裁量を与えることが不可欠である。さらに情報の非対称性ゆえに，代理人の行動が本人の利益を損ねているかどうかを本人が判断することも難しい。そこで本人・代理人論では，エージェンシー・スラックの発生を防ぐために，本人は代理人をどのように監視すればよいのか，代理人にどのような誘因（インセンティブ）を与えればよいのかが検討されてきた。

経営者を規律づける５つの手段

企業の場合，株主は経営者を常に監視することができないため，経営者は経営努力を怠ったり，自らの好みで非生産的な事業に過大な投資を行ったり，私的な消費を企業の経費として処理したりするなど，株主の利益に反して企業価値を減らす可能性があると考えられた。そこで経営者を規律づけるコーポレート・ガバナンスのメカニズムが検討され，次の５つの手段が挙げられるようになった。

①株主による監視：株主は経営者に不満がある場合，株式を売却できる。そうすると株価が下がり，経営者は交代を迫られる。また，経営者に対して面談や書簡を通じて業績改善を促したり，株主総会で議決権を行使したりすることもできる。もっとも，こうした監視は機関投資家などの大株主でないと難しい。

②株式市場による監視：株価が低迷した企業に対しては，他社から敵対的企業合併・買収を仕掛けられる可能性が高まる。このため，敵対的買収の脅威があれば，それを避けるために経営者は企業価値を向上させようと努力する。ただ従来の日本では，後述するように，株式市場による監視は十分に機能していなかったといわれる。

③取締役会による監視：株主から選任された取締役が，株主の利益の観点から経営者を監督する。ただ従来の日本では，後述するように，取締役会による

監視は十分に機能していなかったといわれる。

　④経営者の報酬契約：役員報酬を会社の業績や株価に連動させて，経営者と株主の利益を一致させることで，エージェンシー・スラックの発生を防ぐというもので，業績連動型報酬や株式報酬（**ストック・オプション**など）がある。ところが，これにより経営者が短期的な利益を追求して，設備投資や研究開発（R&D）活動を減らしたり，正規雇用を非正規雇用に置き換えたりすることで，長期的には企業の競争力を低下させ，将来の収益性を悪化させるという批判もなされている。

　⑤銀行などの大口債権者による監視：この例としては，後述する日本の**メインバンク制度**があるのだが，近年，これが機能しなくなったとして，新しいメカニズムが求められている（花崎，2014；株式会社日本総合研究所編著，2017；江川，2018；風間編著，2019）。

　株式所有が，**大口株主**に集中しておらず，単独では会社の経営権を握れない，多数の**少数株主**に広く分散している場合，株主が経営者を直接監視することは難しい。そこで先進国でのコーポレート・ガバナンス改革では，少数株主が経営者を監視できるよう，上記の①〜④のメカニズムを強化することで，経営者が株主価値の最大化を図るよう促す試みがなされている。その具体策としては，会計規則の整備と第三者による客観的な監査による情報開示，経営権の変更や買収防衛策など重要事項の決定に関する株主参加権（株主総会での投票権）の強化，**社外取締役**の導入を含めた取締役会の独立性向上，ストック・オプションの導入などが挙げられる（ゴルヴィッチ＝シン，2008）。

　本章では，近年になって日本をはじめとした先進国で，株主利益を重視したコーポレート・ガバナンス改革が進められているのはなぜなのかを検討する。

コーポレート・ガバナンス改革の政治的要因

資本主義の多様性とコーポレート・ガバナンス

ところで，そもそも政治経済学でコーポレート・ガバナンスを取り上げるの

は，なぜなのだろうか。それは資本主義の多様性論（⇒第**3**章）と大きく関係するからである。

　資本主義の多様性論では，コーポレート・ガバナンスと金融システムや労働市場との制度的補完性について，次のように論じる。「調整された市場経済」の国では，企業の資金調達は，資金の貸し手である預金者と借り手の企業との間を銀行が仲介し，銀行が企業に融資を行う**間接金融**が中心となる。企業が資金を調達する際には，公的に利用できる金融データや現時点での収益といった情報が重視されるのではなく，企業間の系列取引や**株式持ち合い**などのネットワークから得られる内部情報が重要となる。長期にわたる銀行融資や株式持ち合いといった**忍耐強い資本**のおかげで，企業経営者は景気後退期でも熟練労働者の雇用を維持し，長い期間をかけて利益を生み出すプロジェクトに投資できる。株式持ち合いにより，敵対的買収を行うことは困難である。ただし経営者は，企業の意思決定に際して，多様なステークホルダーの合意を必要とする。

　これに対して「自由な市場経済」の国では，企業の資金調達は，資金の貸し手である投資家が，企業が発行する株式や社債を購入する**直接金融**が中心となり，広く分散した投資家が投資を行う場合でも銀行が融資を行う場合でも，株式市場での企業価値が重視される。企業の合併や買収は行いやすく，市場での企業価値が下がると敵対的買収の可能性が生じるため，経営者は現時点での収益や株価を重視し，短期的な利益を追求する。企業内では経営者に権限が集中しており，金融市場からの圧力に直面すると，労働者を容易に解雇できる（ホール＝ソスキス編，2007；西岡，2015）。

　同様にレギュラシオン学派のB. アマーブルも，金融とコーポレート・ガバナンスを，調整様式を生み出す基本的制度の1つとして挙げ，製品市場や労働市場といった他の基本的制度との制度的補完性について論じている（⇒第**3**章）。たとえば製品市場での競争が激しい市場ベース型の国では，その圧力に対応するため，雇用は流動化し，企業への迅速な資金供給を可能とする直接金融市場が発展する。株式所有は少数株主に分散し，敵対的買収の脅しがかけられるため，株価が重視される。一方，競争圧力がそれほど激しくない大陸ヨーロッパ型の国では，企業は短期的な利潤を追求せずに，銀行をベースとした忍耐強い資本によって長期的な戦略を展開することができ，高水準の雇用保障が実現さ

れる。株式所有は大口株主に集中し，敵対的買収はほとんどなく，会計基準は
あまり発達していない（アマーブル，2005）。

金融の自由化・グローバル化と金融システムの変化

　資本主義の多様性論は，グローバル化が進行しても調整された市場経済が自
由な市場経済に収斂することはないと主張する。だが，調整された市場経済に
分類されてきた国でも，1990年代以降，金融市場の自由化が進み，これまで
企業を監視する役割を担ってきた銀行が，持ち合い株式を手放すなどして，企
業への影響力を低下させる反面，外国人投資家による投資が増大した。このよ
うに金融システムが英米型の方向へと変化したことにともない，株主利益を重
視するコーポレート・ガバナンス改革が進行しており（⇒Column ⑫），日本も
その一例と考えられている。Y. ティベルギアンは，韓国・フランス・日本で
は外国人投資家への配慮から，アメリカ型のコーポレート・ガバナンスが導入
されたと論じている（Tiberghien, 2007）。

　実のところレギュラシオン理論（⇒第1章）でも，1990年代後半になるとコ
ーポレート・ガバナンスが注目されるようになる。レギュラシオン理論は従来，
労使関係に着目して戦後の経済成長を説明してきた。生産性の上昇が，労使間
の団体交渉を通じて賃金上昇につながり，それが消費を拡大させることで，設
備投資が増大し，さらなる生産性の上昇につながるというメカニズム（フォー
ディズム）を明らかにしたのである。ところが，金融のグローバル化が急速に
進展した1990年代以降，アメリカではフォーディズムから金融主導型成長体
制への転換が起こったとみる。そこでは株価の上昇が，家計の金融収益を高め
て消費を拡大させる一方，企業の設備投資も増大させ，この両者が企業の利潤
を増やして，さらなる株価の上昇がもたらされるというメカニズムにより，経
済成長が実現するようになった。経済成長の基軸的制度が，経営者・労働組合
間の団体交渉から，株主価値の最大化を企業に課す，株主・経営者間のコーポ
レート・ガバナンスに転換したとみるのである（山田，2008）。

選挙制度

ところが，金融システムが変化しても，コーポレート・ガバナンス改革が急

Column ⑫　金融システムのハイブリッド化

　日本と同様に大陸ヨーロッパ諸国でも，金融システムの変化がみられる。かつて J. ザイスマンは，アメリカとイギリスを「資本市場を基礎とする金融システム」（直接金融中心）の国，フランスと日本を「銀行貸付を基礎とする金融システム」（間接金融中心）の国，ドイツは，「銀行貸付を基礎とする金融システム」の国だが，フランスや日本とは異なり，政府からの銀行の自律性が高い国と分類していた（Zysman, 1983）。ところが 1990 年代以降，ドイツとフランスの金融システムも大きな変化を遂げる。

　ドイツの銀行は，取引企業と株式を持ち合って長期的な関係を築き，忍耐強い資本を供給するだけではなく，経営の指導や助言も行う「ハウスバンク」という役割を担っていた。だが 1990 年代以降，大手銀行は株式持ち合いを解消してハウスバンクの役割を放棄し，国際市場での投資銀行業務に積極的となる。海外投資家による株式保有も増え，三大銀行の 1 つであるドレスナー銀行が，巨大金融グループを率いる保険会社アリアンツに買収される（後に三大銀行の 1 つであるコメルツ銀行に売却され，合併される）など，金融再編も進んだ。しかし，その一方で，州政府が所有する州銀行や自治体が所有する貯蓄銀行が大きなシェアを占め，地方自治体のプロジェクトや地域の中小企業に融資を行うなど，旧来のシステムも残っている。

　フランスでは 1980 年代後半から 90 年代にかけて，国有企業や大手銀行の民営化が進み，90 年代以降，大手銀行を中心とした企業間の株式持ち合いも解消されていく。民営化された大手銀行は投資銀行業務に乗り出し，海外投資家による大手銀行の株式保有も進んでいる。政府が経済発展のために銀行を通じて信用配分を行うなど，企業金融に直接介入することもなくなった。しかしながら依然として政府は，外資による大手企業の買収や大手銀行の経営破綻を回避するため，市場を監視し，経済問題に介入することもある。

　このため G. メンズは，ドイツやフランスの金融システムは英米型に収斂してはおらず，ハイブリッド化していると論じている（Menz, 2017）。

　他方，I. ハーディと D. ホワースは，**市場を基礎とする銀行業**が出現してきたため，「資本市場を基礎とする金融システム」と「銀行貸付を基礎とする金融システム」という二分法では，金融システムは理解できなくなったと論じる。従来の銀行業が，預金者から預金を集めて借り手に融資を行うのに対し，「市場を基礎とする銀行業」は，預金者ではなく市場（他の銀行や投資家）から資金を集めて融資を行い，貸出債権を**証券化**して市場（他の銀行や投資家）に売却することでリスクを軽減する銀行経営のあり方を指す。これを日本では**市場**

という。1990 年代以降，ヨーロッパのユニバーサル・バンク（商業銀行業務に加えて，証券などの投資銀行業務や，信託，保険業務などを兼営する金融機関）は，「市場を基礎とする銀行業」へと変貌を遂げた。この変化が，両国でコーポレート・ガバナンス改革が進んだ一因であったと考えられる。

　ところが，「市場を基礎とする銀行業」が盛んになった国ほど，金融機関が多額の資金を集めて過剰な投資を行ったり，サブプライム住宅ローン関連をはじめとした証券化商品の売買を盛んに行ったりした。この結果，そうした国ほど，世界金融危機の際には金融セクターの損失の程度が大きくなったのである（Hardie and Howarth eds., 2013）。

速に進んだ国もあれば，なかなか進まない国もある。そこで国ごとのコーポレート・ガバナンスの違いや，その改革の進展度合いの違いを政治的要因から説明しようとする研究が登場する。以下，そうした研究を紹介しておこう（ここでの整理は，西岡，2015 を参照）。

　P. ゴルヴィッチと J. シンは，比例代表制がとられるコンセンサス型の政治制度の国では，株式所有が大口株主に集中するのに対し，小選挙区制がとられる多数決型の政治制度の国では，株式所有が多数の少数株主に分散すると論じる。「大口株主モデル」の国では，株の大部分は銀行や他の企業などの大口株主が所有し，経営者は大口株主に直接監視される一方，外部の少数株主の保護は弱い。一方，「分散された株式所有モデル」の国では，経営者は，株主により選出された取締役会から監視され，報奨や懲罰を受ける。経営業績は，会計士やアナリストらが提供する情報をもとに評価され，企業の将来性と経営者の能力に対する評価は，株の市場価格で示される。敵対的買収が容認され，買収防衛策は禁止される。

　コンセンサス型の政治制度の国では，拒否権プレイヤーが多く政策が変更されにくいため，ステークホルダーは安心して相互の関係を構築することができ，安定的な大口株主モデルを持続させる。それに対して多数決型の政治制度の国では，政権交代が起こりやすく，政策が変動しやすいため，企業は市場の状況に合わせて労働者の解雇や生産削減，資産売却ができるよう，経営面での柔軟性を求める。そのため，自由度の高い企業統治モデル，すなわち多数のステークホルダーではなく外部株主の優越を求めるのである（ゴルヴィッチ＝シン，

連合の組み合わせ	勝者	政治的連合名	結果予測
組み合わせ A：階級闘争モデル			
株主＋経営者 vs. 労働者	株主＋経営者	投資家モデル	株式所有の分散
株主＋経営者 vs. 労働者	労働者	労働者モデル	大株主への株式集中
組み合わせ B：セクター間対立モデル			
株主 vs. 経営者＋労働者	経営者＋労働者	コーポラティスト的和解モデル	大株主への株式集中
株主 vs. 経営者＋労働者	株主	寡頭資本家モデル	大株主への株式集中
組み合わせ C：所有と発言モデル			
株主＋労働者 vs. 経営者	株主＋労働者	透明性同盟モデル	株式所有の分散
株主＋労働者 vs. 経営者	経営者	経営者主義モデル	株式所有の分散

出典：ゴルヴィッチ＝シン，2008：31，を一部加工。

2008)。

　選挙制度とコーポレート・ガバナンスの関係について M. パガーノらは，株主保護については 1993 年から 2001 年にかけての 45 カ国のデータで，雇用保護については 1990 年から 98 年にかけての先進 21 カ国のデータで，それぞれ検証を行っている。その結果，議員が比例代表で選出される程度が高い国では，多数代表型の選挙制度で選出される程度が高い国に比べて，少数株主を保護する規制が弱くなる一方，労働者を解雇することへの規制は厳しくなる傾向があることが示されている（Pagano and Volpin, 2005）。

利益団体連合

　さらにゴルヴィッチらは，株主，経営者，労働者の 3 者の連携に注目し，どのような連携がなされ，どちらが勝利するかによって，株式所有が分散するか集中するかが決まってくると論じる。先にそれぞれの選好をみておくと，株主は，経営者と労働者が会社の利益をかすめ取ることを恐れ，株価や配当額の上昇を望む。経営者は，高い収入，地位の安定，経営における裁量を望む。労働

者は，高い賃金，雇用の安定，年金を受ける権利の保護を求める。

　3者の組み合わせと，その結果は表12.1のとおりである。「階級闘争モデル」には，投資家（株主）が経営者と連帯して少数株主の保護を政治に認めさせる，アメリカやイギリスで一般的な「投資家モデル」と，強い政治力を持つ労働者が，雇用の確保や安定した賃金などを獲得する「労働者モデル」がある。「セクター間対立モデル」には，企業の安定を求めて経営者と労働者が協調する，調整された市場経済で一般的な「コーポラティスト的和解モデル」と，大口株主が経営者・労働者を支配する「寡頭資本家モデル」がある。「所有と発言モデル」には，株価を上げようとする投資家（株主）と，企業経営の透明性を高めることで雇用を守ろうとする，もしくは株価が上がれば年金基金の株式運用での収益が増えて年金給付が増えると考える労働者とが連携する「透明性同盟モデル」と，経営者団体が株式所有を分散させ，少数株主の保護は弱くする「経営者主義モデル」がある（ゴルヴィッチ＝シン，2008）。

┃ 党 派 性 ┃

　M. ローは，党派性と企業の所有構造について，次のように論じる。労働運動と社会民主主義政党が強い国では，労働者代表を経営に関与させる労使共同決定制度が導入されたり，雇用保障が強化されたりするため，経営者と労働者の連携が促され，経営者と株主の利害の対立が大きくなる。そこで株主は，経営者へのコントロールを強めるために，投資を分散化せず特定企業に集中させる。よって，株式所有は大口株主に集中化し，少数株主は重視されない。一方，労働運動が弱く，保守政党もしくは経済的自由主義の政党が強い国では，そうした動きは起こらず，株式所有は分散する（Roe, 2003）。

　これに対してJ. シオッフィらは，近年のコーポレート・ガバナンス改革では異なる展開がみられるとする。シオッフィらは，ドイツ，フランス，イタリア，アメリカの事例研究を通じて，中道左派政党が株主主権型のコーポレート・ガバナンス改革を推進しているとする**党派性パラドックス**を提唱する。中道左派政党は，支持基盤である労働者階級が減少するなか，中産階級からの支持拡大を狙い，企業不祥事を起こした既存の政治・経済エリートを批判する一方で，自らを経済成長・経済近代化の推進者と位置づけるため，コーポレー

ト・ガバナンス改革を推進する。それに対して中道右派政党は，企業の経営者たちと緊密な関係にあるので，その利益擁護のために改革には抵抗するというのである（Cioffi and Höpner, 2006）。

しかしながら G. シュナイダーは，スイス，スウェーデン，オランダの比較研究を行い，あらゆる国で党派性パラドックスが当てはまるわけではなく，中道左派政党が株主価値重視のコーポレート・ガバナンス改革を支持するかどうかは，既存のコーポレート・ガバナンスの形成過程に，労働組合が関与できたかどうかによると主張する。シオッフィらが挙げた 4 カ国では，中道右派政党と経営者が左派を排除して，既存のコーポレート・ガバナンスを形成してきた。またスイスでも，労働組合は労使共同決定方式の導入をめざしたものの，経営者の反対に遭い，国民投票で阻まれていた。このため労働組合は，企業内部からは経営者に影響力を及ぼせないので，経営者に対する外部からのコントロールを強めようとして，株主重視の改革を支持したのである。それに対してスウェーデンとオランダでは，労使が協調して，共同決定方式の導入など，既存のコーポレート・ガバナンスを形成してきた。このため社会民主主義政党は，株主価値重視のコーポレート・ガバナンス改革に反対しており，改革は進んでいないのである（Schnyder, 2011）。

他方，R. バーカーは，戦後，大口株主モデルがとられてきた自由主義的ではない市場経済（北欧・大陸ヨーロッパ・南欧）諸国で少数株主保護のコーポレート・ガバナンス改革が進むかどうかは，政権の党派性と国内の製品市場での競争の激しさとの相互作用によると主張する。バーカーは，企業のステークホルダーを，インサイダー労働者（正規雇用労働者），企業の経営権を握る大口株主，アウトサイダー（少数株主や非正規雇用労働者）の 3 つのタイプに分類し，自由主義的ではない市場経済では，前 2 者は大口株主モデルを，アウトサイダーは少数株主保護モデルを望むと論じる。その理由は，以下のとおりである。

製品市場での競争が激しくなく**レント**（超過利潤）が発生する場合，大口株主は，経営者や他のステークホルダーにレントを消費されること（エージェンシー・スラックの発生）を嫌い，自らが経営権を握る大口株主モデルの維持を望む。レントとは，もともとは「地代」を意味する言葉で，独占や政府の規制などにより，完全競争市場で得られる水準を上回って得られる利潤を指す。一方，

インサイダー労働者からすれば，非競争的市場でレントが発生すると，製品の価格が上がって消費コストが上がる。そこで大口株主はインサイダー労働者を宥めようとして，高賃金や雇用保障といった形でレントを配分するため，インサイダー労働者も大口株主モデルの維持に利益を見出す。それに対してアウトサイダーのうち非正規雇用労働者は，非競争的市場で価格の高い商品を買わされ，しかも高賃金や雇用保障といった利益も得られないため，消費者利益の観点から少数株主保護モデルを望むようになる。少数株主は，当然ながら少数株主保護モデルを望む。だが，右派政党は大口株主を，左派政党はインサイダー労働者を支持基盤としているため，大口株主モデルが維持される。

　ところが，製品市場での競争が激しくなってレントが減少すると，インサイダー労働者の雇用保障が難しくなる。また1990年代以降，製造業での雇用の減少とサービス産業の発展，女性や移民の労働市場への参入や非正規雇用の増大により，アウトサイダー労働者が増え，その政治的影響力が増大する。この場合でも右派政党は，大口株主の利益に配慮して，少数株主保護の改革には反対する。それに対し左派政党は，インサイダー労働者に対して労使共同決定方式や雇用保障を維持することでは妥協しないという条件を付けたうえで，アウトサイダー労働者の支持を獲得して選挙で勝利するために，大口株主の力を弱める少数株主保護の改革の実施を認めるよう説得する。

　要するに，製品市場での競争が激しくならない場合は，右派政党も左派政党も改革を行わないのだが，市場競争が激しくなった場合，右派政党は改革を行わないものの，左派政党は改革を実行するというのである。このことをバーカーは，1975年から2003年にかけての自由主義的ではない市場経済15カ国のデータを用いて実証している（Barker, 2010）。

▎経営者団体の権力と政治的関心の高まり

　P. カルペッパーは，コーポレート・ガバナンスをめぐる政治では経営者団体の影響力が重要だが，それは**政治的関心の高まり**によって変化すると主張する。ここで政治的関心の高まりとは，特定の政治的争点が顕在化し，平均的な有権者からの注目度が高まることを指す。コーポレート・ガバナンスは，通常は有権者の関心を集めない争点であり，政治的関心は低い。この場合，ロビイング

能力や経営の専門知識を有する経営者団体の影響力が強まり，経営者団体の選好が政策に反映される。だが，企業の不祥事などにより政治的関心が急激に高まると，政治家が有権者の関心に応えようとして政策決定に介入し，経営者団体の意向が必ずしも実現されなくなる。

　カルペッパーは事例研究を通じて，政治的関心が低い場合，経営者団体がコーポレート・ガバナンス改革に強い影響力を行使していることを示している。フランスでは，新自由主義的な考えを持つ経営者たちが経営者団体の主導権を握り，敵対的買収を容易にするコーポレート・ガバナンス改革を支持して，それを進める一方，ドイツやオランダでは，改革に反対する経営者団体の意向が通り，企業買収規制は維持された。他方，日本では，2005年にライブドアがニッポン放送とフジテレビに敵対的買収を仕掛けたことで，世論の関心が高まった。このため経団連の反対にもかかわらず，自民党の改革派議員が政策決定に介入して，外国企業による企業買収を容易にする三角合併の解禁を盛り込んだ会社法改正が成立し，2007年から施行されることになった（Culpepper, 2011）。

戦後日本のコーポレート・ガバナンス

▌株式持ち合い▌

　ここまでコーポレート・ガバナンス改革を政治的要因から説明しようとする比較研究をみてきた。以下，本節では，戦後日本のコーポレート・ガバナンスの特徴を確認する。続いて次節では，日本のコーポレート・ガバナンス改革に関する研究を概観し，ここまでみてきた説が日本に適用できるのかを検討する。

　戦後日本のコーポレート・ガバナンスの第1の特徴は，株式持ち合いである。戦前の財閥が解体された後，1950年代になって株式買占めが横行したことに対し，旧財閥の三菱・住友・三井グループが，企業間の株式持ち合いを進めた。また銀行を中心とした芙蓉（富士銀行）・第一勧銀・三和グループも形成された。これらは**六大企業集団**と呼ばれ，海外では**水平的系列**と呼ばれる。さらに1960年代には資本自由化により，外資系企業による乗っ取りへの危機感が強

まったことから，安定株主工作が進められた。この結果，企業が株式を相互に持ち合い，経営者が相互に信任することで，株主による監視は機能しなくなり，また敵対的買収の脅威もなくなったため，株式市場による監視も機能しなくなり，経営者支配が強まったのである。

　また，**垂直的系列**と呼ばれる企業グループもある。有力な産業企業を頂点として，中間財や部品の下請け企業や製品の販売会社などが階層的に組織化されているもので，親会社は子会社に対し，株式保有，役員派遣，資金供与，技術指導，設備貸与など，人材・資金・設備面での長期継続的な支援を行っている。典型例として自動車メーカーのトヨタや電機メーカーの日立が挙げられる（花崎，2014；江川，2018；風間編著，2019）。

　戦後の日本企業では，株主や株式市場だけでなく，取締役会による監視も機能しなかった。日本の株式会社は，株主により選任された取締役から構成され，代表取締役・業務執行取締役を選任して監督する取締役会と，取締役の職務の執行を監査する監査役により構成されていた。だが実際には，年功序列で出世してきた代表取締役が，社内の部下から取締役を選任し，次期経営者の人事権も掌握していたため，取締役会は株主利益の観点から代表取締役を監督することなどできなかった。また監査役も名誉職であり，実質的な権限はなかった。

メインバンク制度

　戦後日本のコーポレート・ガバナンスの第2の特徴は，メインバンク制度である。青木昌彦らは，株主や取締役会の代わりにメインバンクが，経営者を規律づける役割を果たしていたと主張した。メインバンクとは一般に，取引銀行のなかで融資シェアが最も大きく，融資審査を単独で行い，決済口座を保有し，銀行のなかで株式を最も多く保有し，安定株主として機能する系列金融機関などのとりまとめを行い，社債発行に際しては受託業務を行い，役員や監査役を派遣する銀行を指す。

　青木らは，メインバンクの本質的な機能は顧客企業に対するモニタリング活動であると論じる。第1に，企業が提案する投資案件を審査し，融資が可能かどうかを選別する。第2に，融資の実行後は，投資資金が有効に使用されているかをチェックし，経営者が自己利益の追求に走らないようにする。第3に，

企業の経営が苦しくなると，人材派遣や経営支援，追加融資，元金や金利の支払い猶予・減免などを行う。さらに経営が悪化すると，経営者を退陣させて経営権を掌握し，資産や事業部門の売却などを進めて経営再建を指揮する。企業が債務不履行に陥った場合には，他の融資行には損失を負わせず，損失をすべて被って破綻処理まで行う（青木・堀，1996）。

　通説では，1980 年代半ばまではメインバンクのモニタリング機能は有効に働いていたとされる。だが，それ以前においてもメインバンクはガバナンス機能を果たせていなかったとする研究もあり，評価は分かれている（花崎，2014；株式会社日本総合研究所編著，2017；江川，2018）。いずれにしても，それではメインバンクが，企業の再建や破綻処理のコストを負担できるほどの余力を持っていたのはなぜなのか。その鍵は戦後の金融行政にある。

┃ 護送船団方式と金融自由化 ┃

　戦後の日本では，株式や社債の発行は厳しく規制されたため，証券市場は発展せず，企業は銀行融資に依存した。また敵対的買収を回避するため，企業間での株式持ち合いも進み，株式取引は低調であった。さらに政府が銀行への預金を奨励し，家計資産のほとんどは銀行預金の形で所有された。こうして銀行中心の金融システムが確立する。

　大蔵省は昭和金融恐慌の経験から，金融システムの安定を金融行政の最大の目的とし，経営基盤が脆弱で効率性が低い金融機関であっても破綻することのないよう，業態規制（銀証分離，信託分離，長短分離など），金利規制，店舗規制，参入・退出制限といった厳格な規制を課すことで，金融機関同士の競争を制限した。この**護送船団方式**（**護送船団行政**）により，すべての金融機関にレントが保証されたため，銀行は破綻企業の処理費用を負担できたのである。

　ところが 1970 年代後半以降，国際的な金融自由化の動き（⇒第 1 章）と国債の大量発行の影響（⇒第 10 章）を受けて，日本でも漸進的に金融の自由化・国際化が進み，大企業は資金調達に際して，増資や社債の発行といった直接金融を利用するようになる。さらに 1980 年代には，企業が余剰資金を有価証券で運用する「財テクブーム」が起こり，株式取引の規模が急拡大して株価が急上昇した。一方，大企業の「銀行離れ」により貸出先を失い，金融自由化で認め

られた大口の高金利金融商品の販売による利ざやの縮小にも直面していた銀行は，高い収益を求めて不動産関連融資を急増させる。この資金の流入により，地価が急上昇した。そのうえ長期にわたり低金利政策がとられたことで，1980年代後半にはバブルが発生する（⇒第11章）。

┃ バブル経済の崩壊と株式持ち合いの崩壊 ┃

1990年代に入ってバブル経済が崩壊し，企業の不祥事や，過剰債務による経営悪化が続出したことで，メインバンクが企業経営の監視機能を果たせていなかったことが明らかになった。そのうえ，金融機関も巨額の**不良債権**を抱え，金融機関自体のガバナンスが機能していなかったことも明らかになった。護送船団方式は放棄され，金融機関の経営破綻も相次ぎ，金融危機の責任を問われた大蔵省からは金融部門が分離される。さらに1997年には，橋本龍太郎首相が「日本版金融ビッグバン」を提唱し，金融自由化が大きく進展する。金融不安は長期化したものの，2000年代半ばになって不良債権問題はようやく解決に向かう。

他方，株式持ち合いも崩壊に向かう。1990年代後半以降，不良債権処理のために銀行が持ち合い株式を売却し始めたのである。さらに2001年には，銀行規制の国際的統一基準であるバーゼルⅡを満たすため，2004年9月末までに（後に2006年9月末までに延期）銀行が保有する株式の総額を，資本金，剰余金などで構成されるコア資本の総額以下に制限することが決められた。このため，銀行は保有株式の売却を加速する。こうした株式を購入したのは外国人投資家であった（星＝カシャップ，2006）。日本の株式市場での海外投資家の株式保有率は，1995年度には約10％であったところ，年々増え続けて2006年度には30％近くに達し，以後，30％で推移している。1990年代後半以降，日本の株式市場では外国人投資家が主たる買い手・売り手となっており，株価を左右する存在になっている。

4 日本におけるコーポレート・ガバナンス改革の進展

1990年代から2000年代にかけてのコーポレート・ガバナンス改革

　このように日本では1990年代以降，メインバンクの影響力が低下し，株式持ち合いも崩れ，海外投資家の影響力が強くなったため，コーポレート・ガバナンスへの関心が高まったと考えられる。ところが，1990年代から2000年代初頭までのコーポレート・ガバナンス改革を分析した杉之原真子は，この時期の改革は，株主の利益よりも経営者の利益に適うものが中心であったと論じる。

　杉之原によると，コーポレート・ガバナンス改革には，金融のグローバル化に対応して，投資家（株主）保護の立場から経営に対するチェック機能を強める「モニタリング向上改革」と，生産のグローバル化に対応して，経営者の立場から企業経営の柔軟性を高める「柔軟性向上改革」がある。1993年から2002年までの商法改正では，法務省と，その管轄下にあって商法学者が中心となる法制審議会が，諸外国の制度との整合性や株主の権限強化という政策目標から前者の改革を進めようとした。それに対して経団連は，企業の国際競争力の強化という目的から後者の改革を進めようとした。

　前者の改革としては，1993年の監査役の役割強化と2002年の委員会等設置会社の選択的導入が挙げられる。委員会等設置会社とは，取締役会が，会社の業務を執行する執行役の監督を行い，取締役会のなかに，それぞれ社外取締役が過半数を占める指名委員会・監査委員会・報酬委員会を設置する（監査役制度は廃止），アメリカ型の会社機関である（2006年に委員会設置会社，2015年に指名委員会等設置会社に名称変更）。しかしながら，実際に委員会等設置会社に移行する企業は限られ，改革の効果は限定的であった。

　一方，後者の改革としては，2000年の会社分割制度の導入と2001年の企業による自己株式取得の原則自由化（金庫株の解禁）が挙げられる。また1993年には前者の改革として，株主代表訴訟制度の手数料が引き下げられたものの，2001年には，企業の判断で株主代表訴訟における取締役の損害賠償責任を軽

減できるとする見直しが行われる。なお1997年のストック・オプション制度の導入は，前者と後者の両方の意味を持つのだが，これも経団連の強い要望を受けて実現された。

　このように実現された改革のうち実効性の高いものは，主として経営者の利益に適う改革であり，経団連の要請に応じて自民党が進めたものである（杉之原，2008）。これは，経営者と緊密な関係にある右派政党が株主重視の改革には消極的だとする党派性パラドックスと適合的である。

　また西岡晋は，カルペッパーの議論を日本の事例に適用している。西岡は，1997年の独占禁止法改正による純粋持株会社の解禁と2001年の株主代表訴訟制度見直しの事例を取り上げ，両事例とも政治的関心が高まり，かつ自民党の政策案に対して世論が批判的であったため，連立政権内の相対的小規模政党（前者は社民党，後者は公明党）が拒否権を発動し，その結果，法案が先送りされたり，大幅に修正されたりしたと論じている（西岡，2017）。

▌2010年代のコーポレート・ガバナンス改革▐

　2000年代までのコーポレート・ガバナンス改革とは異なり，2012年12月に発足した第2次安倍晋三内閣は，海外投資家の資金を国内市場に呼び込むことを目的に掲げて，すなわち金融のグローバル化への対応として，株主重視のコーポレート・ガバナンス改革を進めている。この変化は，どのように説明できるのであろうか。

　竹中治堅によると，2001年頃から法務省，法制審議会だけではなく，金融庁や東京証券取引所も，コーポレート・ガバナンス改革を主張するようになる。その背景には，証券市場で役割を増す外国人投資家の存在があった。外国人投資家たちは，日本企業では株主利益を代表するはずの取締役会が十分に機能していないとみており，株主利益の観点から経営者を監視してくれることを期待して，社外取締役の導入を求めていたのである。さらに経済産業省も，2008年12月に企業統治研究会を設置し，社外取締役の義務づけについて議論を始める。しかし経団連が，社外取締役の義務づけに強く反対したため，会社機関の改革は停滞する。

　一方で野党の民主党も，コーポレート・ガバナンス改革を検討しており，

2009 年の政権交代後，法制審議会で会社法制見直しの議論を始める。2012 年
9 月に法制審議会は，上場企業などについては，社外取締役を置かない場合，
「社外取締役を置くことが相当でない理由」を事業報告に記入することとした
要綱をとりまとめる。また上場企業に対して，独立社外取締役の設置を上場規
則により義務づけることを求める附帯決議も採択した。

　ところが再度の政権交代により，会社法改正は第 2 次安倍内閣に持ち越され
る。自民党は 2012 年 4 月に，上場企業については複数の独立取締役の選任を
上場規則あるいは法律によって義務づけるとする案をまとめており，衆議院総
選挙の公約にしていた。第 2 次安倍内閣は発足直後の 2013 年 1 月に産業競争
力会議を内閣官房に設置し，法務省と金融庁の政策を統合する形で改革を打ち
出していく。2013 年 6 月に閣議決定した「日本再興戦略」では，成長戦略の
一環としてコーポレート・ガバナンス改革を取り上げ，社外取締役の導入を促
進する方針を打ち出した。これを受けて 2014 年 6 月に成立した改正会社法で
は，民主党政権のときに作成された要綱とは異なり，上場企業などが社外取締
役を置かない場合，株主総会で「社外取締役を置くことが相当でない理由」を
説明することとされた（竹中，2017a）。

　さらに 2015 年 6 月からは，東京証券取引所が策定した**コーポレート・ガバ
ナンス・コード**が上場企業に適用されることになった。これは上場企業に対し
て，実効的な経営戦略のもと，中長期的な収益力の改善を図ることを求める指
針であり，定められた原則に従うか，従わない場合にはその理由を説明するこ
ととしている。その内容で注目されたのは，社外取締役を 2 名以上選任するこ
とと，政策保有株式（持ち合い株式）について，保有に関する方針の開示，保
有の合理性についての説明，議決権行使の基準の策定・開示などを行うことで
あった。なお 2019 年の会社法改正により，上場企業などに対しては，社外取
締役の設置が法的に義務づけられることになった。

　一方で，2014 年 2 月には金融庁が，機関投資家の行動原則を定めた「『責任
ある機関投資家』の諸原則」を策定している。この日本版**スチュワードシッ
プ・コード**では，機関投資家に対して，投資先企業の持続的な成長を促す観点
から，中長期的な視点に立った建設的な対話を行い，問題の改善に努めること
で，適切に「受託者責任」を果たすことや，株主総会での議決権行使の結果公

表について明確な方針を持つことなどを求めている（竹中，2017a；江川，2018；風間編著，2019；金融庁ウェブサイトを参照）。

　竹中は，経団連が反対する社外取締役の導入が事実上，義務化されたことについて，民主党政権の取り組みが突破口になったと論じている（竹中，2017a）。このことは，既存のコーポレート・ガバナンスの形成に関与していない中道左派政権が改革を進めるとする党派性パラドックスと適合的である。これに対し松中学は，民主党は法制審議会の議論に積極的には介入せず，株主利益の追求を主張していたわけでもなかったとして，むしろ2010年以降の自民党が，改革を推進する中道左派政党の役割を担ったとみる。自民党は，経営者団体との強いつながりにもかかわらず，コーポレート・ガバナンス改革を経済成長のための政策と位置づけ，株主利益の追求を志向する政策を提示したというのである（松中，2016）。一方で竹中は，民主党政権や発足直後の第2次安倍内閣が経団連と疎遠であったことや，近年，経団連をはじめとした利益団体一般の政治的影響力が低下していることを指摘するとともに，第2次安倍内閣で首相官邸の影響力が強大化したことと，首相がコーポレート・ガバナンス改革を後押ししたことの重要性を強調している（竹中，2017b）。

　ここまでみてきたように日本でもコーポレート・ガバナンス改革は着実に進展している。だが，2015年に不正会計が発覚した東芝が，早くも2003年に委員会等設置会社に移行して企業統治の優等生と呼ばれていたことからもわかるように，日本企業のコーポレート・ガバナンス改革が形式だけでなく実質を伴ったものになるのかが，今後の課題である。

読書案内　　　　　　　　　　　　　　　　　　　Bookguide ●

江川雅子『現代コーポレートガバナンス──戦略・制度・市場』日本経済新聞出版社，2018年。
⇒経営学者によるコーポレート・ガバナンスについての教科書。
ピーター・A. ゴルヴィッチ＝ジェームス・シン／林良造監訳『コーポレートガバナンスの政治経済学』中央経済社，2008年。
⇒国ごとのコーポレート・ガバナンスの差異をアクターの選好と政治制度から説明する，圧巻の比較政治経済研究。
戸矢哲朗『金融ビッグバンの政治経済学──金融と公共政策策定における制度

変化』東洋経済新報社，2002 年。
⇒比較制度分析の枠組みを用いて，金融ビッグバンが実現した理由を政治学的
　に説明する。

引用・参照文献

青木昌彦／永易浩一訳，1992，『日本経済の制度分析——情報・インセンティブ・交渉ゲーム』筑摩書房。

青木昌彦・堀宣昭，1996，「メインバンク・システムと金融規制」青木昌彦・奥野正寛編著『経済システムの比較制度分析』東京大学出版会：221-245。

アグリエッタ，ミシェル／若森章孝・山田鋭夫・大田一広・海老塚明，2000，『資本主義のレギュラシオン理論——政治経済学の刷新〔増補新版〕』大村書店。

アグリエッタ，M.＝A. ブレンデール／斉藤日出治・若森章孝・山田鋭夫・井上泰夫訳，1990，『勤労者社会の転換——フォーディズムから勤労者民主制へ』日本評論社。

浅古泰史，2016，『政治の数理分析入門』木鐸社。

浅古泰史，2018，『ゲーム理論で考える政治学——フォーマルモデル入門』有斐閣。

浅野正彦・矢内勇生，2018，『Rによる計量政治学』オーム社。

阿部彩，2007，「日本における社会的排除の実態とその要因」『季刊社会保障研究』43（1）：27-40。

アマーブル，ブルーノ／山田鋭夫・原田裕治ほか訳，2005，『五つの資本主義——グローバリズム時代における社会経済システムの多様性』藤原書店。

網谷龍介，2011，「テクノクラシーは社会的ヨーロッパの夢を見るか？」宮本太郎編『働く——雇用と社会保障の政治学』風行社：264-295。

アルベール，ミシェル／小池はるひ訳／久水宏之監，2011，『資本主義対資本主義〔改訂新版〕』竹内書店新社。

アロー，ケネス・J.／長名寛明訳，2013，『社会的選択と個人的評価』勁草書房。

飯田健，2013，『計量政治分析』共立出版。

飯田健・松林哲也・大村華子，2015，『政治行動論——有権者は政治を変えられるのか』有斐閣。

石田徹，1992，『自由民主主義体制分析——多元主義・コーポラティズム・デュアリズム』法律文化社。

イーストン，D.／山川雄巳訳，1976，『政治体系——政治学の状態への探求』ぺりかん社。

伊藤大一，1980，『現代日本官僚制の分析』東京大学出版会。

伊藤隆敏，2015，『日本財政「最後の選択」——健全化と成長の両立は成るか』日本経済新聞出版社。

伊藤光利・宮本太郎編，2014，『民主党政権の挑戦と挫折——その経験から何を学ぶか』日本経済評論社。

猪木武徳，2009，『戦後世界経済史——自由と平等の視点から』中央公論新社。

今井貴子，2011，「統合と自律をめぐる相克——イギリスの社会的企業の経験から」『歴史と経済』211：22-30。

岩田正美，2008，『社会的排除——参加の欠如・不確かな帰属』有斐閣。

イングルハート，R.／村山皓・富沢克・武重雅文，1993，『カルチャーシフトと政治変動』東洋経済新報社。

ヴァン・パリース，フィリップ／後藤玲子・齊藤拓訳，2009，『ベーシック・インカムの哲学

──すべての人にリアルな自由を』勁草書房。

ウィレンスキー，ハロルド・L.／下平好博訳，1984，『福祉国家と平等──公共支出の構造的・イデオロギー的起源』木鐸社。

ウィレンスキー，ハロルド・L.＝チャールズ・N.ルボー／四方寿雄監訳（上巻）・本出祐之監訳（下巻）／徳岡秀雄訳，1971，『産業社会と社会福祉（上・下）』岩崎学術出版社。

ウェーバー，マックス／浜島朗訳，1980，『社会主義』講談社。

宇佐見耕一，2011，『アルゼンチンにおける福祉国家の形成と変容──早熟な福祉国家とネオ・リベラル改革』旬報社。

後房雄，2017，「公共サービスと市民社会」坂本治也編『市民社会論──理論と実証の最前線』法律文化社：258-277。

埋橋孝文，2011，『福祉政策の国際動向と日本の選択──ポスト「三つの世界」論』法律文化社。

江川雅子，2018，『現代コーポレートガバナンス──戦略・制度・市場』日本経済新聞出版社。

エステベス-アベ，マーガリタ＝トーベン・アイヴァーセン＝デヴィット・ソスキス，2007，「社会保護と技能形成──福祉国家の再解釈」ピーター・A.ホール＝デヴィッド・ソスキス編／遠山弘徳・安孫子誠男・山田鋭夫・宇仁宏幸・藤田菜々子訳『資本主義の多様性──比較優位の制度的基礎』ナカニシヤ出版：167-210。

エスピン-アンデルセン，G.／渡辺雅男・渡辺景子訳，2000，『ポスト工業経済の社会的基礎──市場・福祉国家・家族の政治経済学』桜井書店。

エスピン-アンデルセン，G.／岡沢憲芙・宮本太郎監訳，2001，『福祉資本主義の三つの世界──比較福祉国家の理論と動態』ミネルヴァ書房。

エスピン-アンデルセン，イエスタ／大沢真理監訳，2011，『平等と効率の福祉革命──新しい女性の役割』岩波書店。

エバース，A.＝J.-L.ラヴィル，2007，「欧州サードセクターの定義」A.エバース＝J.-L.ラヴィル編／内山哲朗・柳沢敏勝訳『欧州サードセクター』日本経済評論社：15-58。

大沢真理，2007，『現代日本の生活保障システム──座標とゆくえ』岩波書店。

大嶽秀夫，1983，「戦後保守体制の対立軸」『中央公論』1983年4月号：137-151。

大嶽秀夫，1992，「鳩山・岸時代における「小さい政府」論──一九五〇年代後期における減税政策」日本政治学会編『年報政治学1991　戦後国会の形成と経済発展──占領以後』岩波書店：165-185。

大竹文雄，2005，『日本の不平等──格差社会の幻想と未来』日本経済新聞社。

小沢修司，2002，『福祉社会と社会保障改革──ベーシック・インカム構想の新地平』高菅出版。

落合恵美子編，2013，『親密圏と公共圏の再編成──アジア近代からの問い』京都大学学術出版会。

オルソン，M.／依田博・森脇俊雅訳，1996，『集合行為論──公共財と集団理論』ミネルヴァ書房。

カー＝ダンロップ＝ハービソン＝マイヤーズ／中山伊知郎監修，1963，『インダストリアリズム──工業化における経営者と労働』東洋経済新報社。

カザ，グレゴリー・J.／堀江孝司訳，2014，『国際比較でみる日本の福祉国家──収斂か分岐か』ミネルヴァ書房。

風間信隆編著, 2019, 『よくわかるコーポレート・ガバナンス』ミネルヴァ書房。

加藤淳子, 1997, 『税制改革と官僚制』東京大学出版会。

加藤淳子, 2019, 「日本における財政・租税政策の比較分析と通時分析――連立政治は増税を
めぐる日本の政治の何を変えたのか」佐々木毅編『比較議院内閣制論――政府立法・予算か
ら見た先進民主国と日本』岩波書店:169-200。

加藤雅俊, 2012, 『福祉国家再編の政治学的分析――オーストラリアを事例として』御茶ノ水
書房。

ガードナー, リチャード・N./村野孝・加瀬正一訳, 1973, 『国際通貨体制成立史――英米の
抗争と協力』上・下, 東洋経済新報社。

株式会社日本総合研究所編著, 2017, 『葛藤するコーポレートガバナンス改革』きんざい。

上川龍之進, 2005, 『経済政策の政治学――90年代経済危機をもたらした「制度配置」の解
明』東洋経済新報社。

上川龍之進, 2014, 『日本銀行と政治――金融政策決定の軌跡』中央公論新社。

神取道宏, 2014, 『ミクロ経済学の力』日本評論社。

北山俊哉, 2011, 『福祉国家の制度発展と地方政府――国民健康保険の政治学』有斐閣。

ギデンズ, アンソニー/松尾精文・小幡正敏訳, 1993, 『近代とはいかなる時代か?――モダ
ニティの帰結』而立書房。

ギデンズ, アンソニー/佐和隆光訳, 1999, 『第三の道――効率と公正の新たな同盟』日本経
済新聞社。

金成垣, 2018, 「社会的投資に求められるもの――韓国の経験と教訓」三浦まり編『社会への
投資――「個人」を支える「つながり」を築く』岩波書店:109-136。

キムリッカ, ウィル/角田猛之・石山文彦・山崎康仕監訳, 1998, 『多文化時代の市民権――
マイノリティの権利と自由主義』晃洋書房。

キャメロン, デービッド・R./下平好博訳, 1987, 「社会民主主義・コーポラティズム・穏健
な労働運動」J. H. ゴールドソープ編/稲上毅・下平好博・武川正吾・平岡公一訳, 『収斂の
終焉――現代西欧社会のコーポラティズムとデュアリズム』有信堂高文社:148-197。

ギャラハー, J.=R. ロビンソン, 1983, 「自由貿易帝国主義」ジョージ・ネーデル=ペリー・
カーティス編/川上肇ほか訳『帝国主義と植民地主義』御茶の水書房:129-166。

ギャレット, ジェフリー/森屋朋子・河野勝訳, 2003, 「グローバル市場と国家の政治」河野
勝・竹中治堅編『アクセス国際政治経済論』日本経済評論社:205-232。

キャンベル, ジョン・C./三浦文夫・坂田周一監訳, 1995, 『日本政府と高齢化社会――政策
転換の理論と検証』中央法規出版。

桐谷仁, 2002, 『国家・コーポラティズム・社会運動――制度と集合行動の比較政治学』東信
堂。

ギルピン, ロバート/古城佳子訳, 2001, 『グローバル資本主義――危機か繁栄か』東洋経済
新報社。

キング, G. = R. O. コヘイン = S. ヴァーバ/真渕勝監訳, 2004, 『社会科学のリサーチ・デザイ
ン――定性的研究における科学的推論』勁草書房。

キンドルバーガー, チャールズ・P./石崎昭彦・木村一朗訳, 2009, 『大不況下の世界――
1929-1939〔改訂増補版〕』岩波書店。

久米郁男, 1998, 『日本型労使関係の成功――戦後和解の政治経済学』有斐閣。

ケインズ，J. M.／間宮陽介訳，2008，『雇用，利子および貨幣の一般理論』上・下，岩波書店。

厚生労働省，2019，『平成 30 年国民生活基礎調査の概況』厚生労働省。

河野勝，2002，『制度』東京大学出版会。

ゴルヴィッチ，ピーター・A.＝ジェームス・シン／林良造監訳，2008，『コーポレートガバナンスの政治経済学』中央経済社。

ゴールドソープ，J. H. 編／稲上毅ほか訳，1987，『収斂の終焉――現代西欧社会のコーポラティズムとデュアリズム』有信堂高文社。

近藤正基，2009，『現代ドイツ福祉国家の政治経済学』ミネルヴァ書房。

近藤康史，2008，『個人の連帯――「第三の道」以後の社会民主主義』勁草書房。

斉藤淳，2010，『自民党長期政権の政治経済学――利益誘導政治の自己矛盾』勁草書房。

齊藤誠・岩本康志・太田聰一・柴田章久，2010，『マクロ経済学』有斐閣。

佐藤誠三郎・松崎哲久，1986，『自民党政権』中央公論社。

澤田康幸・上田路子・松林哲也，2013，『自殺のない社会へ――経済学・政治学からのエビデンスに基づくアプローチ』有斐閣。

ジェソップ，ボブ／中谷義和監訳，2005，『資本主義国家の未来』御茶の水書房。

柴田章久・宇南山卓，2013，『マクロ経済学の第一歩』有斐閣。

シュミッター，フィリップ・C.＝ゲルハルト・レームブルッフ編／山口定監訳，1997，『現代コーポラティズム』全 2 巻，木鐸社。

ジョージ，A.＝A. ベネット／泉川泰博訳，2013，『社会科学のケース・スタディ――理論形成のための定性的手法』勁草書房。

新川敏光，1999，「権力資源論を越えて？――久米郁男著『日本型労使関係の成功――戦後和解の政治経済学』を読む」『大原社会問題研究所雑誌』482：58-65。

新川敏光，2005，『日本型福祉レジームの発展と変容』ミネルヴァ書房。

新川敏光，2007，『幻視のなかの社会民主主義』法律文化社。

新川敏光，2011，「福祉国家変容の比較枠組」新川敏光編『福祉レジームの収斂と分岐』ミネルヴァ書房：1-49。

新川敏光，2014，『福祉国家変革の理路――労働・福祉・自由』ミネルヴァ書房。

新川敏光＝ジュリアーノ・ボノーリ編／新川敏光監訳，2004，『年金改革の比較政治学――経路依存性と非難回避』ミネルヴァ書房。

新川敏光・井戸正伸・宮本太郎・眞柄秀子，2004，『比較政治経済学』有斐閣。

杉之原真子，2008，「二つのグローバル化と企業統治改革――一九九三年から二〇〇二年の商法改正の分析」日本国際政治学会編『国際政治第 153 号　グローバル経済と国際政治』有斐閣：91-105。

スティグリッツ，J. E.／藪下史郎訳，2003-2004，『スティグリッツ公共経済学』東洋経済新報社。

ステイル，ベン／小坂恵理訳，2014，『ブレトンウッズの闘い――ケインズ，ホワイトと新世界秩序の創造』日本経済新聞社。

ストレンジ，スーザン／櫻井公人訳，1998，『国家の退場――グローバル経済の新しい主役たち』岩波書店。

砂原庸介・稗田健志・多湖淳，2015，『政治学の第一歩』有斐閣。

仙石学，2012，「ポスト社会主義国における福祉政治」宮本太郎編『福祉政治』ミネルヴァ書

　　房：169-183。

ダウンズ，A.／古田精司監訳，1980，『民主主義の経済理論』成文堂。

田口富久治編，1989，『ケインズ主義的福祉国家——先進 6 カ国の危機と再編』青木書店。

竹中治堅，2017a，「コーポレート・ガバナンス改革——会社法改正とコーポレート・ガバナン
　　ス・コードの導入」竹中治堅編『二つの政権交代——政策は変わったのか』勁草書房：85-
　　120。

竹中治堅，2017b，「安倍政権と民主党政権の継続性」竹中治堅編『二つの政権交代——政策
　　は変わったのか』勁草書房：273-289。

田尻嗣夫，1997，『中央銀行 危機の時代』日本経済新聞社。

橘木俊詔，2006，『格差社会——何が問題なのか』岩波書店。

建林正彦・曽我謙悟・待鳥聡史，2008，『比較政治制度論』有斐閣。

田中拓道，2017，『福祉政治史——格差に抗するデモクラシー』勁草書房。

田中秀明，2011，『財政規律と予算制度改革——なぜ日本は財政再建に失敗しているか』日本
　　評論社。

田中秀明，2013，『日本の財政——再建の道筋と予算制度』中央公論新社。

ダール，ロバート・A.／高畠通敏・前田脩訳，2014，『ポリアーキー』岩波書店。

千田航，2018，『フランスにおける雇用と子育ての「自由選択」』ミネルヴァ書房。

ツェベリス，ジョージ／眞柄秀子・井戸正伸監訳，2009，『拒否権プレイヤー——政治制度は
　　いかに作動するか』早稲田大学出版部。

辻由希，2012，『家族主義福祉レジームの再編とジェンダー政治』ミネルヴァ書房。

ティトマス，R.M.／谷昌恒訳，1967，『福祉国家の理想と現実』東京大学出版会。

ティトマス，R.M.／三友雅夫監訳，1981，『社会福祉政策』恒星社厚生閣。

寺井公子・肥前洋一，2015，『私たちと公共経済』有斐閣。

ドゥフルニ，ジャック，2004，「サードセクターから社会的企業へ」C.ボルザガ＝J.ドゥフル
　　ニ編／内山哲朗・石塚秀雄・柳沢敏勝訳『社会的企業』日本経済評論社：1-40。

永吉希久子，2018，「福祉国家は排外主義を乗り越えるか——福祉愛国主義と社会保障制度」
　　樽本英樹編『排外主義の国際比較——先進諸国における外国人移民の実態』ミネルヴァ書
　　房：149-176。

西岡晋，2015，「コーポレート・ガバナンスの政治学——『三つの I』のアプローチ」日本政
　　治学会編『年報政治学 2014-II　政治学におけるガバナンス論の現在』木鐸社：110-134。

西岡晋，2017，「連立政権と企業統治改革——イシュー・セイリアンス論の視角」『法学』81
　　（4）：1-45。

西山隆行，2008，『アメリカ型福祉国家と都市政治——ニューヨーク市におけるアーバン・リ
　　ベラリズムの展開』東京大学出版会。

日本銀行金融研究所編，2011，『日本銀行の機能と業務』有斐閣。

ノース，D.C.／瀧澤弘和・中林真幸監訳，2016，『ダグラス・ノース制度原論』東洋経済新報
　　社。

野林健・大芝亮・納家政嗣・山田敦・長尾悟，2007，『国際政治経済学・入門〔第3版〕』有斐
　　閣。

ハイエク，フリードリヒ／西山千明訳，1992，『隷属への道』春秋社。

花崎正晴，2014，『コーポレート・ガバナンス』岩波書店。

濱田江里子・金成垣, 2018, 「社会的投資戦略の総合評価」三浦まり編『社会への投資――「個人」を支える「つながり」を築く』岩波書店：3-30。

原伸子, 2016, 『ジェンダーの政治経済学――福祉国家・市場・家族』有斐閣。

ピアソン, P.／粕谷祐子監訳, 2010, 『ポリティクス・イン・タイム――歴史・制度・社会分析』勁草書房。

ピオリ, マイケル・J.＝チャールズ・F. セーブル／山之内靖・永易浩一・菅山あつみ訳, 1993, 『第二の産業分水嶺』筑摩書房。

ピケティ, トマ／山形浩生・守岡桜・森本正史訳, 2014, 『21 世紀の資本』みすず書房。

ピーターズ, B. G.／土屋光芳訳, 2007, 『新制度論』芦書房。

平岡公一・杉野昭博・所道彦・鎮目真人, 2011, 『社会福祉学』有斐閣。

ヒルシュ, ヨアヒム／木原滋哉・中村健吾訳, 1998, 『国民的競争国家――グローバル時代の国家とオルタナティブ』ミネルヴァ書房。

広井良典, 2006, 『持続可能な福祉社会――「もうひとつの日本」の構想』筑摩書房。

樋渡展洋, 1991, 『戦後日本の市場と政治』東京大学出版会。

フィッツパトリック, トニー／武川正吾・菊地英明訳, 2005, 『自由と保障――ベーシック・インカム論争』勁草書房。

ブキャナン, J. M.＝G. タロック／宇田川璋仁監訳, 1979, 『公共選択の理論――合意の経済論理』東洋経済新報社。

ブキャナン, ジェームズ・M.＝リチャード・E. ワグナー／大野一訳, 2014, 『赤字の民主主義――ケインズが遺したもの』日経 BP 社。

藤木裕, 1998, 『金融市場と中央銀行』東洋経済新報社。

藤原賢哉, 1998, 「中央銀行の独立性の理論」三木谷良一・石垣健一編著『中央銀行の独立性』東洋経済新報社：79-105。

船橋洋一, 2018, 『通貨烈烈』朝日新聞出版。

フリードマン, トーマス／伏見威蕃訳, 2008, 『フラット化する世界――経済の大転換と人間の未来〔増補改訂版〕』上・下, 日本経済新聞出版社。

フリードマン, ミルトン／保坂直達訳, 1978, 『インフレーションと失業』マグロウヒル好学社。

フリードマン, ミルトン／村井章子訳, 2008, 『資本主義と自由』日経 BP。

フレイザー, ナンシー／仲正昌樹監訳, 2003, 『中断された正義――「ポスト社会主義的」条件をめぐる批判的省察』御茶の水書房。

ベヴァリッジ, ウィリアム／一圓光彌監訳, 2014, 『ベヴァリッジ報告――社会保険および関連サービス』法律文化社。

ベル, ダニエル／岡田直之訳, 1969, 『イデオロギーの終焉――1950 年代における政治思想の涸渇について』東京創元新社。

ペンペル, T. J.＝恒川恵一, 1997, 「労働なきコーポラティズムか――日本の奇妙な姿」シュミッター, フィリップ・C.＝ゲルハルト・レームブルッフ編／山口定監訳『現代コーポラティズムⅠ――団体統合主義の政治とその理論』木鐸社：239-293。

星岳雄＝アニル・カシャップ／鯉渕賢訳, 2006, 『日本金融システム進化論』日本経済新聞社。

ポラニー, カール／野口建彦・栖原学訳, 2009, 『[新訳] 大転換――市場社会の形成と崩壊』東洋経済新報社。

堀江孝司，2005，『現代政治と女性政策』勁草書房。

ホール，ピーター・A.＝デヴィッド・ソスキス編／遠山弘徳・安孫子誠男・山田鋭夫・宇仁宏
　　幸・藤田菜々子訳，2007，『資本主義の多様性——比較優位の制度的基礎』ナカニシヤ出版。

ボルカー，ポール＝行天豊雄／江澤雄一監訳，1992，『富の興亡——円とドルの歴史』東洋経
　　済新報社。

ボワイエ，ロベール／山田鋭夫訳，1989，『レギュラシオン理論——危機に挑む経済学』新評
　　論。

ポントゥソン，J.，2001，「新自由主義とドイツ・モデルの間で——過渡期のスウェーデン資
　　本主義」コーリン・クラウチ＝ウォルフガング・ストリーク編／山田鋭夫訳『現代の資本主
　　義制度——グローバリズムと多様性』NTT出版：83-104。

マーシャル，T. H.＝トム・ボットモア／岩崎信彦・中村健吾訳，1993，『シティズンシップと
　　社会的階級——近現代を総括するマニフェスト』法律文化社。

松尾隆佑，2019，『ポスト政治の政治理論——ステークホルダー・デモクラシーを編む』法政
　　大学出版局。

松中学，2016，「コーポレート・ガバナンスと政治過程」宍戸善一・後藤元編著『コーポレー
　　ト・ガバナンス改革の提言——企業価値向上・経済活性化への道筋』商事法務：429-475。

マディソン，アンガス／政治経済研究所監訳，2015，『世界経済史概観——紀元1年〜2030
　　年』岩波書店。

真渕勝，1989，「大蔵省主税局の機関哲学」『レヴァイアサン』4：41-58。

真渕勝，1994，『大蔵省統制の政治経済学』中央公論社。

マルクス，K.＝エンゲルス，F.／廣松渉訳，2002，『ドイツ・イデオロギー〔新編輯版〕』岩波
　　書店。

マンキュー，N. G.／足立英之ほか訳，2019，『マンキュー経済学Ⅰ　ミクロ編』東洋経済新報
　　社。

宮本太郎，1999，『福祉国家という戦略——スウェーデンモデルの政治経済学』法律文化社。

宮本太郎，2008，『福祉政治——日本の生活保障とデモクラシー』有斐閣。

宮本太郎，2009，『生活保障——排除しない社会へ』岩波書店。

宮本太郎編，2012，『福祉政治（福祉＋α）』ミネルヴァ書房。

宮本太郎，2013，『社会的包摂の政治学——自立と承認をめぐる政治対抗』ミネルヴァ書房。

宮本太郎＝イト・ペング＝埋橋孝文，2003，「日本型福祉国家の位置と動態」G. エスピン-ア
　　ンデルセン編／埋橋孝文監訳『転換期の福祉国家』早稲田大学出版部：295-336。

ミラノヴィッチ，ブランコ／立木勝訳，2017，『大不平等——エレファントカーブが予測する
　　未来』みすず書房。

向井清史，2015，『ポスト福祉国家のサード・セクター論』ミネルヴァ書房。

ヤーギン，D.＝S. スタニスロー／山岡洋一訳，2001，『市場対国家——世界を作り変える歴史
　　的攻防』上・下，日本経済新聞社。

山口二郎，1987，『大蔵官僚支配の終焉』岩波書店。

山田鋭夫，1994，『20世紀資本主義——レギュラシオンで読む』有斐閣。

山田鋭夫，2008，『さまざまな資本主義——比較資本主義分析』藤原書店。

山脇岳志，2002，『日本銀行の深層』講談社。

リッター，G. A.／木谷勤・北住炯一・後藤俊明・竹中亨・若尾祐司訳，1993，『社会国家——

その成立と発展』晃洋書房。

ル シュヴァリエ，セバスチャン／新川敏光監訳，2015，『日本資本主義の大転換』岩波書店。

ロドリック，ダニ／柴山桂太・大川良文訳，2013，『グローバリゼーション・パラドクス——世界経済の未来を決める三つの道』白水社。

若森章孝，1996，『レギュラシオンの政治経済学——21 世紀を拓く社会＝歴史認識』晃洋書房。

渡辺博明，2013，「スウェーデン——社会民主主義型福祉国家の発展と変容」鎮目真人・近藤正基編『比較福祉国家——理論，計量，各国事例』ミネルヴァ書房：204-223。

Acemoglu, Daron, Suresh Naidu, Pascual Restrepo, and James A. Robinson, 2019, "Democracy Does Cause Growth," *Journal of Political Economy*, 127 （1）: 47-100.

Aghion, Philippe and Patrick Bolton, 1990, "Government Domestic Debt and the Risk of Default: A Political-Economic Model of the Strategic Role of Debt," in Rudiger Dornbusch and Mario Draghi eds., *Public Debt Management: Theory and History*, Cambridge University Press: 315-347.

Albertus, Michael, 2019, "Theory and Methods in the Study of Distributive Politics," *Political Science Research and Methods*, 7 （3）: 629-639.

Alesina, Alberto, 1988, "Macroeconomics and Politics," in Stanley Fischer ed., *NBER Macroeconomics Annual 1988*, The MIT Press: 13-52.

Alesina, Alberto and Allan Drazen, 1991, "Why are Stabilizations Delayed?" *American Economic Review*, 81 （5）: 1170-1188.

Alesina, Alberto and Eliana La Ferrara, 2005, "Preferences for Redistribution in the Land of Opportunities," *Journal of Public Economics*, 89 （5-6）: 897-931.

Alesina, Alberto, Edward L. Glaeser and Bruce Sacerdote, 2001, "Why doesn't the United States have a European-style Welfare State?," *Brookings Papers on Economic Activity* 2001 （2）: 187-254.

Alesina, Alberto and Edward L. Glaeser, 2004, *Fighting Poverty in the US and Europe: A World of Difference*, Oxford University Press.

Alesina, Alberto and Roberto Perotti, 1994, "The Political Economy of Budget Deficits," *NBER Working Paper Series*, No.4637.

Alesina, Alberto and Roberto Perotti, 1996, "Income Distribution, Political Instability, and Investment," *European Economic Review*, 40 （6）: 1203-1228.

Alesina, Alberto and Dani Rodrik, 1994, "Distributive Politics and Economic Growth," *Quarterly Journal of Economics*, 109 （2）: 465-490.

Alesina, Alberto and Lawrence H. Summers, 1993, "Central Bank Independence and Macroeconomic Performance: Some Comparative Evidence," *Journal of Money, Credit, and Banking*, 25: 151-162.

Alesina, Alberto and Guido Tabellini, 1990, "A Positive Theory of Fiscal Deficits and Government Debt," *Review of Economic Studies*, 57 （3）: 403-414.

Alt, James E. and Robert C. Lowry, 1994, "Divided Government, Fiscal Institutions, and Budget Deficits: Evidence from the States," *American Political Science Review*, 88 （4）: 811-828.

Armingeon, Klaus, 2004, "OECD and National Welfare State Development," in K. Armingeon and M. Beyeler eds., *The OECD and European Welfare States*, Edward Elgar: 226-241.

Aspalter, Christian, 2017, "Ten World of Welfare Capitalism," in Christian Aspalter ed., *The Rout-ledge Handbook to Welfare State Systems*, Routledge: 15–40.

Atkinson, Anthony B., 1995, *Incomes and the Welfare State: Essays on Britain and Europe*, Cambridge University Press.

Atkinson, Anthony B. and Thomas Piketty, 2007, *Top Incomes over the Twentieth Century: A Contrast Between Continental European and English-Speaking Countries*, Oxford University Press.

Atkinson, Anthony B. and Thomas Piketty, 2010, *Top Incomes: A Global Perspective*, Oxford University Press.

Banting, K., R. Johnston, W. Kymlicka, and S. Soroka, 2006, "Do Multiculturalism Policies Erode the Welfare State? An Empirical Analysis," in K. Banting and W. Kymlicka eds., *Multiculturalism and the Welfare State: Recognition and Redistribution in Contemporary Democracies*, Oxford University Press: 49–91.

Barker, Roger M., 2010, *Corporate Governance, Competition, and Political Parties: Explaining Corporate Governance Change in Europe*, Oxford University Press.

Barrientos, Armando, 2004, "Latin America: Towards a Liberal-informal Welfare Regime," in Ian Gough, Geof Wood, Armando Barrientos, Philippa Bevan, Peter Davis, and Graham Room eds., *Insecurity and Welfare Regimes in Asia, Africa and Latin America: Social Policy in Development Contexts*, Cambridge University Press: 121–168.

Barro, Robert J., 2000, "Rule of Law, Democracy, and Economic Performance," Index of Economic Freedom, Washington D.C. Heritage Foundation.

Bates, Robert H. and Da-Hsiang Donald Lien, 1985, "Taxation, Development, Representative Government," *Politics and Society*, 14: 53–70.

Béland, Daniel, 2009, "Ideas, Institutions, and Policy Change," *Journal of European Public Policy*, 16（5）: 701–708.

Bénabou, Roland, 1996, "Inequality and Growth," *NBER Macroeconomics Annual*, 11: 11–74.

Bénabou, Roland and Efe A. Ok, 2001, "Social Mobility and the Demand for Redistribution: The POUM Hypothesis," *Quarterly Journal of Economics*, 116（2）: 447–487.

Besley, Timothy, 2004, "The New Political Economy," LSE papers.

Bickers, Kenneth N. and Robert M. Stein, 1996, "The Electoral Dynamics of the Federal Pork Barrel," *American Journal of Political Science*, 40（4）: 1300–1326.

Black, Duncan, 1948, "On the Rationale of Group Decision-making," *Journal of Political Economy*, 56（1）: 23–34.

Blyth, Mark, 2002, Great Transformations: Economic Ideas and Institutional Change in the Twentieth Century, Cambridge University Press.

Boix, Carles, 1998, *Political Parties, Growth and Equality: Conservative and Social Democratic Economic Strategies in the World Economy*, Cambridge University Press.

Boix, Carles, 2000, "Partisan Governments, the International Economy, and Macroeconomic Policies in Advanced Nations, 1960–93," *World Politics*, 53（1）: 38–73.

Bommes, Michael and Geddes, Andrew, 2000, "Immigration and the Welfare State," in N. Morel, B. Palier and J. Palme eds., *Immigration and Welfare: Challenging the Borders of the Welfare State*, Routledge: 1–12.

Bonoli, Giuliano, 2012, "Active Labor Market Policy and Social Investment: A Changing Relationship," in N. Morel, B. Palier and J. Palme, *Towards a Social Investment Welfare State?: Ideas, Policies and Challenges*, The Policy Press: 181–204.

Bornschier, Simon, 2011, "The New Cultural Divide and the Two-Dimensional Political Space in Western Europe," in Zsolt Enyedi and Kevin Deegan-Krause eds., *The Structure of Political Competition in Western Europe*, Routledge: 5–30.

Bourguignon, Francois, 1981, "Pareto Superiority of Unegalitarian Equilibria in Stiglitz' Model of Wealth Distribution with Convex Saving Function," *Econometrica*, 49 (6): 1469–1475.

Bourguignon, Francois and Thierry Verdier, 2000, "Oligarchy, Democracy, Inequality and Growth," *Journal of Development Economics*, 62 (2): 285–313.

Calmfors, Lars and John Driffill, 1988, "Bargaining Structure, Corporatism and Macroeconomic Performance," *Economic Policy*, 3 (6): 13–61.

Calvo, Ernesto and Maria Victoria Murillo, 2004, "Who Delivers? Partisan Clients in the Argentine Electoral Market," *American Journal of Political Science*, 48 (4): 742–757.

Cameron, David R., 1978, "The Expansion of the Public Economy: A Comparative Analysis," *American Political Science Review*, 72 (4): 1243–1261.

Cantillon, Bea, 2011, "The Paradox of the Social Investment State: Growth, Employment and Poverty in the Lisbon Era," *Journal of European Social Policy*, 21 (5): 432–449.

Carlin, Ryan E. and Mason Moseley, 2015, "Good Democrats, Bad Targets: Democratic Values and Clientelistic Vote Buying," *Journal of Politics*, 77 (1): 14–26.

Castells, Manuel, 1996–1998, *The Information Age: Economy, Society and Culture*, 3 vols., Blackwell.

Castles, Francis G., 1982, "The Impact of Parties on Public Expenditure," in Francis G. Castles ed., *The Impact of Parties: Politics and Policies in Democratic Capitalist States*, Sage: 21–96.

Castles, Francis G., 2006, "A Race to the Bottom?," in Christopher Pierson and Francis G. Castles eds., *The Welfare State Reader*, 2nd ed., Polity Press: 226–255.

Castles, Francis G., and Deborah Mitchell, 1992, "Identifying Welfare State Regimes: the Links between Politics, Instruments and Outcomes," *Governance*, 5 (1): 1–26.

Castles, Francis G., and Herbert Obinger, 2008, "Worlds, Families, Regimes: Country Clusters in European and OECD Area Public Policy," *West European Politics*, 31 (1–2): 321–344.

Cerami, Alfio and Pieter Vanhuysse eds., 2009, *Post-Communist Welfare Pathways: Theorizing Social Policy Transformations in Central and Eastern Europe*, Palgrave Macmillan.

Cheibub, José Antonio, Jennifer Gandhi, and James Raymond Vreeland, 2010, "Democracy and Dictatorship Revisited," *Public Choice*, 143 (1–2): 67–101.

Cioffi, John W. and Martin Höpner, 2006, "The Political Paradox of Finance Capitalism: Interests, Preferences, and Center-Left Party Politics in Corporate Governance Reform," *Politics & Society*, 34 (4): 463–502.

Clift, Ben, 2014, *Comparative Political Economy: States, Markets and Global Capitalism*, Red Globe Press.

Cox, Gary W., 2009, "Swing Voters, Core Voters, and Distributive Politics," in Ian Shapiro, Susan C. Stokes, Elisabeth Jean Wood, and Alexander S. Kirshner eds., *Political Representation*, Cambridge University Press: 342–357.

Cox, Gary W. and Matthew D. McCubbins, 1986, "Electoral Politics as a Redistributive Game," *Journal of Politics*, 48 (2): 370–389.

Crepaz, Markus M. L., 1992, "Corporatism in Decline?: An Empirical Analysis of the Impact of Corporatism on Macroeconomic Performance and Industrial Disputes in 18 Industrialized Democracies," *Comparative Political Studies*, 25 (2): 139–168.

Crepaz, Markus M. L., 2006, "If You Are My Brother, I May Give You a Dime!, Public Opinion on Multiculturalism, Trust and the Welfare State," in K. Banting and W. Kymlicka, *Multiculturalism and the Welfare State*, Oxford University Press: 92–117.

Crepaz, Markus M. L., 2008, *Trust beyond Borders: Immigration, the Welfare State and Inequality in Modern Societies*, University of Michigan Press.

Crepaz, Markus M. L. and Damron, Regan, 2009, "Constructing Tolerance: How the Welfare State Shapes Attitudes about Immigrants," *Comparative Political Studies*, 42 (3): 437–463.

Crouch, Colin, 2005, *Capitalist Diversity and Change: Recombinant Governance and Institutional Entrepreneurs*, Oxford University Press.

Crouch, Colin and Wolfgang Streeck eds., 1997, *Political Economy of Modern Capitalism: Mapping Convergence and Diversity*, Sage.

Cukierman, Alex, 1992, *Central Bank Strategy, Credibility, and Independence*, The MIT Press.

Cukierman, Alex and Allan H. Meltzer, 1989, "A Political Theory of Government Debt and Deficits in a Neo-Ricardian Framework," *American Economic Review*, 79 (4): 713–732.

Cukierman, Alex, Steven B. Webb, and Bilin Neyapti, 1992, "Measuring the Independence of Central Banks and its Effect on Policy Outcomes," *World Bank Economic Review*, 6: 353–398.

Culpepper, Pepper D., 2011, *Quiet Politics and Business Power: Corporate Control in Europe and Japan*, Cambridge University Press.

Cusack, Thomas R., 1999, "Partisan Politics and Fiscal Policy," *Comparative Political Studies*, 32 (4): 464–486.

Dahl, Robert A., 1971, *Polyarchy: Participation and Opposition*, Yale University Press.

Dahlberg, Matz and Eva Johansson, 2002, "On the Vote-Purchasing Behavior of Incumbent Goverments," *American Political Science Review*, 96 (1): 27–40.

Daly, Mary, and Jane Lewis, 2000, "The Concept of Social Care and the Analysis of Contemporary Welfare States," *British Journal of Sociology*, 51 (2): 281–298.

Daniele, Gianmarco, and Benny Geys, 2015, "Interpersonal Trust and Welfare State Support," *European Journal of Political Economy*, 39: 1–12.

Deacon, Bob, 1993, "Developments in East European Social Policy," in Catherine Jones ed., *New Perspectives on the Welfare State in Europe*, Routldge: 177–197.

Deacon, Bob, 2000, "Eastern European Welfare States,: The Impact of the Politics of Globalization," *Journal of European Social Policy*, 10 (2): 146–161.

de la Porte, Caroline, 2019, "EU Social Policy and National Welfare State Reform," in Bent Greve ed., *Routledge Handbook of the Welfare State*, 2nd ed., Routledge: 477–487.

de Schweinitz, Karl, 1959, "Industrialization, Labor Controls, and Democracy," *Economic Development and Cultural Change*, 7 (4): 385–404.

Dixit, Avinash and John Londregan, 1996, "The Determinants of Success of Special Interests in Redistributed Politics," *Journal of Politics*, 58 (4): 1132–1155.

Downs, Anthony, 1957, *An Economic Theory of Democracy*, Addison-Wesley.

Duch, Raymond M. and Randolph T. Stevenson, 2008, *The Economic Vote: How Political Institutions Condition Election Results*, Cambridge University Press.

Easterly, William and Sergio Rebelo, 1993, "Fiscal Policy and Economic Growth: An Empirical Investigation," *Journal of Monetary Economics*, 32 (3): 417–458.

Easton, David, 1953, *The Political System: An Inquiry into the State of Political Science*, Knopf.

Edin, Per-Anders and Henry Ohlsson, 1991, "Political Determinants of Budget Deficits: Coalition Effects versus Minority Effects," *European Economic Review*, 35: 1597–1603.

Emmenegger, Patrick Silja Häusermann, Bruno Palier, and Martin Seeleib-Kaiser eds., 2012, *The Age of Dualization: The Changing Face of Inequality in Deindustrializing Societies*, Oxford University Press.

Esping-Andersen, Gosta, 1985, *Politics against Markets: The Social Democratic Road to Power*, Princeton University Press.

Estevez-Abe, Margarita, 2008, *Welfare and Capitalism in Postwar Japan: Party, Bureaucracy, and Business*, Cambridge University Press.

Evers, Adalbert and Ivan Svetlik eds., 1993, *Balancing Pluralism: New Welfare Mixes in Care for the Elderly*, Avebury.

Ferrera, Maurizio, 2005, "Welfare States and Safety Nets in Southern Europe: An Introduction," in Maurizio Ferrera ed., *Welfare State Reform in Southern Europe*, Routledge: 1–32.

Ferrera, Maurizio, 2016, "Resemblances that Matter: Lessons from the Comparison between Southern Europe and East Asia," *Journal of European Social Policy*, 26 (4): 374–383.

Finseraas, Henning, 2009, "Income Inequality and Demand for Redistribution: A Multilevel Analysis of European Public Opinion," *Scandinavian Political Studies*, 32 (1): 94–119.

Franzese Jr., Robert J., 2002, *Macroeconomic Policies of Developed Democracies*, Cambridge University Press.

Franzese Jr., Robert J. and Peter A. Hall, 2000, "Institutional Dimensions of Coordinating Wage Bargaining and Monetary Policy," in Torben Iversen, Jonas Pontusson, and David Soskice eds., *Unions, Employers, and Central Banks: Macroeconomic Coordination and Institutional Change in Social Market Economies*, Cambridge University Press: 173–204.

Galenson, Walter, 1959, *Labor and Economic Development*, John Wiley & Sons.

Galor, Oded, Omer Moav, and Dietrich Vollrath, 2009, "Inequality in Landownership, the Emergence of Human-Capital Promoting Institutions, and the Great Divergence," *Review of Economic Studies*, 76 (1): 143–179.

Gamble, Andrew, 1995, "The New Political Economy," *Political Studies*, 43 (3): 516–530.

Garrett, Geoffrey, 1998, *Partisan Politics in the Global Economy*, Cambridge University Press.

Gesthuizen, M., T. van der Meer, and P. Scheepers, 2009, "Ethnic Diversity and Social Capital in Europe: Tests of Putnam's Thesis in European Countries," *Scandinavian Political Studies*, 32 (2): 121–142.

Golden, Miriam A. and Brian Min, 2013, "Distributive Politics Around the World," *Annual Review of Political Science*, 16: 73–99.

Goldstein, Judith and Robert O. Keohane eds., 1993, *Ideas and Foreign Policy: Beliefs, Institutions, and Political Change*, Cornell University Press.

Gonzalez-Ocantos, Ezequiel, Chad Kiewiet de Jonge, Carlos Meléndez, Javier Osorio, and David W. Nickerson, 2012, "Vote Buying and Social Desirability Bias: Experimental Evidence from Nicaragua," *American Journal of Political Science*, 56（1）: 202–217.

Goodhart, David, 2004, Too Diverse? Is Britain becoming too Diverse to Sustain the Mutual Obligations behind a Good Society and the Welfare State?, *Prospect*, 95: 30–37.

Goodman, Roger and Peng, Ito, 1996, "The East Asian Welfare States: Peripatetic Learning, Adaptive Change, and Nation-Building," in Gosta Esping-Andersen ed., *Welfare States in Transition: National Adaptations in Global Economies*, Sage: 192–223.

Gourevitch, Peter, 1986, *Politics in Hard Times: Comparative Responses to International Economic Crises*, Cornell University Press.

Grilli, Vittorio, Donato Masciandaro, and Guido Tabellini, 1991, "Political and Monetary Institutions and Public Financial Policies in the Industrial Countries," *Economic policy*, 13: 341–392.

Hall, Peter A., 1986, *Governing the Economy: The Politics of State Intervention in Britain and France*, Oxford University Press.

Hall, Peter A., 1993, "Policy Paradigms, Social Learning, and the State: The Case of Economic Policymaking in Britain," *Comparative Politics*, 25（3）: 275–296

Hall, Peter A., 1994, "Central Bank Independence and Coordinated Wage Bargaining: Their Interaction in Germany and Europe," *German Politics and Society*, 31: 1–23.

Hall, Peter A., 1997, "The Role of Interests, Institutions, and Ideas in the Comparative Political Economy of the Industrialized Nations," in Mark I. Lichbach and Alan S. Zuckerman eds., *Comparative Politics: Rationality, Culture, and Structure*, Cambridge University Press: 174–207.

Hall, Peter A. and Kathleen Thelen, 2009, "Institutional Change in Varieties of Capitalism," *Socio-Economic Review*, 7（1）: 7–34.

Hall, Peter A. and Daniel W. Gingerich, 2009, "Varieties of Capitalism and Institutional Complementarities in the Political Economy: An Empirical Analysis," *British Journal of Political Science*, 39（3）: 449–482.

Hancké, Bob ed., 2009, *Debating Varieties of Capitalism: A Reader*, Oxford University Press.

Hardie, Iain and David Howarth eds., 2013, *Market-Based Banking and the International Financial Crisis*, Oxford University Press.

Häusermann, Silja, 2012, "The Politics of Old and New Social Policies," in Giuliano Bonoli and David Natali eds., *The Politics of the New Welfare State*, Oxford University Press: 111–132.

Hay, Colin, 2006, "Constructivist Institutionalism," in Sarah A. Binder, R. A. W. Rhodes, and Bert. A. Rockman eds., *The Oxford Handbook of Political Institutions*, Oxford University Press: 56–74.

Hay, Colin, 2017, "Globalization's Impact on States," in John Ravenhill ed., *Global Political Economy*, 5th ed., Oxford University Press: 287–315.

Hays, Jude C., 2009, Globalization and the New Politics of Embedded Liberalism, Oxford University Press.

Held, David, 1997, "Democracy and Globalization," *Global Governance: A Review of Multilateral-*

ism and International Organizations, 3 (3): 251–267.

Held, David and Anthony McGrew, 2007, *Globalization/Anti-Globalization: Beyond the Great Divide*, 2nd ed., Polity Press.

Hellar, William B., 1997, "Bicameralism and Budget Deficits: The Effect of Parliamentary Structure on Government Spending," *Legislative Studies Quarterly*, 22 (4): 485–516.

Hemerijck, Anton, 2015, "The Quiet Paradigm Revolution of Social Investment," *Social Politics*, 22 (2): 242–256.

Hemerijck, Anton and van Kersbergen, Kees, 1999, "Negotiated Policy Change: Towards a Theory of Institutional Learning in Tightly Coupled Welfare States," in Dietmar Braun and Andreas Busch eds., *Public Policy and Political Ideas*, Edward Elgar: 168–185.

Hibbs Jr., Douglas A., 1977, "Political Parties and Macroeconomic Policy," *American Political Science Review*, 71 (4): 1467–1487.

Hieda, Takeshi, 2013, "Politics of Childcare Policy beyond the Left-Right Scale: Post-Industrialisation, Transformation of Party Systems and Welfare State Restructuring," *European Journal of Political Research*, 52 (4): 483–511.

Hirst, Paul, Grahame Thompson, and Simon Bromley, 2009, *Globalization in Question*, 3rd ed., Polity Press.

Huber, Gerald, Martin Kocher and Matthias Sutter, 2003, "Government Strength, Power Dispersion in Governments and Budget Deficits in OECD-countries. A Voting Power Approach," *Public Choice*, 116: 333–350.

ILO, 1975, Year Book of Labour Statistics.

Immergut, Ellen M., 1990, "Institutions, Veto Points, and Policy Results: A Comparative Analysis of Health Care," *Journal of Public Policy*, 10 (4): 341–416.

Immergut, Ellen M., 1992, *Health Politics: Interests and Institutions in Western Europe*, Cambridge University Press.

Immergut, Ellen M., Karen M. Anderson and Isabelle Schulze, eds., 2007, *The Handbook of West European Pension Politics*, Oxford University Press.

Iversen, Torben, 1999, *Contested Economic Institutions: The Politics of Macroeconomics and Wage Bargaining in Advanced Democracies*, Cambridge University Press.

Iversen, Torben, 2005, *Capitalism, Democracy, and Welfare*, Cambridge University Press.

Iversen, Torben and Thomas R. Cusack, 2000, "The Causes of Welfare State Expansion: Deindustrialization or Globalization?," *World Politics*, 52 (3): 313–349.

Iversen, Torben and Max Goplerud, 2018, "Redistribution Without a Median Voter: Models of Multidimensional Politics," *Annual Review of Political Science*, 21 (1): 295–317.

Iversen, Torben and David Soskice, 2006, "Electoral Institutions and the Politics of Coalitions: Why Some Democracies Redistribute More Than Others," *American Political Science Review*, 100 (2): 165–181.

Iversen, Torben, and John D. Stephens, 2008, "Partisan Politics, the Welfare State, and Three Worlds of Human Capital Formation," *Comparative Political Studies*, 41 (4–5): 600–637.

Jessop, Bob, 2001, *Regulationist Perspectives on Fordism and Post-Fordism*, Edward Elgar Publishing.

Kastellec, Jonathan P. and Eduardo L. Leoni, 2007, "Using Graphs Instead of Tables in Political Science," *Perspectives on Politics*, 5（4）: 755–771.

Kato, Junko. 2003. *Regressive Taxation and the Welfare State: Path Dependence and Policy Diffusion*, Cambridge University Press.

Katzenstein, Peter J., 1984, *Corporatism and Change: Austria, Switzerland, and the Politics of Industry*, Cornell University Press.

Katzenstein, Peter J., 1985, *Small States in World Markets: Industrial Policy in Europe*, Cornell University Press.

Keefer, Philip and David Stasavage, 2002, "Checks and Balances, Private Information, and the Credibility of Monetary Commitments," *International Organization*, 56: 751–774.

Kenworthy, Lane and Jonas Pontusson, 2005, "Rising Inequality and the Politics of Redistribution in Affluent Countries," *Perspectives on Politics*, 3（3）: 449–471.

Keohane, Robert O. and Joseph S. Nye Jr., 2000, "Globalization: What's New? What's Not?（And So What?）" *Foreign Policy*, 118: 104–119.

Kitschelt, Herbert, Peter Lange, Gary Marks, and John D. Stephens, 1999, *Continuity and Change in Contemporary Capitalism*, Cambridge University Press.

Kontopoulos, Yianos and Roberto Perotti, 1999, "Government Fragmentation and Fiscal Policy Outcomes: Evidence from OECD Countries," in James M. Poterba and Jürgen von Hagen eds., *Fiscal Institutions and Fiscal Performance*, The University of Chicago Press: 81–102.

Koopmans, Ruud, 2010, "Trade-Offs between Equality and Difference: Immigrant Integration, Multiculturalism and the Welfare State in Cross-National Perspective," *Journal of Ethnic and Migration Studies*, 36（1）: 1–26.

Korpi, Walter, 1983, *The Democratic Class Struggle*, Routledge.

Korpi, Walter, 2006, "Power Resources and Employer-Centered Approaches in Explanations of Welfare States and Varieties of Capitalism: Protagonists, Consenters, and Antagonists," *World Politics*, 58（2）: 167–206.

Korpi, Walter and Joachim Palme, 2003, "New Politics and Class Politics in the Context of Austerity and Globalization: Welfare State Regress in 18 Countries, 1975–1995," *American Political Science Review*, 97（3）: 425–446.

Kriesi, Hanspeter, Ruud Koopmans, Jan Willem Duyvendak and Marco G. Giugni, 1995, *New Social Movements in Western Europe: A Comparative Analysis*, University of Minnesota Press.

Kuitto, Kati, 2016a, *Post-Communist Welfare States in European Context: Patterns of Welfare Policies in Central and Eastern Europe*, Edward Elgar.

Kuitto, Kuitto, 2016b, "From Social Security to Social Investment? Compensating and Social Investment Welfare Policies in a Life-course Perspective," *Journal of European Social Policy*, 26（5）: 442–459.

Larcinese, Valentino, James M. Snyder, and Cecilia Testa, 2013, "Testing Models of Distributive Politics using Exit Polls to Measure Voters' Preferences and Partisanship," *British Journal of Political Science*, 43（4）: 845–875.

Lasswell, Harold D., 1936, Politics: *Who Gets What, When, How*, McGraw-Hill.

Lawson, Chappell and Kenneth F. Greene, 2014, "Making Clientelism Work: How Norms of Reciprocity Increase Voter Compliance," *Comparative Politics*, 47 （1）: 61-77.

Leblang, David A., 1996, "Property Rights, Democracy and Economic Growth," *Political Research Quarterly*, 49 （1）: 5-26.

Leitner, Sigrid, 2003, "Varieties of Familialism: The Caring Function of the Family in Comparative Perspective," *European Societies*, 5 （4）: 353-375.

Levitt, Steven D. and James M. Snyder, 1995, "Political Parties and the Distribution of Federal Outlays," *American Journal of Political Science*, 39: 958-980.

Lewis, Jane, 2001, "The Decline of the Male Breadwinner Model: Implications for Work and Care," *Social Politics: International Studies in Gender, State & Society*, 8 （2）: 152-169.

Lindbeck, Assar and Jörgen W. Weibull, 1987, "Balanced-Budget Redistribution as the Outcome of Political Competition," *Public Choice*, 52 （3）: 273-297.

Lindert, Peter H., 2004, *Growing Public: Volume 1, The Story: Social Spending and Economic Growth since the Eighteenth Century*, Cambridge University Press.

Lipset, Seymour M., 1981, *Political Man: The Social Bases of Politics*, The Johns Hopkins University Press.

Lupu, Noam and Jonas Pontusson, 2011, "The Structure of Inequality and the Politics of Redistribution," *American Political Science Review*, 105 （2）: 316-336.

Mahoney, James and Kathleen Thelen eds., 2009, *Explaining Institutional Change: Ambiguity, Agency, and Power*, Cambridge University Press.

Maier, C. S., 1977, "The Politics of Productivity: Foundations of American International Economic Policy after World War II," *International Organization*, 31 （4）: 607-633.

Mair, Peter, 2009, "Representative versus Responsible Government," *MPIfG* Workingpaper 09/8.

Manow, Philip, 2001, "Comparative Institutional Advantages of Welfare State Regimes and New Coalitions in Welfare State Reforms," in, Paul Pierson ed., *The New Politics of the Welfare State*, Oxford University Press: 146-164.

Marshall, Thomas H., 1964, *Class, Citizenship, and Social Development*, University of Chicago Press.

Meltzer, Allan H. and Scott F. Richard, 1981, "A Rational Theory of the Size of Government," *Journal of Political Economy*, 89 （5）: 914-927.

Menz, Georg, 2017, *Comparative Political Economy: Contours of a Subfield*, Oxford University Press.

Milanovic, Branko, 2000, "The Median-Voter Hypothesis, Income Inequality, and Income Redistribution: An Empirical Test with the Required Data," *European Journal of Political Economy*, 16: 367-410.

Mishra, Ramesh, 1999, *Globalization and the Welfare State*, Edward Elgar.

Miura, Mari, 2012, *Welfare through Work*, Cornell University Press.

Moene, Karl Ove and Michael Wallerstein, 2001, "Inequality, Social Insurance, and Redistribution," *American Political Science Review*, 95 （4）: 859-874.

Morel, Nathalie, B. Palier and J. Palme, 2012, "Beyond the Welfare State As We Knew It?, in N. Morel, B. Palier and J. Palme eds., *Towards a Social Investment Welfare State?: Ideas, Policies and Challenges*, The Policy Press: 1-30.

Morgan, Kimberly J., 2012, "Promoting Social Investment through Work-family Policies: Which Nations Do It and Why?," in N. Morel, B. Palier and J. Palme eds., *Towards Social Investment Welfare State?: Ideas, Policies and Challenges*, The Policy Press: 153–179.

Nichter, Simeon, 2008, "Vote Buying or Turnout Buying? Machine Politics and the Secret Ballot," *American Political Science Review*, 102: 19–31.

Nichter, Simeon, 2014, "Conceptualizing Vote Buying," *Electoral Studies*, 35: 315–327.

Nieman, Mark David and Cameron G. Thies, 2019, "Property Rights Regimes, Technological Innovation, and Foreign Direct Investment," *Political Science Research and Methods*, 7（3）, 451–469.

Nikolai, Rita, 2012, "Towards Social Investment? Patterns of Public Policy in the OECD World," in N. Morel, B. Palier and J. Palme eds., *Towards Social Investment Welfare State?: Ideas, Policies and Challenges*, The Policy Press: 91–115.

Nordhaus, William D., 1975, "The Political Business Cycle," *Review of Economic Studies*, 42（2）: 169–190.

Oatley, Thomas, 2018, *International Political Economy*, 6th ed., Routledge.

Obinger, Herbert, F. G. Castles and S. Leibfried, 2005, "Introduction: Federalism and the Welfare State," in H. Obinger, S. Leibfried, F.G. Castles, *Federalism and the Welfare State: New World and European Experiences*, Cambridge University Press: 1–48.

Obinger, Herbert, Peter Starke, Julia Moser, Claudia Bogedan, Edith Gindulis, and Stephan Leibfried, 2010, *Transformations of the Welfare State: Small States, Big Lessons*, Oxford University Press.

Obstfeld, Maurice and Alan M. Taylor, 2004, *Global Capital Markets: Integration, Crisis, and Growth*, Cambridge University Press.

OECD, 1985, Social Expenditure: Problems of Growth and Control.

Ohtake, Fumio and Jun Tomioka, 2004, "Who Support Redistribution," *Japanese Economic Review*, 55（4）: 333–354.

Olson, Mancur, 1993, "Dictatorship, Democracy, and Development," *American Political Science Review*, 87（3）: 567–576.

Omae Kenichi, 1990, *The Borderless World: Power and Strategy in the Interlinked Economy*, Harper Business.

Orloff, Ann Shola, 1993, "Gender and the Social Rights of Citizenship: The Comparative Analysis of Gender Relations and Welfare States," *American Sociological Review*, 58（3）: 303–328.

Pagano, Marco and Paolo F. Volpin, 2005, "The Political Economy of Corporate Governance," *American Economic Review*, 95（4）: 1005–1030.

Parkin, Michael, 1986, "Domestic Monetary Institutions and Deficits," in James M. Buchanan, Charles K. Rowley, and Robert D. Tollison eds., *Deficits*, Blackwell: 310–337.

Pauwels, Teun, 2014, *Populism in Western Europe: Comparing Belgium, Germany and the Netherlands*, Routledge.

Perotti, Roberto, 1996, "Growth, Income Distribution, and Democracy: What the Data Say," *Journal of Economic Growth*, 1（2）: 149–187.

Persson, Torsten and Lars E. O. Svensson, 1989, "Why a Stubborn Conservative would Run a

Deficit: Policy with Time-Inconsistent Preferences," *Quarterly Journal of Economics*, 104 (2): 325–345.

Persson, Torsten and Guido Tabellini, 1994, "Is Inequality Harmful for Growth?," *American Economic Review*, 84 (3): 600–621.

Persson, Torsten and Guido E. Tabellini, 1999, "The Size and Scope of Government: Comparative Politics with Rational Politicians," *European Economic Review*, 43 (4/6): 699–735.

Persson, Torsten and Guido Tabellini, 2003, *The Economic Effects of Constitutions*, MIT Press.

Pierson, Paul, 1994, *Dismantling the Welfare State?: Reagan, Thatcher and the Politics of Retrenchment*, Cambridge University Press.

Pierson, Paul, 1996, "The New Politics of the Welfare State," *World Politics*, 48 (2): 143–179.

Pierson, Paul, 2001, "Post-Industrial Pressures on the Mature Welfare States," in Paul Pierson ed., *The New Politics of the Welfare State*, Oxford University Press: 80–104.

Pierson, Paul, ed., 2001, *New Politics of the Welfare State*, Oxford University Press.

Pontusson, Jonas and Peter Swenson, 1996, "Labor Markets, Production Strategies, and Wage Bargaining Institutions: The Swedish Employer Offensive in Comparative Perspective," *Comparative Political Studies*, 29 (2): 223–250.

Powell, Ellis T., 1915, *The Evolution of the Money Market (1385–1915)*, Financial News.

Pozuelo, Julia Ruiz, Amy Slipowitz, and Guillermo Vuletin, 2016, "Democracy Does Not Cause Growth: The Importance of Endogeneity Arguments," Inter-American Development Bank, No. IDB-WP-694.

Przeworski, Adam, 2004, "Democracy and Economic Development," in Edward D. Mansfield, Richard Sisson eds., *The Evolution of Political Knowledge: Democracy, Autonomy, and Conflict in Comparative and International Politics*, Ohio State University Press: 300–324.

Przeworski, Adam, Michael E. Alvarez, José Antonio Cheibub, and Fernando Limongi, 2000, *Democracy and Development: Political Institutions and Well-Being in the World, 1950–1990*, Cambridge University Press.

Przeworski, Adam, and Fernando Limongi, 1993, "Political Regimes and Economic Growth," *Journal of Economic Perspectives*, 7 (3): 51–69.

Przeworski, Adam, Susan C. Stokes, and Bernard Manin, 1999, *Democracy, Accountability, and Representation*, Cambridge University Press.

Przeworski, Adam and Michael Wallerstein, 1988, "Structural Dependence of the State on Capital," *American Political Science Review*, 82 (1): 11–30.

Putnam, Robert, 2007, "E Pluribus Unum: Diversity and Community in the Twenty-First Century," *Scandinavian Political Studies*,18 (5): 137–174.

Radaelli, Claudio M., 2003, *The Open Method of Coordination: A New Governance Architecture for the European Union?*, Swedish Institute for European Policy Studies.

Ravenhill, John, 2017, *Global Political Economy*, 5th ed., Oxford University Press.

Rhodes, Martin, 2001, "The Political Economy of Social Pacts: 'Competitive Corporatism' and European Welfare Reform," in Paul Pierson ed., *The New Politics of the Welfare State*, Oxford University Press: 165–194.

Rigobon, Roberto and Dani Rodrik, 2005, "Rule of Law, Democracy, Openness, and Income: Estimating the Interrelationships," *Economics of Transition*, 13（3）: 533–564.

Rodden, Jonathan A., 2006, *Hamilton's Paradox: The Promise and Peril of Fiscal Federalism*, Cambridge University Press.

Rodrik, Dani, 1997, *Has Globalization Gone Too Far?*, Peterson Institute for International Economics.

Roe, Mark J., 2003, *Political Determinants of Corporate Governance: Political Context, Corporate Impact*, Oxford University Press.

Roemer, John E., 1998, "Why the Poor Do Not Expropriate the Rich: An Old Argument in New Garb," *Journal of Public Economics*, 70（3）: 399–424.

Rogoff, Kenneth, 1985, "The Optimal Degree of Commitment to an Intermediate Monetary Target," *Quarterly Journal of Economics*, 100: 1169–1190.

Rothstein, Bo, 1998, *Just Institutions Matter: The Moral and Political Logic of the Universal Welfare State*, Cambridge University Press.

Rothstein, Bo and Eric M. Uslaner, 2005, "All for All: Equality, Corruption, and Social Trust," *World Politics*, 58（1）: 41–72.

Roubini, Nouriel and Jeffrey D. Sachs, 1989, "Political and Economic Determinants of Budget Deficits in the Industrial Democracies," *European Economic Review*, 33: 903–933.

Rudra, Nita, 2008, *Globalization and the Race to the Bottom in Developing Countries: Who Really Gets Hurt?*, Cambridge University Press.

Ruggie, John G., 1982, "International Regimes, Transactions, and Change: Embedded Liberalism in the Postwar Economic Order," *International Organization*, 36（2）: 379–415.

Rydgren, Jens, 2003, *The Populist Challenge: Political Protest and Ethno-Nationalist Mobilization in France*, Berghahn Books.

Rydgren, Jens, 2007, "The Sociology of the Radical Right," *Annual Review of Sociology*, 33: 241–262.

Sainsbury, Diane ed., 1994, *Gendering Welfare States*, Sage.

Sainsbury, Diane, 1999, "Gender, Policy Regimes, and Politics," in Diane Sainsbury ed., *Gender and Welfare State Regimes*, Oxford University Press: 245–275.

Sainsbury, Diane, 2012, *Welfare States and Immigrant Rights: The Politics of Inclusion and Exclusion*, Oxford University Press.

Sainsbury, Diane and Ann Morissens, 2012, "Immigrants' Social Rights in Comparative Perspective," in D. Sainsbury ed., *Welfare State and Immigrant Rights: The Politics of Inclusion and Exclusion*, Oxford University Press: 113–131.

Saraceno, Chiara, 2016, "Varieties of Familialism: Comparing four Southern European and East Asian Welfare Regimes," *Journal of European Social Policy*, 26（4）: 314–326.

Schäfer, Armin, 2004, "A New Form of Governance? Comparing the Open Method of Co-ordination to Multilateral Surveillance by the IMF and the OECD," MPIfG Working Paper 04/5: 1–21.

Scharpf, Fritz W., 1991, *Crisis and Choice in European Social Democracy*, Cornell University Press.

Scharpf, Fritz W., 1999, *Governing in Europe: Effective and Democratic?*, Oxford University Press.

Scharpf, Fritz W. and Vivien A. Schmidt, 2000, *Welfare and Work in the Open Economy*, 2 vols., Oxford University Press.

Scheiner, Ethan, 2005, "Pipeline of Pork: Japanese Politics and a Model of Local Opposition Party Failure," *Comparative Political Studies*, 38（7）: 799–823.

Schmidt, Vivien A., 2002a, *The Futures of European Capitalism*, Oxford University Press.

Schmidt, Vivien A., 2002b, "Does Discourse Matter in the Politics of Welfare State Adjustment?," *Comparative Political Studies*, 35（2）: 168–193.

Schnyder, Gerhard, 2011, "Revisiting the Party Paradox of Finance Capitalism: Social Democratic Preferences and Corporate Governance Reforms in Switzerland, Sweden, and the Netherlands," *Comparative Political Studies*, 44（2）: 184–210.

Scholte, Jan Aart, 2005, *Globalization: A Critical Introduction*, Palgrave.

Segura-Ubiergo, Alex, 2007, *The Political Economy of the Welfare State in Latin America: Globalization, Democracy, and Development*, Cambridge University Press.

Serra, Narcis and Joseph E. Stiglitz eds., 2008, *The Washington Consensus Reconsidered: Towards a New Global Governance*, Oxford University Press.

Shayo, Moses, 2009, "A Model of Social Identity with an Application to Political Economy: Nation, Class, and Redistribution," *American Political Science Review*, 103（2）: 147–174.

Shepsle, Kenneth A., 1979, "Institutional Arrangements and Equilibrium in Multidimensional Voting Models," *American Journal of Political Science*, 23（1）: 27–59.

Siaroff, Alan, 1994, "Work, Welfare and Gender Equality: A New Typology," in Diane Sainsbury ed., *Gendering Welfare States*, SAGE Publications: 82–100.

Skilling, David and Richard J. Zeckhauser, 2002, "Political Competition and Debt Trajectories in Japan and the OECD," *Japan and the World Economy*, 14: 121–135.

Skocpol, Theda, 1985, "Bringing the State Back In: Strategies of Analysis in Current Research," in Peter B. Evans, Dietrich Rueschemeyer, and Theda Skocpol eds., *Bringing the State Back In*, Cambridge University Press: 3–43.

Solt, Frederick, 2011, "Diversionary Nationalism: Economic Inequality and the Formation of National Pride," *Journal of Politics*, 73（3）: 821–830.

Soskice, David, 1990, "Wage Determination: The Changing Role of Institutions in Advanced Industrialized Countries," *Oxford Review of Economic Policy*, 6（4）: 36–61.

Spies, Dennis C., 2018, *Immigration and Welfare State Retrenchment: Why US Experience is not Reflected in Western Europe*, Oxford University Press.

Spolaore, Enrico, 1993, "Policy-Making Systems and Economic Inefficiency: Coalition Governments versus Majority Governments," Ph.D. dissertation, Harvard University.

Stiglitz, J. E., 1969, "Distribution of Income and Wealth Among Individuals," *Econometrica*, 37（3）: 382–397.

Stokes, Susan C., 2005, "Perverse Accountability: A Formal Model of Machine Politics with Evidence from Argentina," *American Political Science Review*, 99（3）: 315–325.

Stokes, Susan, Thad Dunning, Marcelo Nazareno, and Valeria Brusco, 2013, *Brokers, Voters, and Clientelism: The Puzzle of Distributive Politics*, Cambridge University Press.

Strang, David and Patricia Mei Yin Chang, 1993, "The International Labor Organization and the Welfare State: Institutional Effects on National Welfare Spending, 1960–80," *International Orga-*

nization, 47 （2）: 235–262.

Streeck, Wolfgang and Kathleen Thelen eds., 2005, *Beyond Continuity: Institutional Change in Advanced Political Economies*, Oxford University Press.

Swank, Duane, 2002, *Global Capital, Political Institutions, and Policy Change in Developed Welfare States*, Cambridge University Press.

Swank, Duane, 2003, "Whither Welfare? Globalization, Political Institutions, and Contemporary Welfare States", in Linda Weiss ed. *States in the Global Economy: Bringing Domestic Institutions Back in*, Cambridge University Press: 58–82.

Swenson, Peter A., 2002, *Capitalists against Markets: The Making of Labor Markets and Welfare States in the United States and Sweden*, Oxford University Press.

Swenson, Peter A., 2004, "Varieties of Capitalist Interests: Power, Institutions, and the Regulatory Welfare State in the United States and Sweden," *Studies in American Political Development*, 18 （1）: 1–29.

Tabellini, Guido, 1991, "The Politics of Intergenerational Redistribution," *Journal of Political Economy*, 99 （2）: 335–357.

Tanzi, Vito, 2014, *Government versus Markets: The Changing Economic Role of the State*, Cambridge University Press.

Taylor-Gooby, Peter, 2004, *New Risks, New Welfare: The Transformation of the European Welfare State*, Oxford University Press.

Taylor-Gooby, Peter, 2005, "Is the Future American? Or, Can Left Politics Preserve European Welfare States from Erosion through Growing 'Racial' Diversity?," *Journal of Social Policy*, 34 （4）: 661–672.

Thelen, Kathleen, 1999, "Historical Institutionalism in Comparative Politics," *Annual Review of Political Science*, 2 （1）: 369–404.

Thelen, Kathleen, 2014, *Varieties of Liberalization and the New Politics of Social Solidarity*, Cambridge University Press.

Tiberghien, Yves, 2007, *Entrepreneurial States: Reforming Corporate Governance in France, Japan, and Korea*, Cornell University Press.

Tobin, James, 1966, "The Case for an Income Guarantee," *Public Interest*, 4: 31–41.

Traxler, Franz, Sabine Blaschke, and Bernhard Kittel, 2001, *National Labour Relations in Internationalized Markets: A Comparative Study of Institutions*, Oxford University Press.

Van der Waal, J., W. de Koster and W. van Oorshot, 2013, "Three Worlds of Welfare Chauvinism? How Welfare Regimes Affect Support for Distributing Welfare to Immigrants in Europe," *Journal of Comparative Policy Analysis*, 15 （2）: 164–181.

Van Oorschot, Wim, 2008, "Solidarity towards Immigrants in European Welfare States," *International Journal of Social Welfare*, 17 （1）: 3–14.

Visser, M., M. Lubbers, G. Kraaykamp and E. Jaspers, 2014, "Support for Radical Left Ideologies in Europe," *European Journal of Political Research*, 53: 541–558.

Wallerstein, Michael, and Bruce Western, 2000, "Unions in Decline? What Has Changed and Why," *Annual Review of Political Science*, 3 （1）: 355–377.

Way, Christopher, 2000, "Central Banks, Partisan Politics, and Macroeconomic Outcomes," *Com-*

parative Political Studies, 33: 196–224.

Weaver, Kent R., 1986, "The Politics of Blame Avoidance," *Journal of Public Policy*, 6 (4): 371–398.

Weingast, Barry R., Kenneth A. Shepsle and Christopher Johnsen, 1981, "The Political Economy of Benefits and Costs: A Neoclassical Approach to Distributive Politics," *Journal of Political Economy*, 89 (4): 642–664.

Weingast, Barry R. and Donald A. Wittman eds., 2008, *The Oxford Handbook of Political Economy*, Oxford University Press.

Weiss, Linda ed., 2003, *States in the Global Economy: Bringing Domestic Institutions Back in*, Cambridge University Press.

Werts, H., P. Scheepers and M. Lubbers, 2013, "Euro-Scepticism and Radical Right-Wing Voting in Europe, 2002–2008: Social Cleavages, Socio-Political Attitudes and Contextual Characteristics Determining Voting for the Radical Right," *European Union Politics*, 14 (2): 183–205.

Wilensky, Harold L., 2002, *Rich Democracies: Political Economy, Public Policy and Performance*, University of California Press.

Williamson, John, 1990, "What Washington Means by Policy Reform," in John Williamson ed., *Latin American Adjustment: How Much has Happened?*, Peterson Institute for International Economics.

Yamamura, Kozo and Wolfgang Streeck, 2003, *The End of Diversity?: Prospects for German and Japanese Capitalism*, Cornell University Press

Yanai, Yuki, 2017, "Misperceived Inequality, Mismatched Attitudes, and Missing Support for Redistribution," Ph.D. Dissertation, University of California, Los Angeles.

Zysman, John, 1983, *Governments, Markets, and Growth: Financial Systems and the Politics of Industrial Change*, Cornell University Press.

事項索引

人名索引

有斐閣ストゥディア

政治経済学——グローバル化時代の国家と市場
Political Economy

2020 年 9 月 10 日　初版第 1 刷発行
2022 年 8 月 10 日　初版第 2 刷発行

著　者	田中　拓道
	近藤　正基
	矢内　勇生
	上川　龍之進
発 行 者	江草　貞治
発 行 所	株式会社　有斐閣

郵便番号　101-0051
東京都千代田区神田神保町 2-17
http://www.yuhikaku.co.jp/

印刷・株式会社理想社／製本・大口製本印刷株式会社

ISBN 978-4-641-15079-9